Carl-Auer

Michael Bohne/Matthias Ohler
Gunther Schmidt
Bernhard Trenkle (Hrsg.)

Reden reicht nicht!?

Bifokal-multisensorische
Interventionsstrategien
für Therapie und Beratung

Dritte Auflage, 2022

Umschlaggestaltung: Uwe Göbel
Umschlagmotiv: © Amadou Sow
Satz: Drißner-Design u. DTP, Meßstetten
Printed in Germany
Druck und Bindung: CPI books GmbH, Leck

Dritte Auflage, 2022
ISBN 978-3-8497-0321-9 (Printausgabe)
ISBN 978-3-8497-8408-9 (ePUB)
© 2016, 2022 Carl-Auer-Systeme Verlag
und Verlagsbuchhandlung GmbH, Heidelberg
Alle Rechte vorbehalten

Bibliografische Information der Deutschen Nationalbibliothek:
Die Deutsche Nationalbibliothek verzeichnet diese Publikation
in der Deutschen Nationalbibliografie; detaillierte bibliografische
Daten sind im Internet über http://dnb.d-nb.de abrufbar.

Informationen zu unserem gesamten Programm, unseren Autoren
und zum Verlag finden Sie unter: **https://www.carl-auer.de/**
Dort können Sie auch unseren Newsletter abonnieren.

Carl-Auer Verlag GmbH
Vangerowstraße 14 • 69115 Heidelberg
Tel. +49 6221 6438-0 • Fax +49 6221 6438-22
info@carl-auer.de

Inhalt

Ausrufezeichen *und* Fragezeichen – eine Einleitung

»*Reden reicht nicht!?*« – Beim Abendessen nach dem zweiten Planungstreffen zur Organisation eines Kongresses zu bifokal-multisensorischen Interventionstechniken schlug *Beate Ch. Ulrich*, Geschäftsführerin des Carl-Auer Verlages, zwischen zwei Gabelfüllungen spontan diesen Kongress-Titel vor. Michael Bohne hatte zuvor beiläufig erwähnt, dass viele Seminarteilnehmer in den Vorstellungsrunden der PEP-Kurse äußerten, dass in der Praxis reden allein oft nicht reiche. Allen Anwesenden war sofort klar: Das trifft es. Über ihre Intonation hatte die Ideengeberin, ob nun bewusst oder nicht, auch unmissverständlich mit eingebracht, dass neben das Ausrufezeichen ein Fragezeichen gehöre. Es sollte von Anfang an ja nicht um profitables Marketing für irgendwelche Formen therapeutischer Interventionen und Modelle gehen, sondern um Begegnung, Austausch, Lernen und Kontroverse. Und all dies sollte sich auch durchaus konfrontativ gestalten dürfen (was die einen oder anderen Vortragenden und Teilnehmer an Podiumsdiskussionen und Themenforen dann auch nutzten). Es ging auf dem Kongress ja auch darum, die teils verdeckt, teils offen, vor allen Dingen aber teils unschön ausgetragenen Konkurrenzen einem öffentlichen Forum zuzuführen, um ihre professionellere Beobachtung zu ermöglichen und alle daran Interessierten in eine gemeinsame, zugewandtere Lernatmosphäre einzuladen. Dafür durfte der Titel aber auch eine provozierende Note haben.[1]

Ein erklärtes Ziel der *Carl-Auer Akademie* ist es, unwahrscheinliche Kommunikation wahrscheinlich zu machen: Menschen treffen sich, die sich sonst eher nicht begegnet wären – oder eine Begegnung vielleicht sogar vermieden hätten –, und es entstehen Gelegenheiten, Neues entstehen zu lassen. Dafür muss man Räume für sich strukturierende Kommunikation schaffen. In diesen soll – ein weiteres erklärtes Ziel – möglichst Nutzen entstehen für beraterische, therapeutische und medizinische Forschung und Praxis.[2]

---

1 In ihren persönlichen Einladungsbriefen zum Kongress haben Michael Bohne, Matthias Ohler, Gunther Schmidt und Bernhard Trenkle diese Verwerfungen in der Szene ausführlicher beschrieben und ihre jeweiligen Motive zur »Ausrufung« des Kongresses ausführlich dargestellt und transparent gemacht (siehe www.reden-reicht-nicht.de.
2 Idee und Initiative zur Carl-Auer Akademie (www.carl-auer-akademie.de) kamen von Fritz B. Simon, dem dafür an dieser Stelle gedankt sei.

Das ist im Mai 2014 unwahrscheinlich gut gelungen: Der erste Kongress »Reden reicht nicht!« – Bifokal-multisensorische Interventionstechniken«, zu dem die Carl-Auer Akademie in Kooperation mit den Milton-Erickson-Instituten Heidelberg und Rottweil sowie dem Institut für Prozess- und Embodimentfokussierte Psychologie (PEP) – namentlich Gunther Schmidt, Bernhard Trenkle und Michael Bohne – und der Trenkle Organisation GmbH eingeladen hatte, brachte hochinteressierte und -motivierte Menschen aus unterschiedlichen professionellen Feldern und therapeutisch-beraterischen Konzeptwelten in Heidelberg zusammen.

Teilnehmende wie Referierende konnten erfahren, wie auch ein zweites, in der Kongressankündigung erklärtes Ziel erreicht werden kann: Im Mittelpunkt steht die fachliche Kontroverse, die über die Darstellung der eigenen Positionen deutlich hinausgeht und Wege für neue Entwicklungen sowie Modelle für die Zukunft schaffen hilft. Dass es bei solchen Begegnungen auch dampft und kracht, ist in kreativen Labors gang und gäbe und muss nicht in Widerspruch zu Respekt und Wertschätzung geraten.

Thematisch gingen die Beiträge und Diskussionen des Kongresses auch über den zunächst enger gezogenen Kreis sogenannter bifokal-multisensorischer Techniken hinaus.

In dem vorliegenden Buch geben neun Autoren aus unterschiedlichen Perspektiven Einblicke in Konzepte und Praxis solcher wissenschaftlicher, konzeptioneller und methodischer Ansätze zur Entwicklung eines vertieften Verständnisses beraterischer und therapeutischer Vorgehensweisen, die entweder über »bloßes« Reden teils weit hinausgehen oder die sich dem Reden in anderer, bislang weniger beobachteter Form anschließen bzw. anders zu ihm positionieren.

Michael Bohne eröffnet das Spektrum mit der kritischen Positionierung der von ihm entwickelten Prozess- und Embodimentorientierten Psychologie (PEP) in Bezug zu und Abhebung von Traditionen verschiedener körperorientierter Verfahren und Klopftechniken (wenn man es mit einem von Helm Stierlin geprägten Begriff sagen wollte: die bezogene Individuation von PEP). Besonderes Augenmerk gelten der therapeutischen Beziehung und deren möglichst großer Leichtigkeit, der kritischen Reflexion bisher angebotener wissenschaftlicher »Erklärungen« für erfolgreiche Techniken sowie, last not least, der Entmystifizierung des Märchenwaldes von Wirkhypothesen, um Raum für kritisch-offene und überraschungsfreudige Forschung zu schaffen.

Unter Bezug auf Milton H. Erickson und andere verfolgt *Bernhard Trenkle* die These, dem Erfolg von Techniken wie EMDR und EMI könnten sowohl explizite als auch implizite Musterunterbrechungen zugrunde liegen. Die gleichzeitige Unterbrechung alter pathologischer Problemtrance-Muster ist ein nicht zu unterschätzender Beitrag zur Wirksamkeit von Techniken, die für sich alleine angewandt sogar kontraproduktiv wirken können. Über eine Fülle praktischer Fallbeispiele wird diese Spur konsequent verfolgt. Die besondere Rolle der Einbeziehung von Mustern der Augenbewegung lässt sich auf diese Weise besser spezifizieren, nicht zuletzt in der Unterschiedlichkeit ihrer Schnelligkeit und daraus folgender Vor- und Nachteile.

Martin Grunwald beschäftigt seit langer Zeit der »homo hapticus«. Grunwalds umfangreiche und detaillierte Forschungen zur Neurobiologie spontaner Selbstberührungen gehören für ihn in das große Projekt, »in allen lebenswissenschaftlichen Disziplinen (...) die biopsychischen Grundlagen der menschlichen Körperlichkeit im Verhältnis zu Emotions- und Kognitionsprozessen besser als bisher zu verstehen«. Es liegt klar auf der Hand, welch hohe Relevanz dies für Fragen nach der Wirkung und praktischen Weiterentwicklung von u. a. auf Selbstberührung setzenden therapeutischen Methoden und Interventionen hat. Auf solche Weise könnten aus einer von Michael Bohne ebenso wie von Matthias Wittfoth – dessen Artikel dem Grunwalds folgt – geforderten Forschung nützliche Fragen und Vorgehensweisen gewonnen werden, die zum einen helfen zu entmystifizieren und zum anderen für wirksame therapeutische Praxis dienlicher sind.

Matthias Wittfoth widmet sein Kapitel dem Lob der »Wiederentdeckung des Körpers« in psychotherapeutischen Kontexten sowie der daraus resultierenden Chancen für ein nutzvolleres Verhältnis von Wirkungsforschung und therapeutischer Praxis. Allerdings bleibt die Warnung nicht aus, allzu wohlfeilen Legitimierungsmythen durch falsch oder verkürzt dargestellte Forschungsergebnisse, z. B. aus der Hirnforschung – aber nicht nur aus dieser –, auf den Leim zu gehen. Die politische Dimension der teils respektvollen, teils kungelhaften Forschung-Praxis-Beziehung scheint hier deutlich durch.

Mit zwischenmenschlichen Atmosphären thematisiert *Matthias Ohler* ein Phänomen, dem in der letzten Zeit eine wachsende Aufmerksamkeit zukommt. Eine konzeptionelle Klärung jenseits begrifflich schwer zugänglicher und teils doch spekulativ-esoterischer Texte ist bislang aber Desiderat geblieben. Von der Idee her, Atmosphäre als grundständig metaphorisches Konzept zu begreifen – das im alltäglichen Leben gar nicht so unzureichend verstanden ist, wie zuweilen behauptet wird – werden Grundthesen zu Struktur und Bedeutung von Atmosphäre in zwischenmenschlichen Verhältnissen entwickelt. Es folgen Argumente zu Vorteilen der atmosphärischen Perspektive und praktische Tipps für den alltäglichen Umgang damit. Den Abschluss dieses Beitrags bildet die Präsentation zweier Übungsformate für Beratung und Selbstanwendung, die an sprachlich-grammatische Formen angelegt sind.

Gary Bruno Schmid stellt in knappen, szenisch präzise bemessenen Schritten eine Empowerment-Methode vor, die dramaturgischen Vorbildern folgt. Seine Methode ist der Idee verpflichtet, Bewusstsein als im gesamten Organismus organisiertes Phänomen zu verstehen. Von dort her wird einleuchtend, inwiefern menschliche Vorstellungskraft genauso Nocebo- wie Placebo-Effekte hervorbringen kann – und auch, warum und wie sie über den »hypnosystemischen Aufbau einer individualisierten Selbstheilungsgeschichte« zu nutzen wäre, in Heilung förderndem Sinne.

Als versierte Verhaltenstherapeutin und zugleich erfahrene Nutzerin verschiedener körpertherapeutischer und bifokal-multisensorischer Techniken entwickelt *Evelyn Beverly Jahn* ein erweitertes praktisches Verständnis von Embodiment. Ziel sind die Selbstbefähigung und Selbstwirksamkeit von Klienten an der Schwelle von kognitiven Einsichten zu beglückenderem Tun (»mind behavior gap«). Das Verfahren wird in acht ausführlichen Schritten beschrieben, von der Entwicklung eines Zielbildes über die würdevolle Betrachtung bisheriger Überlebensmuster und neuen, ressourcengestützten Motivationsaufbau bis hin zur durch einen mit sich selbst geschlossenen Vertrag gestützten proaktiven Phase. Viele Fallgeschichten veranschaulichen Ansatz und Wirksamkeit dieses innovativen methodischen Konzepts.

Eva Pollani wirbt für eine Integration dreier wirkungsvoller und prominenter Behandlungsmöglichkeiten in der Traumatherapie – Hypnose, Ego-State-Therapie und Eye Movement Integration (EMI) – zu flexiblen Praxismustern, die therapeutische Erfolge noch wahrscheinlicher machen. Deutlich ist der politische Hinweis darauf, dass beispielsweise in Österreich solche Integrationen bereits in manche Fort- und Weiterbildungscurricula Eingang gefunden haben.

Der Kern hypnosystemischer Modelle und praktischer Vorgehensweisen von *Gunther Schmidt* besteht darin, die »Struktur der auf unbewusster Ebene in unwillkürlicher Selbstorganisation immer wieder neu aufgebauten Erlebnisnetzwerke (von Klienten) systematisch zu erfassen und auf sie auftragsgemäß einzuwirken«. Für die Nutzung der vielen in seinem Beitrag vorgestellten nonverbalen Vorgehensweisen und Erlebensgeschichten in Therapie und Beratung ist es unabdingbar, sie »sehr wohl in einen verbalisierenden Rahmen zu stellen«. Dieser Rahmen dient gleichermaßen einer begleitenden und Bedacht stützenden Metatheorie wie der Notwendigkeit, die eigenen Vorgehensweisen für Klienten verstehbar und höchstmöglich transparent anzubieten.

Allen Autoren sei gedankt dafür, dass sie diesen thematischen Raum in Form eines Buches mit gestaltet haben. Man kann sich darin nun bewegen wie in einem Tagungshaus. Ein kaum zu überschätzender Vorteil gedruckter oder anderweitig veröffentlichter Texte besteht ja darin, dass man immer wieder zurückblättern oder -scrollen kann, um auf diese Weise noch einmal nachzufragen. So entsteht auch Zeit dafür zu entdecken, welche Bezüge der Beiträge untereinander – vielleicht auch manche spannungsvolle – sich zeigen, die den Autoren selbst am Schreibtisch, im Caféhaus, am Strand, in der Berghütte oder in Zug und Flugzeug gar nicht bewusst wurden und die sich über Leser wie aus sich selbst neu zeigen und organisieren dürfen. Bis sie von dort her zu neuen Texten werden. Gedachten, geschriebenen, gesprochenen, gesungenen, geklopften und getanzten oder sonst wie körperlich gezeigten. Zum Beispiel bei weiteren Tagungen und anderen Gelegenheiten zur immer wieder neuen Ermöglichung bislang eher unwahrscheinlicher Kommunikation.

Dem Carl-Auer Verlag sei von Herzen gedankt für die besondere atmosphärische Erfahrung gedeihlichen professionellen Zusammenarbeitens in einem komplexen Projekt, auch und gerade da, wo es zwangsläufig mal unterschiedliche Auffassungen zu bemerken gibt. Dieser Dank gilt allen im Verlag Arbeitenden. Es soll erlaubt sein, die Säulen des Lektorats namentlich zu erwähnen: Weronika M. Jakubowska und Ralf Holtzmann.

Heidelberg, im Januar 2016
Für die Herausgeber
Matthias Ohler

Prozess- und Embodimentorientierte Psychologie (PEP) – weit mehr als eine Klopftechnik

Michael Bohne

Milton Erickson und die sich auf ihn berufende Hypnotherapie gehören sicherlich zu den kreativsten Entwicklungsmotoren im Bereich Psychotherapie und Coaching. Bandler und Grinder haben die Arbeit Ericksons, Perls und Satirs systematisiert und daraus NLP entwickelt. Aus dem NLP-Umfeld sind viele andere kreative und innovative Techniken hervorgegangen, wie z. B. EMDR (Eye Movement Desensitization and Reprocessing) – Francine Shapiro war NLP-Trainerin, Fred Gallo, der EDxTM (Energy Diagnostic and Treatment Methods) entwickelte, kam u. a. vom NLP – sowie viele Traumatechniken, wie die Screentechnik. Die Techniken EMDR, Brainspotting und EMI (Eye Movement Integration) beeinflussen die emotionale Verarbeitung zunächst über den visuellen Kanal, aber auch akustische sowie taktile Reize werden genutzt. Die Klopftechniken, die in der Vergangenheit auch immer wieder mit dem Begriff »Energetische Psychologie« gleichgesetzt wurden, nutzen primär taktile Stimuli, um emotionale Prozesse zu perturbieren, also zu *verstören*.

Als ich in einem sehr differenzierten Buch aus dem DGVT Verlag[3] über verschiedenste *Klopftechniken* von dem Begriff »bifokal-multisensorische Interventionstechniken (BMSI)« gelesen und etwa zeitgleich einen sehr inspirierenden Austausch mit dem Hirn- und Haptikforscher Martin Grunwald (vgl. auch in diesem Band) in seinem Labor in Leipzig hatte, hat sich in mir mehr und mehr die Idee verfestigt, einen Kongress zu diesen neuen, ungewöhnlichen, die Wahrnehmung verstörenden Techniken anzuregen. Gunther Schmidt, Bernhard Trenkle, die Carl-Auer Akademie und ich organisierten also eine Tagung mit dem Titel »Reden reicht nicht!«. Als diese Tagung weit über ein Jahr im Voraus innerhalb von nur drei Wochen mit 1300 Anmeldungen ausgebucht war und in der vierten Woche noch weitere 1000 Anmeldungen eingingen, mussten wir die Warteliste

---

3   M. Aalberse und S. Geßner-van Kersbergen (2012): Die Lösung liegt in deiner Hand. Von der Energetischen Psychologie zur bifokalen Achtsamkeit. Tübingen (DGVT).

schließen, und wir hatten unmissverständlich begriffen, dass wir bei einem für die psychotherapeutische Community extrem spannenden Thema gelandet waren.

Unter den Begriff »bifokal-multisensorische Interventionstechniken (BMSI)« kann man im Grunde alle jene Techniken und Methoden subsumieren, die, wie PEP (Prozess- und Embodimentfokussierte Psychologie) und die Klopftechniken, während einer Reizexposition eine geteilte Aufmerksamkeit herstellen und dabei gleichzeitig (multi) sensorische Stimulationen durchführen. Der Begriff »BMSI« stammt von Maarten Alberse und Servatia Geßner-van Kersbergen und hat den von dem südamerikanischen Arzt und Psychoneuroimmunologen Joaquin Andrade stammenden Begriff »BMSA (Brief Multi-Sensory Activation)« weiterentwickelt. Der Begriff »BMSI« erscheint als einender Hauptnenner für viele innovative Techniken, wie Brainspotting, EMDR, EMI, Hypnotherapie, Systemaufstellungen, Klopftechniken und PEP. Im Grunde kann man sehr viele innovative und schnell wirksame Ansätze, wie sie etwa seit Mitte der 1990er-Jahre entwickelt worden sind und die den Körper einbeziehen, unter den Hauptnenner BMSI subsumieren – das ist eine sehr spannende Beobachtung.

Der Oberbegriff »bifokal-multisensorische Interventionsstrategien (BMSI)« ist also geeigneter Hauptnenner aller Ansätze, die mit geteilter Aufmerksamkeit und sensorischen Stimulationen arbeiten. Bei aller Unterschiedlichkeit arbeiten diese Techniken zum Teil sehr ähnlich, egal ob sie Augenbewegungen – also visuell-haptische – akustische, olfaktorische, gustatorische oder taktile Stimuli nutzen. Dieser gemeinsame Hauptnenner der BMSI scheint auch geeignet, möglicherweise vorhandene Hürden und Ressentiments zwischen den erwähnten Ansätzen zu überwinden und hinsichtlich der Wirkhypothesen und praktischen Anwendungen sich gegenseitig zu inspirieren und voneinander zu lernen.

In diesem Kapitel soll ein kurzer historischer Abriss zu den Klopftechniken gegeben und primär die Weiterentwicklung zu PEP fokussiert werden, die eine Wurzel in den aus der »Applied Kinesiology« kommenden Klopftechniken haben. PEP ist ein Ansatz, der primär den haptisch-taktilen Kanal zur Veränderung emotionaler Erregungen nutzt. Darüber hinaus wurden in der PEP psychodynamische, systemische, transgenerationale, hypnotherapeutische und bindungsorientierte Aspekte sowie die Integration von Leichtigkeit und Humor vereint und zu einer radikal komplexitätsreduzierten Arbeitsweise zusammengefasst. Reden reicht zwar nicht, aber nur Klopfen, Winken oder andere neuronale Stimuli reichen schon gar nicht.

Nicht zuletzt aus zwei Gründen erscheint das Klopfen in der Praxis anderen BMSI-Ansätzen gegenüber überlegen. Zum einen stellen die Klopftechniken gute Selbsthilfetools (Klopfen zur Stressreduktion und Selbstakzeptanzaffirmationen) für Klienten zur Verfügung und erhöhen somit die Erfahrung von Selbstwirksamkeit. In ihnen steckt auch ein gewisses Potenzial einer Demokratisierung von Psychotherapie. Zum anderen scheinen die taktilen Techniken aus neurobiologischer Sicht aufgrund der riesigen kortikalen Repräsentanz des haptischen Systems besonders interessant zu sein (siehe auch den Beitrag von Martin Grunwald in diesem Band). Wegen der entwicklungsbiologisch nahen Verwandtschaft von Haut und Hirn – beide entwickeln sich in der Embryogenese aus demselben Keimblatt – bestehen auch weiterhin funktionale Verbindungen. Die Tatsache, dass emotionale Erregungen sich sehr schnell in der Haut niederschlagen, wie z. B. im Falle von Erröten oder als Gänsehaut, kann als Beispiel dafür dienen, wie stark Haut und Hirn noch immer miteinander »verdrahtet« sind. Aber auch umgekehrt, von der Haut zum Gehirn, scheint es, wie die Klopftechniken eindrucksvoll belegen, besondere Beeinflussungsmöglichkeiten zu geben. Gerade auch hierzu mehr im Kapitel von Martin Grunwald.

Die Klopftechniken, eine Entdeckung der Medizin[4]

George Goodheart, ein innovativer Arzt, begründete in den 1960er/70er-Jahren die Applied Kinesiology (AK). Goodheart hatte beschrieben, dass das Klopfen von Akupunkturpunkten posttraumatischen Stress und Ängste zu reduzieren in der Lage ist. Er ging davon aus, dass man dazu die Anfangs- und Endpunkte der sogenannten Meridiane aus der traditionellen chinesischen Medizin (TCM) beklopfen müsse. Er konstatierte eine energetische Wirkhypothese, die über die Beeinflussung der Meridiane funktionieren solle. Es scheint jedoch, als hätte Goodheart, der als Arzt mehr an der körperlichen Behandlung von Patienten interessiert war, noch nicht das Potenzial der Klopftechniken für die Psychotherapie gesehen.

---

4 Zur Historie der Klopftechniken siehe auch Bohne (2008, 2010).

Der Psychologe Roger Callahan und der Psychiater John Diamond, sozusagen die Großväter der Klopftechniken, hatten in den 1980er-Jahren Fortbildungskurse in AK besucht und das Potenzial der Klopftechniken für die Psychotherapie erkannt. Sie übernahmen allerdings nicht nur das Klopfen gegen Ängste und traumatischen Stress, sondern behielten den sogenannten kinesiologischen Muskeltest und die Energiehypothesen dieser Ansätze bei. Callahan war der Ansicht, dass man für jede Symptomatik eine ganz dezidierte Klopfabfolge nutzen müsse, und entwickelte somit ein recht kompliziertes System, die TFT (Thought Field Therapy). Beide beschrieben bereits, dass nur ca. 80 % der Klienten vom Klopfen profitierten. 20 % litten unter einer sogenannten psychischen Umkehrung, zu deren Überwindung man spezielle Selbstakzeptanzaffirmationen aussprechen und einen taktilen Stimulus setzen müsse.

Zwei Schüler Callahans, der Psychologe Fred Gallo und der Coach und Ingenieur Gary Craig (1990er-Jahre), kann man als die Begründer des Klopfens auch in Deutschland bezeichnen.

Fred Gallo[5] untermauerte sein System mit dezidierten Muskeltests und schuf mit EDxTM eine sehr gründliche, jedoch auch sehr komplexe energetische Klopftechnik, die sich aus der Sicht vieler Anwender nur mühsam in die tägliche psychotherapeutische Praxis integrieren ließ und die auch hinsichtlich ihrer Wirkhypothesen aus psychotherapeutischer Sicht ein wenig sperrig anmutete. Craig hingegen vereinfachte das System extrem, indem er schlicht alle Punkte klopfen ließ, den Muskeltest wegließ und das System gewissermaßen entmedizinalisierte. Besonders Craig ist es vermutlich zu verdanken, dass die Klopftechniken eine weltweit so große Verbreitung fanden. Durch ihn kam es quasi zu dieser gewissen Demokratisierung solcher Formen von Psychotherapie, denn die Klopftechniken haben eine zuvor nie gesehene Menge an Selbsthilfebüchern hervorgebracht.

Viele dieser Klopftechniken standen und stehen nicht auf dem Fundament der wissenschaftlichen Medizin bzw. Psychotherapie und bemühen Wirkhypothesen, die sich bei genauer Betrachtung nicht halten lassen (Bohne 2013b, S. 24–32). Viele Interventionstechniken der Energetischen Psychologie ließen sich zunächst auch nicht mit dem Vokabular der medizinischen und psychotherapeutischen Terminologie beschreiben. Gleichzeitig steckte in diesen Ansätzen

---

5   Siehe Gallo (2000, 2002, 2009).

jedoch ein großes Potenzial, das ganz offensichtlich die Neugier vieler wissenschaftlich sozialisierter Anwender aus der Medizin und Psychotherapie geweckt hatte. Vor allem die teils spektakulären Verläufe mit ungeahnt schneller Angst- und Stressreduktion beeindruckten und beeindrucken die Beobachter. Ich war mit dabei, als der amerikanische Psychologe Fred Gallo auf Einladung von Gunther Schmidt seine Variation der Klopftechnik einem größeren Kreis von psychotherapeutischen Fachleuten erstmalig in Deutschland vorstellte, machte verschiedene Fortbildungen bei Fred Gallo und konnte in den darauffolgenden Jahren sehr viele Erfahrungen in der klinischen Anwendung und der Ausbildung von Kollegen sammeln. Durch diese intensiven Praxiserfahrungen schien es mir nach einigen Jahren nötig, die Klopftechniken von vielfältigem Ballast zu befreien. Es war aus psychotherapeutischer Sicht notwendig, die einzelnen Tools auf ihre Wirksamkeit und Wirkgenese hin zu untersuchen und eine neue Terminologie vorzuschlagen. Nicht nachvollziehbare Wirkhypothesen wurden über Bord geworfen, und notwendige Ergänzungen und Erweiterungen wurden implementiert. Daraus entstand PEP[6], die Prozess- und Embodimentfokussierte Psychologie.

PEP – klopfen und mehr

PEP ist eine achtsamkeitsbasierte Methode, die die Selbstwirksamkeit aktiviert. Auf der Grundlage einer hypnosystemisch-psychodynamischen Arbeitsweise geht es ihr außer um eine gute Integrierbarkeit u. a. um eine wirksame Überwindung von para-/dysfunktionalen[7] Emotionen, wie Ängsten und (posttraumatischen) Stress.

Häufig mussten die Anwender der verschiedenen Klopftechniken feststellen, dass das Klopfen von Körperpunkten bei gleichzeitiger Fokussierung auf das Problem keine oder eine nur unzureichende Stressreduktion bewirkte. Ähnliche Prozessstagnationen kann man auch bei der Arbeit mit EMDR oder EMI finden. Bei der Suche nach den Gründen, warum einige Klienten und Patienten vom Klopfen nicht profitieren konnten, ließen sich fünf verschiedene psychodyna-

---

6 PEP ist eine eingetragene Marke in Deutschland, Österreich und der Schweiz.

7 Mit dem Terminus »parafunktional« in Ergänzung zu »dysfunktional« soll gewürdigt werden, dass die aktuell störenden bzw. einschränkenden Beziehungsmuster, Emotionen und Kognitionen zu einer anderen Zeit einmal Sinn gehabt haben können. Es geht um eine Würdigung der verschiedenen Persönlichkeitsanteile.

misch-systemische Blockaden diagnostizieren,[8] welche geeignet sind, Lösungsprozesse massiv zu blockieren, und das Potenzial in sich tragen, chronisches Leid zu produzieren bzw. zu konservieren. Benannt wurden sie als die Big-Five-Lösungsblockaden, da sie eine große psychodynamisch-systemdynamische Bedeutung für die Symptomatik und den Verlauf der Behandlung haben. Konkret handelt es sich um entwicklungshinderliche Selbst- und Fremdbeziehungsaspekte, die sich klinisch zeigen als:

1. Selbstvorwürfe
2. Vorwürfe anderen gegenüber
3. Erwartungshaltungen anderen gegenüber
4. Altersregression
5. para-/dysfunktionale Loyalitäten.

Auf der Basis dieser Muster entstehen einschränkende Kognitionen, die einer Lösung und Zielerreichung im Weg stehen können. Die Big-Five-Lösungsblockaden bilden somit eine wesentliche diagnostische Säule der PEP.

Darüber hinaus wird in der PEP eine weitere Interventionsarchitektur genutzt mit dem Ziel, vor- und unbewusste Ursachen von Blockaden aufzudecken bzw. »hochzuspülen« und mittels selbstbeziehungsverbessernder Affirmationen zu transformieren: der Kognitions-Kongruenz-Test (KKT). Wichtig ist es bei diesem diagnostisch-interventorischen Tool, dass Hypothesen nicht einfach abgefragt werden, sondern in Form von diagnostischen Testsätzen im Sinne eines Stresstests ausgesprochen werden. Der Klient wird also nicht gefragt, ob er denn z. B. der Ansicht sei, dass er in Sicherheit bleibe, wenn er seine Angst überwindet oder ob seine Eltern ihm erlauben, eine glückliche Beziehung zu führen. Er wird vielmehr gebeten, in diesem Fall folgende Testsätze auszusprechen: »Ich bleibe in Sicherheit, wenn ich meine Angst überwinde.« Oder: »Meine Eltern erlauben es mir, eine glückliche Beziehung zu leben.«

Anhand dieser Satzstruktur lassen sich natürlich alle erdenkbaren Hypothesen für alle erdenklichen vor- und unbewussten Blockaden testen. Der Klient achtet darauf, ob sich der ausgesprochene Satz für ihn stimmig, also kongruent anfühlt oder nicht. Das Aussprechen

---

8 Siehe hierzu auch Bohne (2013b, S. 51; 2008, S. 64).

solcher Testsätze aktiviert erfahrungsgemäß weit mehr unbewusstes Material als das Stellen einer Frage. Das Aussprechenlassen aktiviert einen Spürprozess, während eine Frage einen Denkprozess anregt.

Eine solche achtsamkeitsbasierte Anwendung von diagnostischen Testsätzen führt durch die Anregung des Spürprozesses zu einer sehr komplexen Aktivierung vor- und unbewussten Materials und stellt gleichzeitig ein Training intuitiver Kompetenzen dar.

Der beschriebene Kognitions-Kongruenz-Test der PEP produziert ideodynamisches Material, das in Form von somatischen Markern, inneren Bildern, spontanen Einsichten, Erinnerungen und Lösungsvisionen bewusst wird. Das aufgetauchte und bewusst gewordene Material, bei dem es sich z. B. auch um Loyalitäten zu anderen Menschen, zum Ursprungssystem, zu Wertesystemen, aber auch um Loyalitäten zwischen Persönlichkeitsanteilen handeln kann, kann nun anhand einer selbstbeziehungsverbessernden Affirmation bei gleichzeitiger Setzung eines sensorischen Stimulus (eines haptisch-taktilen Reizes durch Reiben eines Hautpunktes) bearbeitet werden.

Der Klient behält die ganze Zeit über die Kontrolle über den Prozess, da die Reaktionen in ihm ablaufen. Er hat die Wahl, ob er über seine inneren Antworten spricht oder nicht. Indem er immer wieder in sich hineinspürt, trainiert er Achtsamkeit und seine intuitiven Kompetenzen. Das passt gut zu methodentransparenten Arbeitsweisen, die die Autonomie des Klienten sowie seine Resilienz und seine salutogenetischen Fähigkeiten fördern.

Die Grundstruktur der selbstbeziehungsverbessernden Affirmationen lautet für unser Beispiel: »Auch wenn ein Teil von mir unsicher ist, ob es nicht doch gefährlich für mich wird, wenn ich meine Angst überwinde, liebe und akzeptiere ich mich so, wie ich bin.« Oder z. B.: »Auch wenn es Teile in mir gibt, die unsicher sind, ob meine Eltern es mir erlauben, eine glückliche Beziehung zu leben, achte und schätze ich mich so, wie ich bin.«

Embodiment – die Datenflatrate zwischen Haut und Gehirn

Der Hirnforscher Antonio Damasio bezeichnet den Körper als die Bühne der Gefühle. Dies ist eine inspirierende Beschreibung. Gefühle wären ohne unseren Körper nicht fassbar. Die Klopftechniken setzen nun genau dort an, wo die Gefühle ihre phänomenologische Bühne betreten: am Körper. Über den Körper wird auf das emotionale Erleben Einfluss genommen. Die Autorengruppe um den Hirnforscher Gerald Hüther (s. Storch et al. 2006) bringt es auf den Punkt, wenn sie in ihrem gemeinsamen Buch mit dem Titel *Embodiment* schreibt:

>»Jede Fachperson, die Menschen berät, therapiert oder erforscht, *ohne* den Körper mit einzubeziehen, sollte eine Erklärung für dieses Manko abgeben müssen« (S. 8, Hervorh. im Orig.).

Weiter heißt es:

>»Weil er ursprünglich so eng mit dem Gehirn und allem, was dort geschah, verbunden war, bietet der Körper einen besonders leichten Zugang zu allen Ebenen des Erlebens und Verhaltens, zu den im Gehirn abgespeicherten Sinneseindrücken, den Gefühlen, den unbewusst gesteuerten Verhaltensmustern und nicht zuletzt zu den frühen Erinnerungen.«

Der bereits erwähnte Psychologe und Hirnforscher Martin Grunwald, Leiter des Haptik-Forschungslabors am Paul-Flechsig-Institut für Hirnforschung an der Universität Leipzig (siehe auch Grunwald in diesem Band), forscht zum Thema »Tastsinn« und beschäftigt sich von daher auch mit dem Phänomen der Selbstberührung. Er beschreibt eine spannende Beobachtung:

>»Probanden sollten Muster ertasten und sich das Ergebnis einprägen. Dabei wurden sie durch eine verstörende Geräuschkulisse aus Schreien und Schüssen irritiert. Am EEG war abzulesen, dass der Stress stieg und das Gehirn vollständig mit der Verarbeitung der aggressiven Töne ausgelastet war. Bis die armen Probanden sich unwillkürlich ins Gesicht fassten oder durchs Haar fuhren – in diesem Moment nahm der Stress signifikant ab und die Konzentration zu. Ein flüchtiger Hautkontakt nur, aber mit frappierenden Folgen« (Bergmann 2003).

Eine amerikanische Forschergruppe, die zum Schlaganfall forscht,[9] hat im Tierversuch mit Ratten festgestellt, dass nach Unterbindung der Hauptschlagader zum Gehirn, was eigentlich zu einem künstlich gesetzten Schlaganfall führen muss, eine einmalige Stimulation von

---

9 Studie verfügbar unter: http://journals.plos.org/plosone/article?id=10.1371/journal. pone.0011270 [29.3.2016]

Barthaaren dazu ausreicht, den Schlaganfall zu verhindern. Die Forscher vermuten, dass die Stimulation von Fingern oder des Gesichts zu ähnlichen Effekten führt. Dies erklären sie damit, dass nach Hautstimulation die kortikale Durchblutung zunimmt. Das könnte erklären, warum das Beklopfen von Körperpunkten bei gleichzeitiger Aktivierung eines emotional belastenden Themas zu einer Stressreduktion führt. Die Erklärung würde darin liegen, dass höhere kortikale Zentren wieder einen downregulierenden Einfluss auf die emotionsverarbeitenden neuronalen Strukturen (des limbischen Systems) haben.

Aus systemischer Sicht könnte man das Prozedere beim Klopfen auch als Perturbation (Verstörung) von emotionalen Verarbeitungsprozessen beschreiben. Denn die Aktivierung eines emotional belastenden Themas bei gleichzeitiger Aktivierung verschiedener Afferenzen, das heißt zum Gehirn hinlaufender Erregungen, etwa durch Klopfen, Summen, Augenbewegungen, selbstbeziehungsverbessernde Affirmationen und andere neuronale Stimuli, führt aller Wahrscheinlichkeit nach dazu, die aktivierte emotionale Gedächtnisspur zu schwächen und eine neuronale Neuorganisation zu bewirken. Es kann vermutet werden, dass Selbst-, aber auch Fremdvorwürfe (Big Five Nr. 1 und 2) geeignet sind, das Belohnungssystem zu blockieren, da sie strafenden Charakter haben. Die Nutzung selbstbeziehungsstärkender Affirmationen und die Überwindung von Selbst- und Fremdvorwürfen dürften sich günstig auf das Belohnungssystem auswirken und den präfrontalen Kortex günstig beeinflussen, der dann wiederum regulierend auf das limbische System wirken kann. Vernunft und Einsicht können so an Bord zurückkehren.

Traumatherapeutinnen und -therapeuten beschreiben auch, dass sie selbst von der Integration des Klopfens in ihre Arbeit profitieren, da sie sich während des Prozesses ja im Sinne eines Modells selbst beklopfen. Dabei kann man bei sich selbst als Therapeut/-in möglicherweise vorhandene belastende emotionale Arousals, die zu einer sekundären Traumatisierung führen könnten, ebenso auflösen wie Gegenübertragungen, die den Prozess gegebenenfalls ungünstig beeinflussen. Das Selbstbeklopfen stellt überdies ein Pacing auf ganz basaler körperlicher Ebene dar. Bei sehr belastenden Themen scheint das Klopfen also ein Immunschutz vor zu starker Spiegelneuronenaktivierung zu sein. Dies wirkt im Sinne einer Steigerung der Psychohygiene für die professionellen Anwender. Somit stellen PEP und das

Klopfen eine Burnout-Prophylaxe und eine Prophylaxe gegen die in der Traumatherapie bekannten sekundären Traumatisierung dar.

Die Selbstakzeptanzaffirmation – ein Portfolio der gesamten Psychotherapie

Die Satzstruktur der Selbstakzeptanzaffirmation (»Auch wenn ich ..., achte und schätze ich mich so, wie ich bin«) mutet zunächst vielleicht etwas merkwürdig oder profan an. Wenn man sich aber verdeutlicht, welche logischen, psychodynamischen und psychotherapiegeschichtlichen Strukturen und Wurzeln in ihr enthalten sind, wird die Auseinandersetzung mit dieser Intervention sehr erhellend. Aus systemischer Sicht handelt es sich bei der Selbstakzeptanzübung um eine Sowohl-als-auch-Logik. Psychodynamisch gesehen, stellt sie eine Art Ambivalenzfähigkeitstraining dar, aus der Sicht der analytischen Psychologie nach C. G. Jung ist sie eine Integration des Schattenthemas. Diese Intervention kann auch als Reintegration eines ausgeblendeten Themas oder unliebsamen Persönlichkeitsanteils oder als Maßnahme zur Auflösung von Abspaltungs- und Dissoziationsprozessen beschrieben werden. Aus phänomenologischer Sicht handelt es sich um ein schlichtes Anerkennen, dass es so ist, um eine Würdigung des Soseins. Auf der Ebene der Selbstbeziehung kann diese Affirmation dazu beitragen, den Kampf gegen sich selbst zu beenden und in einen Friedensprozess mit sich selbst einzutreten. Bindungstheoretisch gesehen, könnte man diese Intervention auch als eine Art »Selbstbeelterungsübung« verstehen. Ganz allgemein gesprochen, handelt es sich um eine Maßnahme zur Verbesserung der Selbstbeziehung. Sie ist ferner ein Modell für Selbstfürsorge, bedingungslose Selbstannahme und Achtsamkeit. Die positive Selbstaussage dürfte über den präfrontalen Kortex auch das Belohnungssystem aktivieren und auch von daher eine beruhigende Wirkung auf das Gefühlshirn ausüben. Wie schon weiter oben formuliert, könnte man sagen, dass Selbstvorwürfe (Big Five Nr. 1) und vermutlich auch Fremdvorwürfe (Big Five Nr. 2) das Belohnungssystem blockieren und somit die Erregung im limbischen System nicht reduziert werden kann, sondern aufrechterhalten bleibt.

Da die Selbstbeziehung viel mit dem Selbstwertgefühl zu tun hat, kommt dem Selbstwertgefühl in der PEP eine wichtige Bedeutung zu.

Das Selbstwertgefühl – Immunsystem des Bewusstseins

In meiner Tätigkeit als Auftrittscoach habe ich die fundamentale Bedeutung des Selbstwertgefühls bei öffentlichen Auftritten erlebt und, dadurch angeregt, festgestellt, dass ein zu geringes Selbstwertgefühl häufig auch bei anderen Problemen und Symptomen den Nährboden für anhaltende störende Symptome und Entwicklungsblockaden bildet. Neben der stress- bzw. emotionsregulierenden Funktion und der Diagnostik und Bearbeitung unbewusster Lösungsblockaden stellt somit ein dezidiertes halb standardisiertes Selbstwerttraining eine zentrale Säule der PEP dar. Während die Selbstbeziehung, wie der Name schon sagt, die Beziehung zu sich selbst betrifft, ist natürlich auch die Beziehung zu den anderen Menschen wesentlich, und sowohl in der Psychotherapie als auch im Coaching stellt die Güte der Beziehungsqualität eine hohe Wirkkomponente dar.

Humor und Leichtigkeit als Beziehungsintervention

Die Art und Weise, wie professionelle Helfer sich in der Beziehung zu einem Klienten oder Patienten verhalten, beinhaltet viele Informationen, die, auch wenn sie nicht explizit formuliert werden, dennoch mit einer recht großen Wahrscheinlichkeit vom Gegenüber entschlüsselt werden. Wenn ich als Psychotherapeut oder Arzt mein Gegenüber als rohes Ei erlebe oder ihm nichts zutraue, dann wird mein Gegenüber mit großer Wahrscheinlichkeit die Zuschreibung »rohes Ei« spüren, bzw. er wird sich so fühlen wie jemand, dem nichts zuzutrauen ist. Die innere Haltung von uns Therapeuten, so hat es der Hypnotherapeut Jeffrey Zeig einmal bezeichnet, ist eine hochwirksame Tranceinduktion und somit die Verdichtung der Aufmerksamkeit auf einen (gegebenenfalls auch schwächenden oder schädigenden) Aspekt. Somit sollte man seine innere Haltung und den Glauben an die Veränderung aufseiten des Klienten, wenn möglich, lösungs- und ressourcenorientiert ausrichten. Eine Haltung von Leichtigkeit (bei gleichzeitiger Würdigung des Leids) ist also eine Intervention, die beim Gegenüber Zuversicht zu aktivieren in der Lage ist. In der Traumatherapie oder der Depressionsbehandlung besteht immer die Gefahr, dass man, wenn man zu empathisch mit dem Klienten ist, sozusagen ins System kippt und seine Wirksamkeitszuversicht verliert. Ein erfahrener Hypnotherapeut hat einmal gesagt, dass depressive Patienten immer die besseren Hypnotherapeuten seien, da sie im Zustand der Depression eine hohe suggestive Kraft haben. Sie schaffen es mit Leichtigkeit, zu empathische Therapeuten im Handumdrehen zu hypnotisieren. Es spricht also vieles dafür, seine Empathie fein zu justieren, nicht zu empathisch zu sein, sondern mit einer professionellen Haltung der *wohldosierten Empathie* zu arbeiten.

Die Integration von Leichtigkeit und Humor, vor allem in Form einer inneren Haltung, kann beim Klienten, wie schon erwähnt, massiv Ressourcen aktivieren. Somit werden Humor und Leichtigkeit in der PEP auch konsequent genutzt. Durch die ohnehin schon ungewöhnliche Arbeitsweise mit Klopfen, Summen und dergleichen lassen sich humorvolle Interventionen besonders leicht integrieren. Es geht nicht um Provokation, wie etwa in anderen Ansätzen. Es geht nie darum, den Klienten zu provozieren, wenngleich die Integration von liebevollem und wertschätzendem Humor natürlich meist eine gewisse Provokation (und somit Musterunterbrechung) darstellt. Die Haltung der Leichtigkeit erscheint vor allem aus psychohygienischen Gründen für Therapie- und Beratungsprofis von fundamentaler Bedeutung zu sein. Ein weiterer Beziehungsaspekt, den Porges (2010) als »Social Engagement System« beschreibt, spricht für eine eher wohldosierte Empathie. Hohe stimmliche Varianz signalisiert dem Klienten auf vagaler Ebene, dass er in Sicherheit ist (ebd.), dies würde ich als stimmliches oder vokales Bonding beschreiben. D. h., wenn der Therapeut zu gestresst ist von dem, was der Klient erzählt, dann wird diese Form des vokalen Bondings nicht stattfinden können. Viele Patienten haben berichtet, dass sie sich durch die ruhige und Zuversicht ausstrahlende Stimme des Therapeuten gehalten und gut begleitet gefühlt haben. Darüber hinaus kann man auch eine Art visuelles Bonding nutzen, indem man den Patienten einlädt, dass er, während er an das belastende Material kommt, immer wieder den Blickkontakt zum Therapeuten suchen und auch nach Bedarf halten kann. Ist es ihm zu eng oder nah, kann er wegschauen, will er sich seines Gegenübers wieder vergewissern, kann er wieder den Blickkontakt suchen. Diese Form des visuellen Haltens erleben viele Patienten als hilfreich und beruhigend. Klopfen signalisiert vermutlich darüber hinaus auch Sicherheit, da es als eine Metapher für Spielen erlebt wird (siehe ebd., S. 31).

Unser innere Haltung (im Falle von PEP eben eine Haltung von Leichtigkeit und Offenheit für Humor) beeinflusst somit direkt die Atmosphäre des therapeutischen Kontaktes, aber darüber hinaus auch die Wahl unserer Worte und die von uns genutzten Sprachbilder. Dies wiederum dürfte eine atmosphärische Auswirkung auf die Situation haben (siehe den Beitrag von M. Ohler in diesem Band). Solche atmosphärischen Interventionen dürften nicht ohne Wirkung auf das Nervensystem unseres Gegenübers sein. Aber auch der z. B. depressive oder traumatisierte Patient oder Klient, dessen Weltsicht massiv durch den depressiven Affekt bzw. die erlebten existenziellen Bedrohungen determiniert werden, stellt eine Quelle von atmosphärischer Beeinflussung des therapeutischen Kontaktes dar. Deshalb – u. a. damit man sich nicht an einer depressiven Tranceinduktion oder einer sekundären Traumatisierung emotional infiziert – wird es aus der Sicht der PEP als wichtig erachtet, lediglich eine wohldosierte Empathie zu praktizieren. Somit hat unsere innere Haltung aus konstruktivistischer Sicht natürlich eine direkte realitätskonstruierende Auswirkung.

Der Therapeut klopft mit – Immunschutz und Prophylaxe gegen Burnout und sekundäre Traumatisierung

Die Arbeit als Psychotherapeut und vor allem als Traumatherapeut stellt ja auch ein gesundheitliches Risiko dar. Da es zur psychotherapeutischen Arbeit unabdingbar gehört, als ganze Person und vor allem mit seinen echten eigenen Gefühlen in Beziehung zu treten und empathisch zu sein, besteht auch ein gewisses Risiko, sich sozusagen an den Emotionen, den Kognitionen und an den belastenden Erlebnissen von Klienten anzustecken. Dies kann zu Burnout-Phänomenen oder, im schlimmsten Fall, zu einer sogenannten sekundären Traumatisierung führen. Im Rahmen einer explorativen Studie konnte Judith Daniels (2008) aufzeigen, dass sich tatsächlich ohne direkten Kontakt zum Ausgangstrauma eine solche übertragene Traumatisierung herausbilden kann. Sie äußert sich in Form von PTBS-ähnlichen Symptomen, kann aber in schweren Fällen auch über sie hinausgehen. Vielen Psychotherapeuten ist es vermutlich gar nicht klar, dass es die Gefahr der sekundären Traumatisierung gibt. Vermutlich fehlten den Betroffenen in der Studie eine heilsame Distanz und auch selbstwirksamkeitsaktivierende Traumatechniken, wie die Klopftechniken.

Konsequentes Reframing als Mittel zur Realitätsumkonstruktion

In systemischen Ansätze wird darauf hingewiesen, dass es keine Realität außerhalb von Beobachtern geben kann. Einer der Beobachter in

einem psychotherapeutischen Prozess sind jeweils wir Psychotherapeuten. Wir definieren durch unsere Sicht auf die Dinge eine Realität,
die, da wir dies in der Rolle des Experten tun, eine nicht zu unter-
schätzende suggestive Kraft hat. Somit erscheint es, wie bereits weiter
oben angedeutet, unabdingbar, sich nicht von der zum Zeitpunkt der
Krise eben häufig einseitigen und leidproduzierenden Sicht unserer
Klienten hypnotisieren zu lassen. Dies bedeutet, dass die konsequente
Nutzung von Reframings aus hypnotherapeutischer und systemischer
Sicht unabdingbar ist. PEP arbeitet auch intensiv mit Reframings.

Wissenssoziologische Überlegungen

Die Wirkhypothesen der PEP haben die energetischen Wirkhypothesen und esoterischen Anmutungen mancher Klopftechniken über-
wunden bzw. gar nicht erst angenommen. Sämtliche Wirkhypothesen
der PEP beziehen sich auf die neurobiologische Forschung und die
Psychotherapiewirksamkeitsforschung. Manchen Anwendern gefällt
eine solchermaßen entmystifizierte bzw. von den energetischen Wir-
kannahmen befreite Methode nicht. Ihnen fehlen gerade die exotisch
anmutenden energetischen Erklärungsmodelle.

Welches die möglichen wissenschaftlich validierten Wirkkrite-
rien sind und bei welchen Symptomen bzw. Erkrankungen welche
der bifokal-multisensorischen Techniken wirksam sind, das werden zukünftige Studien zeigen müssen. Die bisherigen Studien zur
Energetischen Psychologie und den Klopftechniken überzeugen den
kritischen Beobachter nicht wirklich. Auch deshalb haben wir an der
Medizinischen Hochschule in Hannover (MHH) eine fMRT-Studie
zur neurobiologischen Wirkung des Klopfens durchgeführt (Näheres
hierzu siehe in dem Beitrag von M. Wittfoth).

Ein wesentlicher Aspekt, der mir am Herzen liegt, ist neben der
Entmystifizierung der Klopftechniken die Kombination von psycho-
dynamisch-systemischem Wissen mit den bifokal-multisensorischen
Aspekten der Klopftechniken. Dies gelingt nicht, ohne dass man auch
auf die wesentliche Bedeutung der therapeutischen Beziehung und
der inneren Haltung des Therapeuten eingeht. Die innere Haltung, so
hat es, wie bereits erwähnt, der Hypnotherapeut Jeffrey Zeig einmal
bezeichnet, ist eine hochwirksame Tranceinduktion. Somit ist PEP
von einer inneren Haltung gekennzeichnet, die auf dem Fundament
von Wertschätzung, Humor und Leichtigkeit steht. Ohne eine solche

humanistische Grundhaltung laufen die bifokal-multisensorischen Techniken Gefahr, eine inhumane und leistungsorientierte therapeutische Atmosphäre zu erzeugen.

Wie könnte man Paracelsus im 21. Jahrhundert, also in einer Zeit, in der Effizienz, Technikorientierung, Machbarkeitswahn und Evidenzbasierungsfetischismus uns alle nicht gänzlich unbeeinflusst lassen, ergänzen? Die wichtigste Arznei für den Menschen ist (und bleibt; M. B.) der Mensch.

Der Kopf ist rund, damit das Denken seine Richtung wechseln kann – Explizite und implizite Musterunterbrechungstechniken

Bernhard Trenkle

Auf der *ersten Tagung »Bifokal-multisenorische Techniken in der Psychotherapie – Reden reicht nicht*« ging es uns Initiatoren maßgeblich um die Frage: Warum und wodurch wirken Techniken wie EMDR, EMI und die Klopftechniken? Obwohl anfangs skeptisch belächelt, wirken diese Techniken offensichtlich oft magisch schnell. Was davon ist nun ein wirklicher Wirkfaktor? Was ist bloße Suggestion oder Placeboeffekt?

Auf dieser ersten Tagung habe ich als Diskussionsbeitrag die These aufgestellt, dass eine Technik, die in ericksonscher Hypno- und Psychotherapie »Musterunterbrechung« genannt wird, eine wichtige Rolle für die Wirkung spielt.

Vor vielen Jahren habe ich Ernest Rossi einmal sagen hören: Milton Erickson hypnotisiert durch das Unterbrechen der bewussten Erwartungshaltung. Also, Milton Erickson macht etwas Verblüffendes oder Überraschendes, mit dem man nicht rechnen kann, und induziert dadurch hypnotische Trancephänomene.

Ähnliches kann man auch immer wieder in der Sendung »Verstehen Sie Spaß?« beobachten. So wurde für diese Sendung einmal kurz vor Weihnachten vor dem Postamt von Garmisch gefilmt. Die Leute fuhren mit dem Auto vor dem Postamt vor, um ihre Weihnachtspakete und -post aufzugeben. Wenn ein Postkunde in der Post verschwand, wurde auf seinem Auto blitzschnell ein Skiständer mit vier Paar Skiern montiert. Die Reaktion der Postkunden wurde dann gefilmt. Ein Mann kam aus der Post und erstarrte. Minutenlang starrte er kataleptisch auf sein Auto. Das ist es, was mit *Hypnose durch Unterbrechung der bewussten Erwartungshaltung* gemeint ist.

Steve Lankton, einer der maßgebenden Schüler von Milton Erickson, hat seine erste Begegnung mit Erickson wie folgt geschildert: Er war etwas vorzeitig zum Seminar bei Erickson erschienen, um einige Minuten alleine mit dem großen Meister zu haben, von dem er so viel gelesen hatte. Er nahm Platz und ging davon aus, dass jetzt der übliche

Small Talk folgen würde: Hatten Sie einen guten Flug? Etc. Erickson schaute ihm jedoch in die Augen und sagte:»Bevor ich dir etwas Interessantes und Aufregendes aus deiner Kindheit erzählen werde ...« Lankton berichtete, dass er die Luft einzog und dachte:»Oh, was weiß dieser alte, erfahrene Psychiater jetzt schon von meiner Kindheit?« Die Fokussierung der Aufmerksamkeit war automatisch gegeben auch ohne dass etwas gesagt wurde wie »Sie schauen auf die Kristallkugel und hören meine Stimme und sonst nichts.«

Auch das ist wieder Hypnose durch Unterbrechen der bewussten Erwartungshaltung. Anstatt Small Talk zu führen, hat Erickson das gewohnte Muster des üblichen Alltagbewusstseinsablaufes unterbrochen und dadurch direkt begonnen, eine Trance zu induzieren.

Definitionen von Musterunterbrechung

Milton Erickson hat Musterunterbrechung auch als therapeutische Interventionstechnik genutzt. Dem Buch *Milton Ericksons Gesammelte Fälle* (Hudson O'Hanlon u. Hexum 2009, S. 370) ist ein Glossar ericksonscher Techniken angefügt. Dort wird Musterunterbrechung so definiert:

>»Das übliche Symptommuster in Stücke brechen oder einen kleinen oder größeren Symptomaspekt verändern.«

In einem Glossar ericksonscher Fachwörter der Milton Erickson Foundation heißt es:

>»Eine Aufteilung des Symptomverhaltens, sodass ein kleiner Teil der Verhaltenssequenz modifiziert werden und zu progressiver Veränderung führen kann.«

Aus eigener therapeutischer Erfahrung und theoretischer Überlegungen möchte ich diese Definition erweitern:

Musterunterbrechungstechniken sind Techniken, bei denen ein zu Symptomen führendes Muster in seiner Sequenz erkannt, analysiert und nachfolgend verändert wird. Dabei lässt sich die Reihenfolge der Sequenz verändern, Teile der Sequenz können entfallen, neue Elemente hinzugefügt werden. Die zeitliche Dauer sowie die Intensität von Musterelementen können variiert werden. Eine kleine Änderung im Muster kann in einer großen Änderung insgesamt resultieren.

Fallbeispiel 1

Ein Berufskraftfahrer kommt in Therapie. Wegen seiner Panikattacken auf Autobahnbrücken hatte er schon zweimal die Fahrerlaubnis entzogen bekommen. Das erste Mal fuhr er auf einer Brücke in Panik in die Leitplanke. Beim zweiten Mal packte ihn die Angst mit solcher Wucht, dass er eine Vollbremsung vollführte, in Panik den Rückwärtsgang einwarf und als »Geisterfahrer« rückwärtsfahrend von der Brücke floh. Wie er später sagte, war ihm gleichzeitig klar, dass er sich und andere in höchste Lebensgefahr brachte – trotzdem hatte er keine Kontrolle über sich. Die Polizei beobachtete ihn zufällig und nahm ihm den Führerschein wieder ab. Als er in eine Behandlung kam, hatte er zwar den Führerschein, fuhr aber immer beträchtliche Umwege. Er mied große Autobahnbrücken.

Viele Jahre nach erfolgreicher Behandlung schaute ich mir die Videoaufnahme des Erstinterviews an. Dabei machte ich eine überraschende Entdeckung. Ich hatte vergessen, was mir der Klient damals erzählt hatte. Er hatte gesagt: »Wissen Sie, wenn ich eine Strecke fahre, die ich nicht kenne, und wenn auf dieser Strecke plötzlich unerwartet eine Brücke kommt, und diese Brücke ist unter 80 m lang, dann reicht es mir gar nicht für ein Angstgefühl.«

Was der Klient damit indirekt sagte, ist: »Wenn ich von dieser Brücke gewusst hätte, dann hätte ich schon viele Kilometer vorher angefangen, mich damit zu beschäftigen. Vielleicht hätte ich schon am Abend vorher darüber nachgedacht, ob ich sie nicht besser umfahren sollte.« Der Klient hat also eine Art »selbsthypnotisches« Muster, mit dem er seine Ängste startete und befeuerte. Alles, was man als Therapeut dann tun kann, um diese »Selbsthypnose« abzuschwächen oder zu unterbrechen, ist im Prinzip schon gute Therapie.

Man kann diesem Klienten eine CD mitgeben, auf der eine beruhigende Musik enthalten ist, und ihm sagen:

»10 km vor der Brücke legen Sie die Musik ein. Bei Kilometer 5 schalten Sie die Musik ab und versuchen, dieselbe Musik möglichst intensiv mental zu hören. Bei Kilometer 3 vor der Brücke wird die Musik wieder für 2 km eingelegt. Bei Kilometer 1 nehmen Sie die Musik wieder raus und hören die Musik mental verlangsamt. Kurz vor der Brücke kommt die Musik wieder rein, *und* Sie versuchen parallel, die Musik real im Lautsprecher und gleichzeitig mental auf halber Geschwindigkeit zu hören.«

Diese Aufgabe fordert die Aufmerksamkeit so sehr, dass das übliche selbsthypnotische Muster, mit dem die Ängste aktiviert werden, nicht wie üblich parallel durchgeführt werden kann.

Viele Menschen mit Ängsten wenden Musterunterbrechungstechniken intuitiv selbst an. Da wird das Fenster auf- und zugemacht, um zu lüften. Oder es wird laut gesungen.

Fallbeispiel 2

Eine Klientin kam mit dem Anliegen in Therapie, ihr Selbstvertrauen zu stärken. Abends im Bett hatte sie regelmäßig Insuffizienzgefühle. Sie schilderte, dass sie sich jeden Abend »fertigmache«, weil sie nie mit dem Tagewerk zufrieden sei und ständig nur auf das Negative fokussiere. Auf die Frage, wo sie die »Grundausbildung« für diese Praxis genossen habe, meinte sie schmunzelnd:»Schon als Kind zu Hause.« Es stellte sich heraus, dass sie in guter katholischer Tradition als Kind abends immer Gewissenserforschung machen sollte. Von daher hatte sie eine exzellente Ausbildung darin, ständig aufs Sündhafte und Negative zu fokussieren. Sie hoffte, das mit Hypnose korrigieren zu können.

Ich bezweifelte, dass man mit einigen wenigen Hypnosesitzungen diese lebenslange Selbsthypnose korrigieren könne. Um dies zu tun, empfahl ich der Klientin, vor einer zweiten Sitzung, die vier Wochen später erfolgen sollte, jeden Abend eine lange positive Gewissenserforschung anzustellen. Dies diene der Vorbereitung der späteren Hypnosesitzung. Vom Moment des Insbettgehens solle sie rückwärts den Tag durchgehen und jede Kleinigkeit anerkennen, auch wenn sie noch so klein sei: dass sie die Zähne gründlich geputzt habe, dass sie versucht habe, ihre Schwiegermutter anzurufen – die Schwiegermutter hatte zwar nicht abgenommen, aber allein ihr guter Wille, überhaupt anzurufen, sei bereits anerkennenswert.

Nach vier Wochen kam die Klientin und berichtete Überraschendes. Sie hatte ein ganz schlechtes Gewissen. Sie wollte jeden Abend, wie aufgetragen, diese Übung machen. Allerdings sei sie jeden Abend unerwartet schnell eingeschlafen. Das sei für sie sehr überraschend, weil sie seit über zehn Jahren eine chronifizierte Einschlafstörung habe. Sie habe das nicht erwähnt, weil sie ohnehin keine Chance sah, daran etwas zu verändern. Nun sei sie regelmäßig nach kurzer Zeit des Selbstanerkennens eingeschlafen, obwohl sie die Übung gerne, wie aufgetragen, gemacht hätte. Sie sei aber morgens immer mit guter Laune aufgewacht. Als die Klientin das schilderte, kam mir ein

> Spruch meiner Großmutter in den Kopf: Ein gutes Gewissen ist ein
> sanftes Ruhekissen. Bis dahin war mir nicht klar gewesen, dass in
> diesem Spruch eine alte Weisheit steckt.

Die Klientin hatte mit dieser Übung das alte Muster unterbrochen,
mit dem sie sich bisher über zehn Jahre erfolgreich am Einschlafen
gehindert hatte. Sie hatte immer einschlafen wollen, aber so, wie sie
es versucht hatte, hatte sie sich selbst daran gehindert. Als sie stattdessen etwas anderes zu tun hatte, konnte sie auf natürliche Weise
einschlafen.

Fallbeispiel 3

Eine Kollegin rief mich an. Ihr 18-jähriger Sohn habe bereits zweimal
die Führerscheinprüfung nicht bestanden. Alle seine Klassenkame-
raden hatten es im ersten Anlauf geschafft. Und er werde bereits
gehänselt: »Wenn du noch mal durchfällst, musst du zum Idioten-
test.« (Das war die volkstümliche Bezeichnung für die damals fällige
verkehrspsychologische Pflichtuntersuchung.) Dieser Test war so
ziemlich die Höchststrafe für einen stolzen 18-jährigen Schüler im
Abiturjahr.

Von der Kollegin erfuhr ich, dass ihr Sohn mein *HaHandbuch* mit
Witzen liebe (Trenkle 2013) und sie deswegen frage, ob ich mit ihm
einmal eine Sitzung machen könne. Er sei völlig in Panik und werde
so sicher wieder durchfallen. Ich bestellte den jungen Mann ein. Er
war ein wirklich charismatischer, gut aussehender junger Mann,
der viel Humor hatte. Er hatte bereits selbst große Angst, wiederum
durchzufallen. Es gab nur diese eine Sitzung vor der Fahrprüfung.
Ich setzte auf die Technik der Musterunterbrechung. Über das Thema
»Witze« entwickelte sich eine Idee.

Ich behauptete, einen spektakulären neuen Witz zu kennen, er sei
aber wohl nicht mutig genug, diesen Witz während der Fahrprüfung
zu erzählen. Mein junger Klient lachte provokativ: »Das glauben vielleicht Sie! Ich erzähle jeden Witz in jeder Situation.« Ich zog das in
Zweifel: »Diesen Witz werden Sie aber nicht erzählen.«

Er: »Da wäre ich nicht so sicher.«

Ich: »Aber ich bin sicher.«

Nach einem kurzen Zögern sagte ich: »Okay, mit Vorbereitung vielleicht ja, aber bei einem neuen Witz glaube ich es nicht.«

Es kam so weit, dass wir eine Wette abschlossen: Wenn er den Witz erzählt, dann bezahle ich die Getränke für die Party mit seinen Freunden. Wenn nicht, ist eine Flasche echter Champagner von seinem Taschengeld fällig. Er ging auf die Wette ein. Es gab aber eine spezielle Bedingung: Er durfte den Witz vorher nicht kennen.

Ich sagte ihm: »Der Witz ist nur zwei, drei Zeilen lang. Den haben Sie sofort drauf. Einmal lesen, und Sie können ihn erzählen. Er ist ziemlich heftig. Ich bin wirklich gespannt, ob Sie frech genug sind, den zu erzählen.«

Den Witz bekam er auf einem Zettel in einem geschlossenen Umschlag mit. Diesen Umschlag durfte er erst direkt am Fahrschulauto öffnen und den Witz lesen. Wenn er dann mutig genug sei, ihn während der Prüfung zu erzählen, habe er gewonnen.

Mein Ziel war es, die Aufmerksamkeit weitestgehend auf ein anderes Thema zu lenken: »geheimnisvoller Witz« statt »Hoffentlich fall ich nicht noch mal durch!«.

Der junge Mann stand am Auto. Fahrlehrer und Prüfer waren bereits im Wagen. Wie verabredet, öffnete er den Umschlag. Er musste so lachen, dass er vor lauter Lachen auf dem Fahrschulauto hing. Fahrlehrer und Prüfer schauten verwundert. Sie rechneten mit einem 18-jährigen Nervenbündel, das bereits zweimal versagt hatte. Stattdessen bekommt der Prüfling eine Lachattacke und kann sich kaum beruhigen.

Was stand auf dem Zettel im Umschlag?

»Bilden Sie spontan einen Satz, in dem ›Sperma‹, ›Sex‹, ›Vorhaut‹, ›Fahren‹, ›Bremsen‹ und ›Genitalien‹ vorkommen!« Man musste dann diesen Satz auf dem Blatt noch etwas suchen – als weitere Musterunterbrechung: »Als wir sechs auf der Fahrt gen Italien waren, sagte ich zu meiner Frau, sperr ma’ den Hund in’ Kofferraum, damit es ihn beim Bremsen nicht vorhaut.«

Fahrlehrer und Prüfer wollten natürlich den Grund für die Lachattacke wissen. Der junge Mann erzählte erwartungsgemäß gleich den Witz, und es war sofort eine Superstimmung im Fahrschulauto. Der Effekt der Ablenkung von den Ängsten und dem Thema »Hoffentlich fall ich nicht noch mal durch!« war voll gelungen. Dass er längst gut Auto fahren konnte, war ohnehin klar.

Meine Wette hatte ich verloren. Das Therapieziel war erreicht.

Varianten der Musterunterbrechung

Denken wir an ein Muster mit dieser Abfolge:

a b c d e f g

Dieses Muster lässt sich auf verschiedene Weise unterbrechen bzw. variieren. Zum Beispiel lässt es sich durch eine Veränderung der Reihenfolge modifizieren:

a b f e c d g

Oder ein Element des Musters, z. B. »b«, könnte mehrfach wiederholt werden:

a b c b d e b f g

Eine weitere Möglichkeit der Musterunterbrechung wäre das Einfügen neuer Elemente, die bisher nicht in der Abfolge der Ereignisse vorkamen:

a b c x y d e f z g

Noch mal eine andere Variante wäre das absichtliche Verstärken oder Übertreiben von einzelnen Verhaltensweisen in der Abfolge der Ereignisse:

a B C d e F g

Eine weitere Möglichkeit wäre, das ganze Muster zeitlich vorzuziehen, also jedes Element frühzeitiger als bisher aufzuführen:

neu: a b c d e f g

EIN RÄTSEL? »FINDEN SIE DEN UNTERSCHIED!«

Vielleicht müsste man da eine Zeitachse dazumalen, der Unterschied liegt darin, dass das ganze Muster zeitlich vorgezogen wird:

Eine weitere Variante von Musterunterbrechung wäre:

anstatt: a b c d e f g

neu: a bc f

Hier würde das ganze Muster wiederum vorzeitig gestartet, »*bc*« würde zeitlich enger zusammengelegt, dann würden zwei Elemente ausgelassen, und das Muster würde mit »*f*« beendet.

EMDR

Ende der 1980er-Jahre machte mich Jeff Zeig auf zwei frühe Artikel von Francine Shapiro aufmerksam, in der sie EMD (Eye Movement Desensitization) vorstellte. Später wurde der Ansatz in EMDR (Eye Movement Desensitization and Reprocessing) umbenannt. Zugegebenermaßen klang für mich merkwürdig, was ich da las: Im Falle von Flashbacks nach Traumata sollte die Intensität der traumatischen Erinnerungen mittels Augenbewegungen – analog zu den Rapid Eye Movements im Schlaf – in kurzer Zeit zu desensibilisieren sein.

Schon wenige Tage später ergab sich die unerwartete Gelegenheit, das Verfahren selbst auszuprobieren.

Fallbeispiel 4

Nach zwei Jahren erfolgloser Paartherapie überwies mir ein Kollege ein junges Paar. Er drückte dabei die Hoffnung aus, dass ich vielleicht mit Hypnotherapie etwas erreichen könne, das bisher nicht zu erreichen war.

Das Paar hatte drei Jahre zuvor in Eigenarbeit begonnen, ein Haus zu bauen. Als der Rohbau schließlich stand, wurde in den Keller schon mal eine Dusche eingebaut, damit man nach getaner Arbeit duschen konnte. Beim ersten Gang in diese Dusche brach die Frau wimmernd vor der Dusche zusammen. Plötzlich kamen in ihr Erinnerungen hoch, wie ein Onkel sie in ihrer Kindheit in so eine Dusche mitgenommen hatte. Danach hatte er sie auch ins Schlafzimmer mitgenommen, aber was dort geschehen war, war immer noch in einer Amnesie. Seit diesem Zusammenbruch vor der Dusche durfte der Ehemann keinerlei Körperkontakt mehr mit seiner Frau haben. Keinerlei Zärtlichkeiten und keine Umarmung waren erlaubt. Die Frau ertrug dies schlichtweg nicht, obwohl die sexuelle Beziehung bis dahin unproblematisch und gut gewesen war. Zwei Jahre Paartherapie hatten daran nichts geändert. Die Frau schilderte, dass sie immer wieder flashbackartig von dem Bild jener Dusche behelligt wurde.

Ich erzählte der Frau von einem neuen Verfahren aus den USA und sagte wahrheitsgemäß dazu, dass ich es allerdings noch nie zuvor angewandt hätte. Aber es werde berichtet, dass es in solchen Fällen hilfreich sein solle. Meine Skepsis drückte ich deutlich aus. Die Frau meinte schließlich: »Aber was habe ich zu verlieren? Wir probieren das!«

Ich fragte sie: »Wenn Sie an die Dusche denken und sich eine Skala von 0 bis 10 vorstellen – 0 wäre: *Die Dusche ist emotional irrelevant,* und 10 wäre: *Das Bild ist unerträglich, ich werde wahnsinnig* –: Wo würden Sie sich in Bezug auf dieses Bild einordnen?«

Sie meinte: »8,5.«

Ich setzte mich vor sie und bat sie, den schlimmsten Teil oder Moment der Duscherinnerung vor ihr inneres Auge zu holen und dann mit ihren Augen meinem Finger zu folgen, den ich horizontal vor ihren Augen schnell hin- und herbewegte. Das tat ich so 20 bis 30 Sekunden lang. Sie blieb mit den Augen immer wieder hängen und konnte dem Finger anfangs nicht flüssig folgen. Die Augen wurden schnell müde, und wir unterbrachen.

Nach kurzem neutralen, ablenkenden Gespräch über andere Themen fragte ich die Klientin: »Wenn Sie jetzt wieder den schlimmsten Teil vors innere Auge führen: Wo sind sie auf dieser Skala?«

Sie hatte nach einem kurzen Moment einen überraschten Gesichtsausdruck und meinte: »Das kann doch nicht sein!« Auf meine Nachfrage antwortete sie: »Ich bin nur noch bei 6,0. Das Bild ist weiter weg und schwächer.«

Ich erwiderte: »Ja, genauso ist es in den Artikeln auch beschrieben. Da machen wir noch weitere Durchgänge.«

Nach dem zweiten Durchgang war die Klientin bei 4,5 und nach dem dritten Durchgang bei 3,0.

Danach entließ ich sie zusammen mit ihrem Mann nach Hause. Mir war klar, dass ich bisher noch keine Technik gesehen hatte, die so schnell eine Änderung herbeiführen konnte. Und es war mir auch intuitiv klar, dass es sich nicht um eine Suggestionsbehandlung gehandelt hatte. Meine Skepsis gegenüber dem Verfahren und meine Ehrlichkeit, das zum ersten Male zu versuchen, ließen einen suggestiven Effekt als sehr unwahrscheinlich erscheinen.

Die Klientin kam zum nächsten Termin allein. Sie berichtete, dass sie in der Nacht nach unserer Sitzung erstmals wieder in den Armen ihres Mannes schlafen konnte. Intimere Zärtlichkeiten wollte sie allerdings keine. Sie teilte mir mit, dass sie zu der Sitzung alleine kommen wollte, weil sie schon seit Langem eine Essstörung habe, von der ihr Mann nichts wisse und auch nicht wissen dürfe. Er wolle ihr dann bestimmt helfen, aber so, wie er ihr helfen wolle, würde ihr das nicht helfen. Sie bat um die Vermittlung zu einer Therapeutin, mit der sie das Thema weiter aufarbeiten könne.

Was wirkt denn da?

Ab da beschäftigte mich die Frage: Was hat da gewirkt? Ein Teil der Wirkungen scheint tatsächlich im Einbeziehen der Augenbewegungen zu liegen. Noch bevor ich EMDR kennenlernte, hatte ich eine eigene Erfahrung gemacht, die das nahelegte. Mit einem ärztlichen Kollegen wollte ich gemeinsam ein Seminar zur Kombination von Feldenkrais-Techniken mit Hypnotherapie anbieten. Dazu habe ich selbst noch mal an Feldenkrais-Sitzungen teilgenommen. Bei einer der Übungen lag ich am Boden und sollte meine Augen wieder und wieder in großem Bogen von ganz links nach ganz rechts und wieder zurückbewegen. Die Anweisung beinhaltete, mich auf keinen Fall zu zwingen. Ich solle die Augen nur so weit bewegen, wie es angenehm ist, und dort stoppen. Nun – nach rechts konnte ich die Augen sehr weit nach unten bewegen. Nach links stockten die Augen, und eine gesamte Bewegung war nicht möglich. Mit der Zeit dachte ich: Was soll das?, und zwang mich, entgegen der Anweisung die Augen über diesen natürlichen Stopppunkt hinauszubewegen. Ich versuchte, die Augen genauso weit nach links zu bekommen, wie es mühelos nach rechts ging. Indem ich das tat, kam plötzlich eine schmerzhafte Erinnerung aus meiner Kindheit in mein Bewusstsein. Diese Erinnerung war bisher in einer Amnesie. Da ich Material für das geplante Seminar sammelte, habe ich die Übung kurz unterbrochen und mir einige Notizen gemacht. In meinen Notizen von 1990 oder 1991 damals steht die Frage: Haben Augenbewegung etwas mit Amnesie und Trauma zu tun?

EMI und EMDR

EMDR (Eye Movement Desensitization and Reprocessing) und EMI (Eye Movement Integration) wurden von Francine Shapiro und Steve Andreas entwickelt, vermutlich ausgehend von frühen Überlegungen in der Gruppe um die NLP-Entwickler John Grinder, Robert Dilts und Steve Andreas. Es wäre sicher interessant, die Anfänge dieser Konzepte einmal in der geschichtlichen Entstehung sauber dokumentiert zu sehen.

EMDR verwendete ursprünglich nur schnelle horizontale Handbewegungen, denen die Augen zu folgen hatten. Wenn das keine Ergebnisse brachte, wurden auch diagonale Handbewegungen, z. B.

von links unten nach rechts oben, eingesetzt. Ausgehend von diesen ersten Ansätzen, hat sich EMDR zu einem großen, anerkannten Verfahren weiterentwickelt.

EMI verwendet langsamere, sehr viel komplexere Bewegungsabläufe bis hin zu spiralförmigen Bewegungsmustern.

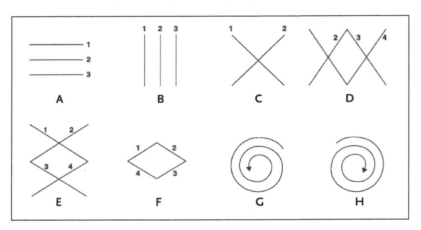

Abb.: Augenbewegungen des EMI

In Bezug auf die Behandlung von Flashbacks bei posttraumatischen Belastungsstörungen habe ich in der klinischen Praxis den Eindruck gewonnen, dass eine effiziente Unterbrechung der alten Traumamuster eine wesentliche Rolle spielt. Die Musterunterbrechung geschieht nach meiner Erfahrung über die Schnelligkeit der Augenbewegungen.

Flashbacks sind »blitzartige« Erinnerungen an Traumaepisoden. Als Kind und Jugendlicher konnte ich das mehrfach bei meinem Großvater beobachten, der vier Jahre lang im Ersten Weltkrieg war und knapp 98 Jahre alt wurde. Am Ofen sitzend, hat er immer wieder mal einen Schrei ausgestoßen und dann erklärt: »Jetzt habe ich es wieder gesehen!« Er hat uns immer damit verschont zu erzählen, was er gesehen hat. Es war offensichtlich immer dasselbe unverarbeitete Bild aus dem Krieg. Heute könnte ich ihm mit modernen Traumatherapietechniken wie EMDR vermutlich sehr rasch und wirksam helfen.

Die folgenden Fallbeispiele stützen die These, dass Musterunterbrechungen ein wesentlicher Bestandteil der Wirkung von EMDR und ähnlichen Ansätzen sind. Dies gilt wohl generell für alle bifokalmultisensorischen Techniken.

Musterunterbrechung und die Schnelligkeit von Augenbewegungen bei EMI und EMDR

Fallbeispiel 5

Bei einem Hypnoseworkshop kam die Rede auf EMDR, und die Teilnehmer wollten unbedingt eine Demonstration erleben. Es war in den Anfängen der EMDR-Zeit, in Deutschland gab es seit wenigen Jahren die ersten offiziellen Trainings. Eine Kollegin meldete sich mit einem Anliegen. Sie war eine gestandene Fachärztin in Führungsposition. Sie wollte nicht über Details des Problems reden. Wir erfuhren nur, dass sie immer wieder von einer Erinnerung aus der Schulzeit behelligt wurde: Sie geht vor dem Schulhaus, und alle schauen aus den Fenstern auf sie. Diese Erinnerung war emotional sehr stark und sehr negativ besetzt, wie man ihrer Schilderung entnehmen konnte. Ich machte zwei Durchgänge mit den üblichen Augenbewegungen. Dann kam aus der Gruppe die Frage, ob man als Intervention auch eine bifokal-auditive Stimulierung einsetzen könne. Eine Teilnehmerin berichtete darauf von einem Seminar, in dem das demonstriert und geübt worden sei. Ich forderte sie auf, diese Variante vorzuführen.

Die Kollegin, die diese auditive Variante demonstrierte, setzte sich vor die Klientin mit dem Schultrauma. Die Klientin wurde gebeten, die Augen zu schließen und sich auf die Schulsituation zu konzentrieren. Die Therapeutin begann abwechselnd links und rechts hörbar mit den Fingern zu schnipsen (bifokale-auditive Stimulation). Nach kurzer Zeit hatte ich das Gefühl: Wenn ich da schweigend mit geschlossenen Augen sitzen würde, würden mich die Emotionen vielleicht überrollen. Nicht lange später zeigte sich im nonverbalen Verhalten der Klientin Unbehagen, wenige Sekunden später öffnete sie die Augen und sagte: »Puh, es wird schlimmer, das halte ich nicht aus!«

Erst dann wurde mir bewusst, dass ich während der Arbeit mit den Augenbewegungen permanent auch geredet hatte: »Du siehst den schlimmsten Teil des Bildes, du schaust auf meine Finger, du folgst, so schnell es geht, meinen Fingern, von rechts nach links, von links nach rechts, und die Schule und die Finger, so rasch es geht, den Fingern folgen ...«

Ich habe den Eindruck, dass über dieses permanente Umfokussieren der Aufmerksamkeit, nämlich die Aufforderung, sich auf das Bild zu konzentrieren, das man bisher vermeiden wollte, und gleichzeitig schnell den Fingern zu folgen, diese schnelle Desensibilisierung erfolgte. Dazu kommt, dass mit dem Fokussieren auf visuelle Erinnerungen laut NLP-Theorie bei Rechtshändern Augenbewegungen nach links oben verbunden sind (vom Klienten aus gesehen) (vgl. Dilts et al. 1980). Die Aufforderungen, sich auf eine visuelle Erinnerung zu konzentrieren und gleichzeitig die Augen rasch horizontal hin- und herzubewegen, scheinen inkompatibel zu sein. Bei den ersten Durchgängen und hoher Emotionalität von 8 bis 10 auf der Skala scheinen die Augen gelegentlich auch wie an einem Widerstand zu stocken (ähnlich wie ich das bei meiner Feldenkrais-Selbsterfahrung erlebt hatte).

Bei auditiver oder kinästhetischer bifokaler Stimulierung scheinen sich die Augen bei hoher Konzentration des Klienten auf diese bifokale Stimulierung ebenfalls mitzubewegen. Letzteres konnte ich sowohl bei Klienten wie bei mir selbst beobachten.

Fallbeispiel 6

In einem der ersten EMI-Seminare an unserem Rottweiler Institut unterrichtete Danie Beaulieu, die das einzige umfangreiche Fachbuch zu EMI geschrieben hat (Beaulieu 2003). Sie demonstrierte den Ansatz u. a. an einem der teilnehmenden Praktikanten. Der Psychologiestudent hatte regelmäßige Flashbacks bezüglich eines Autounfalles. Er war auf der Autobahn mit hoher Geschwindigkeit unterwegs gewesen, als sich vor ihm ein Unfall ereignete und sich die Autos hinter diesem Unfall schnell stauten. Es gelang ihm, seinen Wagen gerade noch rechtzeitig zum Halten zu bringen. Im Rückspiegel sah er von hinten ein anderes Auto heranrasen. Es war ihm klar, dass der Bremsweg dieses Autos nicht reichen kann. Es kam immer näher, krachte von hinten in seinen Wagen und schob ihn auf das vor ihm stehende Fahrzeug. Es war ihm nichts passiert. Aber dieses Bild, wie das Auto von hinten in seinen Wagen kracht, tauchte immer wieder quälend auf.

Danie Beaulieu arbeitete mit dem jungen Mann mit den EMI-Techniken. Zu meiner Überraschung erzählte mir der Praktikant später, dass sich durch die Intervention nichts verändert habe und er die Erinnerung während der Demonstration immer wieder als unangenehm erlebt habe.

Bei einer anschließenden Sitzung leitete ich den EMDR-Prozess während der Therapiephase mit vielen Musterunterbrechungen schnell redend an – zusätzlich zu den raschen Augenbewegungen. Nach drei Durchgängen lag der junge Mann auf der EMDR-Skala bei einem sehr geringen Wert, und dabei blieb es auch.

Ähnlich wie bei der bifokal-auditiven Stimulierung im Fallbeispiel 5 schienen die schnelleren Augenbewegungen des EMDR einen stärkeren musterunterbrechenden Effekt gehabt zu haben als die langsamen Augenbewegungen, die im EMI benutzt werden.

Fallbeispiel 7

Ähnliches ist später noch einmal bei einer EMI-Livedemonstration von Woltemade Hartman auf einer Tagung passiert.

Die betreffende Kollegin, die ich seit Jahrzehnten kenne und schätze, meldete sich nach der Demonstration bei mir, weil sich an ihren Flashbacks bezüglich einer aktuellen Traumatisierung nichts verändert habe. Auch sie schilderte ihr Unbehagen während der Sitzung, weil das problematische Bild unangenehm intensiv gewesen sei. Wiederum war die dann angewandte Kombination von schnellen Augenbewegungen mit viel Musterunterbrechung in nur einer Sitzung erfolgreich.

Sowohl Woltemade Hartman wie auch Danie Beaulieu sind in ihrer fachlichen Kompetenz über jeden Zweifel erhaben. Wie jeder weiß, schätze ich beide als Hauptreferenten und Workshopleiter an meinem Institut und auf unseren Tagungen über alles. Trotz aller unbestrittenen Kompetenz haben die langsamen EMI-Augenbewegungen nach meinem Eindruck in beiden Situationen nicht genügend musterunterbrechende Kraft besessen, um die Flashback-Symptome aufzulösen.

Wie ich von Kollegen, die auf Traumabehandlungen spezialisiert sind, weiß, halten sie in anderen therapeutischen Situationen die Technik der langsameren Augenbewegungen von EMI derjenigen des EMDR für überlegen.

EMI benutzt auch sehr viel variantenreichere Augenbewegungen. Diese vielfältigen Varianten könnten das langsamere Arbeiten in Bezug auf musterunterbrechende Wirkungen kompensieren. Das sind jedoch theoretische Überlegungen, weil ich nicht genügend praktische Erfahrungen mit beiden Varianten habe.

Fallbeispiel 8

Eine Klientin, die eine Gefangennahme mit Foltererfahrung und Vergewaltigung hinter sich hatte, kam zu mir in Therapie. Sie hatte in der Tatsituation Schreckliches über sich ergehen lassen müssen.

Es gab Auslöser, die eine schlagartige Ohnmacht auslösen konnten. Wegen dieser Symptome war sie bei sehr renommierten Kollegen und Institutionen ohne Erfolg in Behandlung gewesen – von psychodynamischen bis verhaltenstherapeutischen Ansätzen war alles vertreten, auch EMDR. Die Kollegen konzentrierten sich alle auf das Hauptsymptom, den Auslöser für die schlagartigen Ohnmachtsattacken. Möglicherweise wurden auch Behandlungsfehler gemacht, und die Klientin hat dadurch eher eine intensivierende Retraumatisierung erfahren. Es gab einen weiteren Auslöser, der zuvor noch nie behandelt worden war. Während der Tatsituation wurde die Klientin von den Tätern mit einem charakteristischen Markentaschenmesser in die Arme geschnitten, sodass das rohe Fleisch herausschaute. Die Klientin arbeitete in einem Restaurant, in dem auch immer wieder Wanderer einkehrten. Manchmal hatten sie Messer der gleichen Marke dabei. Wenn die Klientin ein solches Messer sah, wurde sie nahezu kataleptisch. Sie behielt aber noch so weit die Kontrolle, dass sie sich hinter die Theke zurückziehen konnte. Wenn die Klientin in eine Metzgerei ging, um Wurst zu kaufen, musste sie immer auf den Boden schauen. Der Anblick von rohem Fleisch oder gar der Anblick, wie Fleisch geschnitten wird, hätte ebenfalls eine Katalepsie ausgelöst. Immerhin blieb die Klientin bei diesen Situationen gerade noch handlungsfähig und wurde nicht ohnmächtig wie bei dem anderen Auslöser. Ich definierte diesen Umstand ihr gegenüber als Ressource oder auch als Referenzerfahrung, um ihn später vielleicht auch in Bezug auf den problematischen Hauptauslöser nutzen zu können.

Wir beschlossen, uns zuerst auf das Taschenmesserproblem zu konzentrieren und nicht auf den Hauptauslöser, der die Ohnmachtsanfälle triggerte.

Zuerst spielte ich den »Roboter«, den sie mit Anweisungen steuern konnte. Sie sollte mir fortlaufend Anweisungen geben, was ich mit dem Messer zu tun hatte: in die Hand nehmen, wegstecken, öffnen, schließen etc. Manchmal war sie überrascht, dass ich in vorauseilendem Gehorsam zu ahnen schien, was als Nächstes zu tun sei. Die Klientin hatte meinen Praktikanten erlaubt, anwesend zu sein. Bei einer Gelegenheit sagte ich, an die Praktikanten gerichtet: »Ihr seid erst in einführenden Workshops gewesen, das Gedankenlesen kommt erst in den Fortgeschrittenenseminaren.« Ich versuchte immer wieder, die Situation mit Humor aufzulockern und so zu verhindern, dass die Klientin assoziativ in die Traumasituation abgleiten und eintauchen konnte. Einmal jedoch war ich einen kurzen Moment im Nachdenken unkonzentriert im Hinblick auf die Situation. Ich dachte, regungslos sitzend, nach, wie ich jetzt weiterarbeiten könnte, und strich dabei gedankenverloren über die Klinge des offenen Taschenmessers. Plötzlich realisierte ich, wie die Klientin dissoziierte und beinahe kataleptisch erstarrte. Ich entschuldigte mich, und wir begannen wieder, humorvoll mit vielen Musterunterbrechungen weiterzuarbeiten.

Kurz danach begannen wir, mit der EMDR-Technik an der traumatisierenden Tatsituation zu arbeiten, insbesondere in Bezug auf das Taschenmesser. Auf der EMDR-Skala hinsichtlich der Emotionalität war die Klientin zeitweise bei dem Wert von 10. Ich habe immer wieder unterbrochen und ständig musterunterbrechend die Ebenen gewechselt. Leider hat bei dieser Sitzung das Videoaufnahmegerät versagt, sodass ich diese Sitzung danach aus dem Gedächtnis nur teilweise rekonstruieren konnte.

Zu den Musterunterbrechungstechniken, die ich nutzte, gehörten mehrfach überraschende Zwischenfragen. Zum Beispiel: »Was ist zur Zeit der Lieblingskuchen ihrer Gäste?« Die Antwort – mit verblüfftem Gesichtsausdruck – war: »Kirschplotzer.« Sofort folgte die nächste kurze EMDR-Einheit. Ich unterbrach sie mit den Worten: »Übrigens, nächste Sitzung bringen Sie für mich und mein Team einen halben Kirschkuchen mit.« Ich erzählte einen Witz, der assoziativ mit dem Haupttrigger zusammenhing, und sie musste lachen. Ich warf ihr überraschend das Taschenmesser zu, und sie warf es lachend zurück.

Wir machten auch einmal eine kurze Hypnoseeinheit und nutzten dabei Ressourcensituationen, die wir in einer Sitzung zuvor aufgebaut hatten. Die Sitzung hatte ein hohes Tempo, ständige Themenwechsel, und es wurde immer wieder gelacht.

Die Klientin machte ab und zu auch Metakommentare: »Sind Sie immer so witzig drauf in solchen Situationen?« Meine Antwort laut Therapieprotokoll: »Wenn es sein muss, ja, aber jetzt gehen wir wieder ganz ernsthaft zur Sache.« Weil ich das »ernsthaft« mit sehr ernster Stimme und ernstem Gesichtsausdruck sprach, musste sie wiederum lachen.

Einmal fragte die Klientin auch, wie ich das Unbewusste definieren würde, wenn ich immer mal wieder von ihrem Unbewussten sprechen würde.

In Bezug auf die Auslösesituation kamen wir über diesen Prozess in etwa 90 Minuten auf der Emotionalitätsskala von 10 zu Beginn auf 6 am Ende.

Zur nächsten Sitzung brachte die Klientin wirklich einen halben Kirschkuchen mit, und sie berichtete Erstaunliches. Sie war in einer

Metzgerei. Erst draußen vor der Tür blieb sie erschreckt stehen. Ihr wurde plötzlich klar, dass sie das rohe Fleisch angeschaut und sogar zugesehen hatte, wie es geschnitten wurde; sie hatte aber überhaupt nicht darauf reagiert. Das war ein ermutigender Durchbruch.

Ohne die ständigen Musterunterbrechungen, die immer wieder verhinderten, dass die Klientin von traumatischen Erinnerungen »überrollt« wurde, wäre dieser schnelle Effekt aus meiner Sicht nicht möglich gewesen.

Zusammenfassung

Musterunterbrechung ist ein wirksamer Ansatz aus der ericksonschen Psycho- und Hypnotherapie. Sie kann als eigene Technik eingesetzt werden oder ist manchmal indirekt in Techniken anderer Therapieschulen enthalten, ohne dass sie thematisiert wird.

EMDR und EMI wirken dann besonders gut, wenn gleichzeitig die alten pathologischen Problemtrancemuster ausreichend unterbrochen werden.

Wenn EMDR und EMI zu langsam oder schweigend durchgeführt werden, kann das rasche Erfolge verhindern und manchmal retraumatisierend wirken.

Reine Musterunterbrechungen ohne Augenbewegungen per bifokaler Stimulierung sind unter Umständen nicht wirksam.

Für prozess- und embodimentfokussierte Psychologie (PEP) bzw. Klopftechniken ließen sich ähnliche Überlegungen anstellen. Auch hier werden alte Muster unterbrochen und neue Muster eingeführt.

Reden reicht nicht – eine fast ernste Nachbetrachtung

In meinem *Aha-Handbuch der Aphorismen und Sprüche* (Trenkle 2012) habe ich kleine und humorvolle Weisheiten zusammengestellt, die ich seit der Schulzeit gesammelt hatte.

Reden reicht nicht. Was sagen da die Bibel, die Philosophen und die Aphoristiker? Wie bringen die das auf den Punkt?

Der Kölner Medizinprofessor Gerhard Uhlenbruck sagt: »Sprichwörter kann man auch als psychotherapeutischen Teil einer Erfahrungsheilkunde betrachten« und »Ein Aphorismus ist psychologische Philosophie in einem Satz«.

»Am Anfang war das Wort« (Johannes-Evangelium).

»Am Anfang war die Tat« – »In the beginning was the act« (Moreno 1946).

Über die Jahrtausende finden sich immer wieder solche Aussagen zum Thema »Reden reicht nicht«.

»›Actions speak louder than words‹ is the maxim« – »›Taten sprechen lauter als Worte‹ ist die Maxime« (Abraham Lincoln 1856).

»Das Wort ist nur der Tat Schatten« (Demokrit, 460–370 v. Chr.).

»Nicht Sprüche sind es, woran es fehlt; die Bücher sind voll davon. Woran es fehlt, sind Menschen, die sie anwenden« (Epiktet, ca. 50–138).

»Das Wort ist wie im Meer ein Pfad, doch eine tiefe Wegspur hinterläßt die Tat« (Henrik Ibsen, 1828–1906).

»Reden kocht keinen Reis« (asiatisches Sprichwort).

Auch Schiller und Goethe haben sich schon mit diesem Thema auseinandergesetzt:

»Erst handeln und dann reden« (Friedrich Schiller in *Maria Stuart*).

»Geschrieben steht: ›Im Anfang war das Wort!‹
Hier stock ich schon! Wer hilft mir weiter fort?
Ich kann das Wort so hoch unmöglich schätzen,
Ich muss es anders übersetzen,

Wenn ich vom Geiste recht erleuchtet bin.
Geschrieben steht: ›Im Anfang war der Sinn.‹
Bedenke wohl die erste Zeile,
Dass deine Feder sich nicht übereile!
Ist es der *Sinn*, der alles wirkt und schafft?
Es sollte stehn: ›Im Anfang war die *Kraft*!‹

Doch, auch indem ich dieses niederschreibe,
Schon warnt mich was, dass ich dabei nicht bleibe.
Mir hilft der Geist! Auf einmal seh ich Rat
Und schreibe getrost: ›Im Anfang war die Tat!‹«

(Goethe, *Faust* im Studierzimmer; Hervorh. im Orig.)

Nun – gibt es auch Witze zum Thema Musterunterbrechung und bifokale Stimulierung?

Der tschechische Aphoristiker Gabriel Laub meint: »Es gibt gute politologische, soziologische oder psychologische Bücher, die auf 600 Seiten fast so viel sagen wie ein Witz.«

Den folgenden Witz zu diesem Thema habe ich einmal in einer Liveradioschaltung erzählt. Die Moderatorin hatte mit mir am Abend vorher die Fragen etwas vorbesprochen. Etwa um 7 Uhr 52 sollte ich anlässlich einer großen Hypnosekonferenz live zum Interview zugeschaltet werden. Die Moderatorin hatte angekündigt, dass sie mich ganz am Schluss noch auf meine Witzbücher ansprechen und mich dann bitten werde, einen Witz zu erzählen. Allerdings wurde ich gewarnt: Exakt 7:59:59 Uhr sei mein Mikro zu, und die Nachrichten starteten exakt um 8 Uhr. Ich hatte mir einige Stichworte zu Witzen aufgeschrieben. Darunter auch zwei Witze, die recht kurz waren, falls mir nicht viel Zeit bleiben sollte. Ich hatte eine Uhr vor mir, die auf die Sekunde stimmte. Um 7:59:25 kam die Moderation auf das Thema »Witze« zu sprechen, und ich hatte so ziemlich exakt 24 Sekunden für meinen Witz. Um 7:59:52 war die Pointe durch den Äther, und schlagartig aber auch meine Leitung zur Moderatorin tot.

Folgenden Witz hatte ich erzählt:

Cleopatra und Caesar beim heißen Liebesspiel. Cleopatra flüstert Caesar ins Ohr: »Sag mir etwas, was noch nie ein Mann einer Frau gesagt hat.« Caesar sagt: »Laserdrucker.«

Nach den Nachrichten rief mich die Moderatorin an und sagte: »Ich musste schlagartig das Mikro abdrehen, weil ich vor Lachen fast geplatzt bin.«

Aber nicht alle Frauen finden diesen Kurzwitz wirklich witzig. Und das gilt auch für den nächsten Witz:

Eine Frau kommt zum Arzt und sagt: »Schauen Sie, Herr Doktor, ich muss mich scheiden lassen. Überall blaue Flecken. Mein Mann ist Alkoholiker und wird immer unbeherrschter und im Suff immer gewalttätiger. Sobald er nach Hause kommt, riecht man schon von Weitem seine Fahne. Diesen Geruch alleine ertrage ich schon gar nicht mehr.« Der Arzt sagt: »Für solche Situationen habe ich einen speziellen Tee entwickelt.« Die Frau ist entrüstet: »Nehmen Sie mich nicht auf den Arm, Herr Doktor! Mein Mann ist ein gewalttätiger Alkoholiker. Schauen Sie meine Verletzungen an.« Der Arzt besteht weiterhin auf seinem Wundertee.

Er erklärt der Frau: »Wenn Ihr Mann loszieht, um auf seine Kneipentour zu gehen, dann kochen Sie von diesem Tee eine ganze Kanne voll. Sie lassen den Tee 10 Minuten ziehen, dann gießen Sie ihn in eine Thermoskanne. Der Tee sollte sehr warm, aber nicht mehr richtig heiß sein. Wenn Ihr Mann dann nach Hause kommt und Sie riechen seine Alkoholfahne, dann gehen Sie an Ihre Thermoskanne. Sie gießen sich eine ganze Tasse Tee ein und nehmen einen Schluck in den Mund. Aber nicht schlucken. Immer mit der Zunge den Tee von rechts nach links und links nach rechts im Mund hin- und herschieben. Ganz langsam. Ich kann Ihnen schon jetzt sagen: Der Tee schmeckt nicht gut. Sie werden in Versuchung kommen, ihn lieber runterzuschlucken. Aber widerstehen Sie dieser Versuchung, solange es geht. Immer von rechts nach links und von links nach rechts. Sie berühren dann dabei mit Ihrer Zungenspitze einmal von innen die linke Seite der Mundhöhle und dann wieder die rechte Seite. Immer von links nach rechts und dann wieder umgekehrt. Man nennt das auch bifokale Stimulierung. Irgendwann werden Sie den Tee schlucken müssen, und dann nehmen Sie den nächsten Schluck – bis die Tasse leer ist.« Die Frau ist skeptisch, aber verspricht, es zu probieren.

Nach vier Wochen kommt sie wieder. Sie strahlt den Arzt an: »Herr Doktor, Ihr Tee ist ein Wundertee. Schauen Sie mal, meine Arme: keinerlei blaue Flecken mehr. Mein Mann hat mich nie mehr geschlagen. Er trinkt sogar weniger. Insgesamt ist alles besser geworden. Dieser Tee ist unglaublich.«

Dann sagt der Arzt: »Sehen Sie, was es hilft, wenn Sie den Mund halten.«

Neurobiologie der spontanen Selbstberührung

Martin Grunwald

Zwei grundsätzlich verschiedene Arten von Körperberührungen sind für uns Menschen möglich. Entweder sind wir relativ passiv gegenüber dem, was unseren Körper berührt, oder wir sind die aktiv Handelnden. Sind wir zum Beispiel das körperliche Ziel von Massagen, dann bewegen wir uns in der Regel kaum oder gar nicht und erfahren auf diese Weise positive Fremdberührungen. Unser Körper, insbesondere unsere Haut, wird in diesem Fall durch einen anderen Körper berührt. Sind wir dagegen die Akteure, dann bewegen wir unseren Körper gemäß einem bestimmten Ziel und berühren zum Beispiel Gegenstände oder auch andere Menschen. Das Spektrum der eigenen Körperaktivität erlaubt sogar eine besondere Form der Körperberührung: diejenige, die auf unseren eigenen Körper gerichtet ist. Solcherart Berührungsformen, die auf den eigenen Körper gerichtet sind, werden als Selbstberührungen bezeichnet. Auslöser und Motiv solcher Selbstberührungen können sehr verschieden sein: wenn wir uns an- oder auskleiden, ist es unvermeidlich, dass wir in direkten Kontakt mit unserem Körper treten. Schmerzen oder Juckreize können Selbstberührungen auslösen, mit dem impliziten Ziel, eine Zustandsänderung herbeizuführen. Die tägliche Körperpflege und alle hygienerelevanten Aktivitäten – mit oder ohne entsprechende Hilfs- und Pflegemittel – können selbstverständlich nicht ohne Selbstberührungen erfolgreich absolviert werden. Und auch die Nahrungsaufnahme stellt in gewisser Hinsicht eine Art der Selbstberührung dar. Denn ob nun mit oder ohne Verwendung von Hilfsmitteln, Nahrungsmittel müssen in flüssiger oder fester Form in geeigneter Weise den Mundraum passieren. Die Nahrungsaufnahme bedarf demnach einer vermittelten Selbstberührung, weil die Berührungssituation durch das Nahrungsmittel selbst oder durch Hilfsmittel (Tasse, Löffel, Gabel, Messer, Stäbchen) erfolgt. In Kulturen, in denen die Nahrungsaufnahme mit den Fingern und ohne spezielles Handwerkszeug durchgeführt wird, erfolgt die Selbstberührung unvermittelt. Schließlich integrieren sexuelle oder erotische Handlungen naturgemäß Selbstberührungen mit dem Ziel, körperliches und psychisches Wohlbefinden zu erreichen. Diese Aufzählung von möglichen und nötigen Selbstberührungsformen muss noch um die der *spontan auftretenden Selbstberührungen* ergänzt werden. Das Begriffspaar «spontane Selbstberührung« markiert bereits einen wesentlichen Aspekt dieser Berührungsform. Im Gegensatz zu den bereits genannten werden diese Selbstberührungen ohne ein bewusst reflektierbares Ziel oder eine verbalisierbare Motivation ausgeführt. Sie treten *spontan* und scheinbar zufällig auf und verfolgen kein explizit formulierbares und bewusstes Ziel. Es sind diejenigen kurzen und kaum merkbaren Selbstberührungen, die vorwiegend in der Gesichtsregion stattfinden. Dabei werden die Nase, die Wange, die Stirn, das Ohr oder andere Kopfbereiche wenige Sekunden lang berührt. Die Mehrzahl solcher Selbstberührungen erfolgt mit einem oder mehreren Fingern; manchmal ist auch die gesamte Hand oder sind beide Hände in das Geschehen involviert. Auch wenn Hals und Kopf am häufigsten im Rahmen spontaner Selbstberührungen kontaktiert werden, sind von dieser Form der Selbstberührung auch Arme, Bauch und Oberschenkel betroffen (Harrigan et al. 1987). Fragt man Probanden wenige Minuten nach einer spontan ausgeführten Selbstberührung, ob sie sich gerade selbst berührt haben, fällt es den meisten schwer, sich an den kurzen Moment der Selbstberührung zu erinnern. Und selbst wenn eine Erinnerungsspur über die Ausführung der Selbstberührung vorliegt, kann nachträglich nicht formuliert werden, weshalb die Handlung ausgeführt wurde. Die Probanden äußern dann regelhaft die Vermutung, dass wohl eine Hautirritation die Selbstberührung ausgelöst hat, ohne sich über den benannten Zusammenhang wirklich sicher sein zu können. Die Spontaneität der Selbstberührung wird somit von einer starken Vorbewusstheit begleitet, welche ein Erinnern oder aktives Steuern der Selbstberührungshandlung in der Regel verhindert. Aus biologischer und psychologischer Perspektive drängt sich die Frage auf, welche Funktionen diese Formen der aktiven Selbstberührungen für einen Organismus besitzen könnten – weshalb finden diese Handlungen bei fast allen Menschen und täglich in sehr häufigem Maße statt? Immerhin berühren wir uns auf diese Weise ca. 800-mal während eines Tages, sodass man sicher behaupten kann, dass die spontanen Selbstberührungen zu den häufigsten Alltagshandlungen eines Menschen gehören, die auf seinen eigenen Körper gerichtet sind. Umso erstaunlicher ist es, dass wir bislang nur sehr wenig über die biologischen und psychischen bzw. psychologischen Ursachen und Funktionen spontaner Selbstberührungen wissen; bzw. diese Handlungsformen fast gar nicht wissenschaftlich untersucht werden. Die wenigen sozialwissenschaftlichen Versuche zur Beschreibung und Erklärung dieses Verhaltens beschränken sich im Wesentlichen auf Beobachtungsdaten.

So existieren in der Forschung zu nonverbalen Gesten verschiedene Versuche, körperbezogene Selbstberührungen zu klassifizieren (Freedman et al. 1973; Freedman et al. 1986; Harrigan et al. 1991). Entsprechende Klassifikationen fokussieren jedoch vorwiegend die Relation von selbstbezogenen Körpergesten zu Sprachproduktions- und Kommunikationsprozessen und zeigen, dass Selbstberührungen sprachliche Ausdrucksbemühungen fördern oder hemmen. Scherer und Wallbott (1979) entwickelten aus ihren Beobachtungen die Vermutung, dass es einen U-förmigen Zusammenhang[10] von Erregungsniveau und Häufigkeit der Selbstberührung geben könnte: Danach würden Selbstberührungen bei geringerer emotionaler und kognitiver Erregung eine Steigerung der Aktivität ermöglichen, und gleichzeitig könnten sie bei einem zu hohen Erregungsniveau beruhigend wirken. Damit sind Scherer und Wallbott unter den Ersten, die eine psychophysiologische Funktion der Selbstberührungen annehmen. Harrigan (Harrigan 1985; Harrigan et al. 1986) versucht, in ihren Untersuchungen zu belegen, dass Selbstberührungen mit emotionalen Zuständen der ausführenden Person in Zusammenhang stehen. Sie konnte beobachten, dass diese Form der Berührungen vermehrt bei angstauslösenden Situationen, kognitiven Spannungszuständen und in feindlichaggressiven Situationen bei Menschen auftreten. Studien an Primaten ergaben ähnliche Befunde: Maestripieri et al. (1992) beschreiben, dass Körperselbstberührungen bei Primaten besonders in Konfliktsituationen auftreten, insbesondere beim Treffen von Entscheidungen oder wenn ein Tier von seiner Zielerreichung abgehalten wird. Es wird vermutet, dass in Konfliktsituationen zunächst Span-

---

10 Als »U-förmiger Zusammenhang« werden Verhältnisse bezeichnet, bei denen die Verteilung der Werte zweier Variablen eine bildhafte U-Form ergibt. In diesem Beispiel würde das Maß des Erregungsniveaus auf der x-Achse abgetragen und die Anzahl der Selbstberührungen auf der y-Achse. Ein geringes Erregungsniveau (niedrige Werte auf der x-Achse) würde hypothetisch eine hohe Anzahl von Selbstberührungen provozieren, ein mittleres Erregungsniveau eine geringe Anzahl von Selbstberührungen, und ein sehr hohes Erregungsniveau würde wiederum eine hohe Anzahl von Selbstberührungen nach sich ziehen. Der Wertegraph dieser x-y-Verhältnisse würde dann eine U-Form ergeben.

nung erzeugt wird, die durch Selbstberührungen abgebaut wird. Die direkte Verknüpfung zwischen Selbstberührungen und dem aktuellen emotionalen Handlungsniveau wurde in einer pharmakologischen Studie an Primaten experimentell untersucht. So führt die Gabe von angststeigernden Medikamenten zu einer erhöhten Rate der Selbstberührungen (Ninan et al. 1982), während sie bei angstdämpfender Medikation (Anxiolytika) sinkt (Schino et al. 1991; Troisi et al. 2000). Die derzeit vorliegenden Befunde sprechen demnach dafür, eine direkte Beziehung zwischen dem Auftreten von Selbstberührungen und dem emotionalen Status des handelnden Subjekts anzunehmen. Zudem kann vermutet werden, dass Selbstberührungen eine regulatorische Funktion besitzen in dem Sinne, dass mit und durch die Ausführung von Selbstberührungen physiologische und psychische Prozesse beeinflusst werden.

Biologische Wechselwirkungen

Die bislang vorliegenden Studien geben wertvolle Hinweise auf mögliche neurobiologische Zusammenhänge, die ursächlich für das Auftreten von spontanen Selbstberührungen verantwortlich sein könnten. Eine entsprechende Prüfung von neurophysiologischen Wirkungen spontan ausgelöster Selbstberührungen wurde jedoch bislang nicht unternommen. Vor diesem Hintergrund war es das Ziel unserer Studie (Grunwald et al. 2014), erstmals Einblicke in die neurobiologischen Verhältnisse spontan auftretender Selbstberührungen zu erhalten. Damit jedoch die Resultate dieser Studie adäquat eingeordnet werden können, ist es vorab notwendig, sich mit den biologischen und psychologischen Zusammenhängen vertraut zu machen, die generell bei der Stimulation der menschlichen Hautoberfläche im Rahmen von Körperberührungen auftreten. Denn auf übergeordneter Ebene stellen spontane Selbstberührungen – wie eingangs erläutert wurde – lediglich eine besondere Form der aktiven und selbstbezogenen Körperberührung dar. Insofern ist es unerlässlich, darzulegen, welche Phänomene durch Körperberührungen per se in einem Organismus auftreten können und welche Rolle hierbei das funktionale Bindeglied – das Tastsinnessystem des Menschen – spielt.

Es ist bekannt, dass die Berührung eines anderen menschlichen Körpers – sogenannte Fremdberührung – zu deutlichen physischen und psychischen Veränderungen bei demjenigen oder derjenigen führen, der oder die berührt wird. Bestätigt wird diese Beobachtung sicherlich durch die persönliche Erfahrung jedes Einzelnen als auch durch eine Vielzahl wissenschaftlicher Studien (Field 2014). So setzen zum Beispiel Fremdberührungen in Form von Massagen ein biochemisches Orchester in Gang, das den physiologischen und psychischen Zustand des berührten Körpers grundsätzlich verändert. Sofern die Berührungsintensität angemessen und die Berührung selbst auch erwünscht ist, folgt auf die Stimulation der Haut und des umgebenden Gewebes regelhaft eine umfassende Entspannungsreaktion des Organismus. Objektiv messbar wird diese Reaktion durch einen Abfall des Blutdrucks, eine Verringerung der Herzschlagfrequenz und eine Verlangsamung der Atemfrequenz, um nur einige markante physiologischen Reaktionen durch Fremdberührungen zu nennen. Darüber hinaus zeigen sich auch eindrucksvolle Veränderungen der hirnelektrischen Aktivität, die in direkter Abhängigkeit zu positiven Fremdberührungen auftreten (Field 2010; Diego et al. 2004; Field et al. 1996). Die mittels der Elektroenzephalografie (EEG) messbaren Änderungen der Hirnaktivität zeigen während positiver Fremdberührungen eine Zunahme der Alphaaktivität. Die Alphafrequenz des EEG liegt im Bereich von 8 bis 12 Hz und tritt vorwiegend im entspannten Wachzustand auf. Ist der menschliche Organismus mit Kognitionsprozessen oder belastenden Emotionen beschäftig, so dominiert im EEG die Aktivität in höheren Frequenzbereichen (z. B. auf der Beta-Frequenz 13–30 Hz). Damit ist belegt, dass Berührungsreize auf den menschlichen Körper nicht nur physiologisch beobachtbare, sondern auch neurophysiologisch messbare Veränderungen nach sich ziehen.

Auch wenn die biologischen Zusammenhänge noch nicht vollständig erforscht sind, so deuten die vorliegenden Befunde darauf hin, dass für die körperlichen als auch für die psychischen Veränderungen infolge von Körperberührungen verschiedene Reaktionsketten verantwortlich sind, die ihren Ursprung in der Stimulation der Haut selbst haben. Als größtes Organ des Menschen ist die Haut nicht nur der physiologische Grenzflächenverwalter des Organismus, sondern vor allem auch eine sensorische Struktur, in die eine Vielzahl verschiedener Rezeptoren in sehr hoher Anzahl integriert ist. Bemerkenswert ist hierbei, dass ca. 80 % der menschlichen Hautoberfläche behaart ist und jedes einzelne dieser ca. 5 Millionen Körperhaare mit ca. 50 verschiedenen tastsensiblen Rezeptoren verbunden ist (Price & Griffiths 1985). Damit entfallen allein auf die Haarrezeptoren der Haut ca. 250 Millionen Sinneszellen. Der Hautoberfläche am nächsten und in allen Gewebesystemen des Menschen befindet sich ein Rezeptortyp, der als freie Nervenendigung bezeichnet wird. Anatomische Untersuchungen ergaben, dass pro Quadratmikrometer (μm^2) Hautgewebe ca. 1–2 dieser freien Nervenendigungen vorhanden sind (Diego et al. 2004; Field et al. 1996; Field 2010; Halata 1993). Nur für das Hautgewebe ergibt sich bei einer durchschnittlichen Hautfläche von 2 m² eine Anzahl von 2×10^{12} freien Nervenendigungen. Schätzungen zur Anzahl freier Nervenendigungen, die in den verschiedenen Bindegeweben des Körpers integriert sind, liegen nicht vor. Über die anderen tastsensiblen Rezeptortypen, die sowohl in der Haut als auch in den Gelenken und Muskeln vorhanden sind (Meissner-Körperchen, Golgi-Mazzoni-Körperchen, Ruffini-Körperchen, Muskel-Spindeln, Merkel-Zellen, Vater-Pacini-Zellen) können nur grobe Schätzungen bezüglich ihrer Verteilungshäufigkeit innerhalb des menschlichen Organismus vorgenommen werden (700–900 Millionen).[11] Wird die Körperhaut (und damit auch die Haare der betreffenden Hautregion) durch Berührungsreize deformiert, verändern die in der Kontaktregion befindlichen Rezeptoren ihren biochemischen Grundzustand, weil sie im Rahmen der Berührung durch Druck-, Dehnungs-, Vibrations- oder Temperaturreize angeregt werden.

Die biochemischen Veränderungen in den Rezeptoren führen ihrerseits zu elektrochemischen Veränderungen entlang den Nervenfasern, mit denen sie verbunden sind. Über verschiedene neuronale Verschaltungen erreichen die biochemisch umgewandelten Erregungsmuster der Rezeptoren schließlich das Gehirn und führen hier zu räumlich verzweigten neuronalen und biochemischen Veränderungen. Je nach Reizstärke und Reizdauer sowie abhängig von der Anzahl der erregten Rezeptoren werden auf neuronaler Ebene sowohl der somatosensorische Kortex, der parietale Kortex als auch der Inselkortex aktiviert. Die neuronale Erregung des somatosensorischen und

---

11 Im Vergleich zum Tastsinnessystem ist die Anzahl der Rezeptoren des visuellen Systems deutlich geringer; Rezeptoren der Netzhaut eines Auges: 120–130 Millionen Stäbchenrezeptoren, 6 Millionen Zapfenrezeptoren.

des parietalen Kortex erlaubt die interne Kartierung der Körperberührung, sodass wir einerseits die Berührung bewusst wahrnehmen, als auch angeben können, wo die Berührung des eigenen Körpers stattfindet. Dem Inselkortex wird in Verbindung mit frontalen Hirngebieten und dem limbischen System eine entscheidende Funktion bei der emotionalen Bewertung und Interpretation von Berührungsreizen zugesprochen (Craig 2009, 2011). Berührungsreize lösen damit eine kaum sonst vergleichbare Aktivierung großräumiger neuronaler Netzwerke aus, die über neurophysiologische Mechanismen Einfluss auf das psychische Geschehen nehmen. So führt die neuronale Aktivierung in den Kerngebieten des Hypothalamus zur Bildung eines körpereigenen Opiates, das als Oxytocin bezeichnet wird. Das im Hypothalamus gebildete Oxytocin hat sowohl hormonale Funktionen als auch eine Funktion als Neurotransmitter und beeinflusst viele wichtige Funktionen des Körpers, einschließlich psychischer Prozesse. Es wird vermutet, dass für die oben beschriebenen körperlichen und seelischen Veränderungen bei positiven Körperberührungen das Oxytocin als wesentlicher Faktor verantwortlich gemacht werden kann (Dunbar 2010; Ellingsen et al. 2014; Feldman 2012; Peled et al. 2013; Uvnas-Moberg et al. 2015; Walker a. McGlone 2013).

Damit ist einer der zentralen biologischen Regelkreise, der infolge positiver Körperberührungen auftritt, – sehr verkürzt – dargestellt. Diese Darlegungen sollten verdeutlichen, dass Berührungsreize eine Stimuluskonfiguration besitzen, die im menschlichen Organismus sowohl auf physiologischer als auch auf psychischer Ebene eine maßgebliche Zustandsänderung herbeiführt, die sonstige Reize in anderen Modalitäten nicht erreichen können. Vor diesem Hintergrund ist die Einschätzung berechtigt, dass den körperbezogenen Reizen eine herausragende Stellung bei der Regulation körperlicher und seelischer Prozesse zukommt. Wenn jedoch Fremdberührungen eine derartig relevante Veränderung biologischer und psychischer Prozesse im menschlichen Organismus auslösen, welche Veränderungen ergeben sich für den Organismus, wenn sich die Hautstimulationen im Rahmen spontaner Selbstberührungen ereignen? Werden die neurochemischen Veränderungen bei spontanen Selbstberührungen durch die Referenzkopie des biologischen Systems unterdrückt, oder lassen sich hirnelektrische Veränderungen infolge von spontanen Selbstberührungen nachweisen?

Spontane Selbstberührungen im Experiment

Damit wir diesen Fragen in einer Pilotstudie nachgehen konnten (Grunwald et al. 2014), war es erforderlich, ein Studiendesign zu entwickeln, bei dem die Probanden nicht schlussfolgern konnten, welche Studienfragen explizit mit dem Experiment untersucht werden sollten. Denn sofern die Probanden die Intentionen der Studie hätten ableiten können, wäre auch zu erwarten gewesen, dass insbesondere spontane Selbstberührungen während der Untersuchungssituation aktiv unterdrückt worden wären. Vor diesem Hintergrund wurde das eigentliche Studienziel, die Auslösung von spontanen Selbstberührungen, maskiert, und die Probanden wurden erst zum Abschluss der Untersuchung über das Studienziel schriftlich und mündlich informiert. Die Aufgabe der Probanden in unserem Experiment bestand darin, zwei hinreichend komplexe haptische Stimuli durch Ertasten mit den Fingern hinsichtlich ihrer Struktur zu erkennen. Als Stimuli wurden Tiefenreliefs genutzt, die nacheinander präsentiert wurden und von einem Sichtschirm verdeckt waren. Nachdem die Probanden die Stimuli tastend erkundet hatten, sollten Sie sich die Struktur der Stimuli ca. 5 Minuten lang merken. Nach der Wartezeit sollte die Struktur der erkannten Stimuli zeichnerisch wiedergegeben werden. Innerhalb der Merkzeit wurden den Probanden aus einer digitalen Soundbatterie (International Affective Digitized Sounds) relativ unangenehme akustische Beispiele wie Kindergekreisch, Unfallgeräusche etc. in zufälliger Reihenfolge und jeweils für wenige Sekunden über einen Lautsprecher präsentiert. Nach Ablauf der Wartezeit wurden die Probanden gebeten, die erinnerte Stimulusstruktur aufzuzeichnen. Danach wurden wiederum zwei Tiefenreliefstimuli nacheinander dargeboten, und die beschriebene Prozedur wiederholte sich. Insgesamt wurden auf diese Weise fünf Durchgänge absolviert. Während des gesamten Experiments wurde das 19-Kanal-EEG von den Probanden abgeleitet. Zudem wurde das gesamte Experiment per Videoaufzeichnung dokumentiert.

Wie zu erwarten war, störten die akustischen Einspielungen die Probanden, bzw. die externen akustischen Informationen störten die Prozesse der Merkleistung innerhalb der Wartephase. Gemäß der experimentellen Instruktion wollten und sollten sich die Probanden insbesondere während der Merkzeit ganz auf die vorher erkundeten Stimuli konzentrieren, die sie nach mühsamer Exploration erkannt hatten. In dieser Versuchsphase zeigten alle Probanden (männliche ebenso wie weibliche) die erwarteten spontanen und gesichtsbezogenen Selbstberührungen. Die Probanden berührten ihre Nase oder die Wange, die Mundpartie oder das Ohr. Am Ende dieses ersten Versuchsteils baten wir die Probanden, sich nach unseren Instruktionen an die Nase, an die Wange, das Kinn usw. mit jeweils einem Finger zu fassen. Auf diese Weise wurde eine Vergleichssituation hergestellt, die für die spätere Analyse der EEG-Daten genutzt werden sollte.

Das Hirnfunken der spontanen Selbstberührungen

Damit festgestellt werden konnte, ob sich durch die Selbstberührungen bei den Probanden die Hirnaktivität verändert, wurde die EEG-Aktivität unmittelbar vor Beginn der Selbstberührungen (drei Sekunden) mit der Aktivität unmittelbar nach Abschluss der Selbstberührungen (drei Sekunden) verglichen (s. Abb. 1).

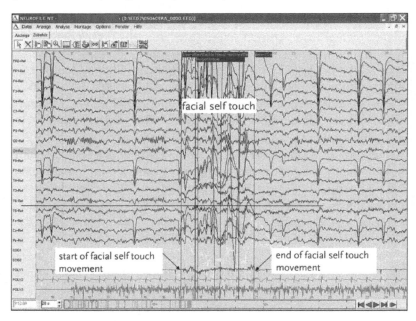

Abb. 1: Beispiel eines EEG-Abschnitts während einer spontanen gesichtsbezogenen Selbstberührung

Sollten die spontanen Selbstberührungen Ereignisse sein, die keinen Einfluss auf die Hirnaktivität haben, dann wäre zu erwarten, dass sich beim Vergleichen der Hirnaktivität kurz vor der Selbstberührung und kurz danach keine wesentlichen Änderungen zeigen. In diesem Fall würde sich die Hirnaktivität also durch die Selbstberührung nicht verändern. Die Analyse zeigte jedoch das genaue Gegenteil. Die Hirnaktivität änderte sich nach der Selbstberührung im Vergleich zur Phase davor signifikant in zwei Frequenzbereichen. Zum einen im langsamen Thetaband (4,0–8,0 Hz) und im schnellen Betaband (13,0–24,0 Hz). In beiden Frequenzbereichen nahm die Hirnaktivität in der Nachberührungsphase zu. Entscheidend ist nun, dass diese EEG-Veränderungen nicht zu beobachten waren, wenn wir die Hirnaktivität der Selbstberührungen untersuchten, die auf unsere Anweisungen hin durchgeführt wurden. Das heißt, nur bei den spontan ausgeführten Selbstberührungen konnten wir Änderungen der Hirnaktivität überhaupt feststellen (siehe Abb. 2).

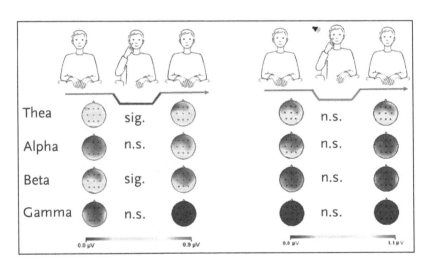

Abb. 2: Signifikante Veränderungen der Hirnaktivität im Theta- und Betaband (»sig.«) bei spontanen Selbstberührungen im Gesichtsbereich (linker Teil der Abb.); keine Veränderungen der Hirnaktivität bei Selbstberührungen, die auf externe Aufforderungen durch die Versuchsleiter durchgeführt wurden (rechter Teil der Abb.).

Anders formuliert: Selbstberührungen sind erst dann Selbstberührungen im neurophysiologischen Sinne, wenn sie spontan ausgeführt werden.

Was könnten nun die beschriebenen Veränderungen in den zwei Frequenzbereichen der Hirnaktivität bedeuten? Grundsätzlich kann die Zunahme der Thetaaktivität in der Phase nach der Selbstberührung mit der Regulation emotionaler Prozesse und dem Aufrechterhalten der Informationen im Arbeitsspeicher in Verbindung gebracht werden. Die Betaaktivitätszunahme kann als Folge der Aktivierung der motorischen Hand-Arm-Areale während der Selbstberührung interpretiert werden. Möglicherweise reflektieren diese Betaveränderungen auch das kognitive Bemühen, das aufgabenbezogene Aufmerksamkeitsniveau trotz störender akustischer Einflüsse aufrechtzuerhalten.

Die EEG-Veränderungen, die wir in unserer Studie nachweisen konnten, deuten somit darauf hin, dass Selbstberührungen im Bereich des Gesichtes mindestens zwei Funktionen haben. Zum einen regulieren sie offenbar unseren emotionalen Zustand in der Weise, dass bei sehr hoher emotionaler Erregung und der damit verbundenen physiologischen Übererregung durch die Selbstberührungsstimulation unser emotionaler Erregungszustand einen mittleren Wert erreichen kann. Des Weiteren stützen unsere Ergebnisse die Annahme, dass gesichtsbezogene Selbstberührungen einen Einfluss auf die Regulation von Arbeitsgedächtnisprozessen ausüben. Die Veränderungen in der Thetaaktivität deuten darauf hin, dass die Selbstberührungsstimulation ein weiteres Abfallen der Thetaaktivität, bedingt durch die emotionalen Stressoren der Untersuchungssituation, verhindert. Denn die Aufrechterhaltung einer aufgabenbezogenen prominenten Thetaaktivität sichert die Behaltensleistung über die Versuchsdauer hinweg. Könnten im Rahmen des Versuchs die störenden akustischen Begleitinformationen und die damit einhergehenden emotionalen Störungen nicht adäquat kompensiert bzw. unterdrückt werden, dann würden die Probanden am Schluss der akustischen Störsequenz den Inhalt ihres Arbeitsgedächtnisses – die zu merkenden Stimulusstrukturen – vergessen haben. Möglicherweise ist die neurophysiologische Basis dieser Regelprozesse direkt an das schon beschriebene Oxytocin gebunden. So ist denkbar, dass das Oxytocin bei der Selbstberührungsstimulation kurzzeitig freigesetzt wird und über seine Neurotransmitterfunktionen modulierend auf das neuronale System wirkt. Denkbar ist auch ein biochemischer Prozess, der an der Regulation der stressinduzierten Cortisolproduktion beteiligt ist. Der direkte Nachweis dieser Annahmen bedarf jedoch eines erheblichen biochemisch-experimentellen Untersuchungsaufwandes, der in zukünftigen Untersuchungen gewagt werden sollte.

Selbstberührungen mit Ansage und Begleitung

Auch wenn noch sehr viel wissenschaftliche Detailarbeit notwendig sein wird, damit nur allein dieses alltägliche Verhaltensmoment der spontanen Selbstberührung hinreichend gut verstanden werden kann, so kann man schon heute aus den vorliegenden Befunden schlussfolgern, dass spontan ausgeführte Selbstberührungen nicht ohne biologischen und psychologischen Zweck auftreten. Vielmehr ist es wahrscheinlich, dass wir mittels dieses regulativen Minimalwerkzeuges ganz erstaunliche Prozesse in und mit uns organisieren können, ohne dass wir auf die berührende Unterstützung eines anderen Subjektes angewiesen sein müssen. Das Tastsinnessystem ist vor diesem Hintergrund nicht nur ein probates Werkzeug im Umgang mit der Welt außerhalb unseres Körpers, sondern es stellt gleichzeitig Mechanismen dafür zur Verfügung, dass der Organismus in sozial nicht unterstützten Belastungssituationen adäquat handlungsfähig bleibt. Die neurophysiologischen Analysen von spontanen Selbstberührungen können uns zeigen, auf welcher elementaren und bisher wenig verstandenen Ebene, Körper(eigen)berührungen den kognitiven und emotionalen Status unseres Organismus wesentlich verändern. Darüber hinaus unterstützen die bisher dargelegten (Selbst-)Berührungseffekte die Hypothese, dass es wenig wahrscheinlich ist, dass eine rhythmisch vorgenommene und verbal wie sozial unterstützte Selbstberührung wie das therapeutisch intendierte *Klopfen* keine biologischen und psychischen Wirkungen auf den Ausführenden haben sollte. Vielmehr kann mit hinreichender Zuversicht angenommen werden, dass die im therapeutischen Kontext angeleitete und von beiden Seiten akzeptierte Selbstberührung – die überdies noch sprachlich und kognitiv positiv begleitet wird – ähnliche und andere neuronale Netzwerke bei den die Selbstberührung Ausführenden aktiviert, die bereits aus der Tastsinnesforschung bekannt sind. Die auf der Verhaltensebene dokumentierten Effekte der therapeutisch intendierten Selbstberührung sind einerseits beachtlich und andererseits auch hinreichender Grund, den biologischen Wirkungsmechanismen nunmehr auch mit neurowissenschaftlicher Methodik nachzugehen. Es wäre sicher auch in der fachlichen Auseinandersetzung mit anderen körper- und sprachbezogenen Interventionsformen sachdienlich, die biopsychischen Wirkungsmechanismen mit wissenschaftlicher Präzision aufzuklären.

Aufgrund der hochkomplexen interpersonellen Struktur sowie der begleitenden kognitiven, sprachlichen und körperlichen Aspekte, die beide Akteure im Interventionssetting herstellen und aufrechterhalten, wird jedoch nicht mit schnellen wissenschaftlichen Erklärungserfolgen zu rechnen sein. Vielmehr sollte erwartet werden, dass allein aufgrund der hohen Anzahl sich gegenseitig beeinflussender körperlicher und kognitiver Effekte die Ermittlung eines wissenschaftlich fundierten und ganzheitlichen Wirkungsmodells eine langwierige und anspruchsvolle Aufgabe darstellen wird. Nicht unwesentlich wird der Erfolg eines solchen Vorhabens davon abhängig sein, inwieweit es in allen lebenswissenschaftlichen Disziplinen gelingen wird, die biopsychischen Grundlagen der menschlichen Körperlichkeit im Verhältnis zu Emotions- und Kognitionsprozessen besser als bisher zu verstehen. Noch verstellt vielfach die mittelalterliche Furcht vor dem Körperlichen an sich den wissenschaftlich-methodischen Zugang auf altbekannte und auch auf neue Beobachtungen. Aber – um es bildlich zu formulieren – so wenig es auch nützt, am Gras zu ziehen, damit es wächst, so ist jedes Wachstum an die stete Zufuhr von Wasser gebunden. Wenn nötig, dann auch in kleinsten Mengen.

Über die Wiederentdeckung des Körpers

Matthias Wittfoth

Das Körperliche hatte es bislang schwer in den Hauptströmungen der Psychotherapie. Dafür gibt es Gründe. Im Folgenden soll gezeigt werden, welche historischen Wurzeln zugrunde liegen könnten und warum es wichtig ist, diese Entwicklung zu ändern. Es wird eine konkrete Bildgebungsstudie beschrieben, die aktuell durchgeführt wird. Außerdem wird eine Diskussionsgrundlage geschaffen, die die zukünftige Entwicklung des Gebietes der neuen Therapien, die den Körper involvieren, weiter vorantreiben soll. Dabei wird betont, wie wichtig die fundierte Auflösung des Spannungsfeldes zwischen psychotherapeutischer Intervention und angewandtem Expertenwissen auf der einen Seite und wissenschaftlichen Erklärungsmodellen auf der anderen Seite ist.

Den Körper nicht zu beachten, ihm kaum Aufmerksamkeit zu schenken hat eine lange Tradition in der Psychologie und Psychotherapie, und höchstwahrscheinlich liegen die Gründe nicht zuletzt in der Person Wilhelm Reichs[12] – diesem Mann, der die psychoanalytische Bewegung nicht an etwas vorbeitreiben ließ, das er für absolut wesentlich für psychische Prozesse hielt: den Körper. In der von ihm eigens begründeten körperpsychotherapeutischen Vegetotherapie legte er den Grundstein für viele inhaltliche Konzepte unserer Zeit. Für viele damalige Zeitgenossen war dieser Schritt jedoch ein Schritt zu weit, um nicht zu sagen, ein völliger Irrweg. Reichs Konzepte führten ihrer Meinung nach zu sehr in eine Richtung, in die zu denken sie zusätzliche Mühe kostete, waren sie doch alle vollauf damit beschäftigt, die innerpsychischen Konflikte zu verstehen. Auch in der Folgezeit hat Wilhelm Reich sich vermutlich keinen Gefallen damit getan, seine

---

12 Wilhelm Reich (1897–1957), aus Österreich-Ungarn stammender Psychiater, Psychoanalytiker, Sexualforscher und Soziologe, entwickelte von ihm gefundene Zusammenhänge zwischen psychischer und muskulärer Panzerung zur Vegetotherapie weiter. Er wurde schon als junger Student in die Wiener Psychoanalytische Vereinigung aufgenommen, geriet dann aber aufgrund seiner Auffassung, dass jede psychische Erkrankung mit einer Störung der sexuellen Erlebnisfähigkeit einhergehe, zunehmend in Konflikt mit Sigmund Freud. Kurz vor Beginn des Zweiten Weltkrieges emigrierte er in die USA. Er verstarb in einem Gefängnis in Lewisburg, Pennsylvania, an Herzversagen – 14 Tage vor seiner geplanten Entlassung. Seine Bücher wurden von der FDA (Food and Drug Administration) verbrannt.

Konzepte und Gedankengänge in immer obskurere und esoterischere Gefilde entgleiten zu lassen. Reich geriet nach seinem Tod 1957 schnell in Vergessenheit, auch wenn viele seiner Überlegungen zur Sexualität insbesondere in den 1960er-Jahren wiederentdeckt wurden. Umso erfreulicher ist es, dass diese Entwicklung hin zu einer Miteinbeziehung des Körpers nun gewaltig an Fahrt aufnimmt. Eine Impression dieses spannenden Umbruchs konte man auf dem Kongress »Reden reicht nicht« gewinnen, der im Jahr 2014 in Heidelberg stattfand. Unterschiedlichste Ansätze, innovative Ideen und interessante Menschen waren dort zu sehen und zu hören. Es wurden mannigfaltige Interventionstechniken präsentiert, die ganz oder teilweise den Körper mit in den therapeutischen Prozess involvierten.

Die Leib-Seele-Trennung als Fußfessel der Entwicklung

Doch warum ist die Nichtberücksichtigung des Körperlichen überhaupt erst zur Leitperspektive geworden? Dafür lohnt sich ein Blick in die geistesgeschichtliche Vergangenheit. Der bedauernswerte René Descartes[13] musste ja nun schon häufig dafür herhalten, wenn es darum ging, den ursprünglich Verantwortlichen zu identifizieren, der die Trennung von Geist und Körper philosophisch vollzogen hat. Es wurde mit dem Finger auf diesen Leib-Seele-Dualisten gezeigt, und ihm wurde nicht nur angekreidet, die Scheidung von Körper und Geist dann auch für die nächsten Jahrhunderte im Denken der westlichen Welt vollzogen zu haben, man hat ihn quasi auch noch für den ehelichen Unterhalt dranbekommen wollen (insbesondere durch die Veröffentlichung von António Damásios[14] *Descartes' Irrtum* [1994] wurde diese Debatte neu entfacht). Doch obwohl einige Stimmen laut wurden, die darauf hinwiesen, dass diese Verantwortlichkeit wohl zu Unrecht komplett Descartes in die Schuhe geschoben werde und er in seinen Werken sehr viel differenzierter gesehen hat als einige seiner Interpreten, bleibt er auf den ersten Blick derjenige, der den Stein unaufhaltsam ins Rollen gebracht hat. Dabei ist die Wahrnehmung der

---

13 Rene Descartes (1556–1650), französischer Philosoph, Mathematiker und Naturwissenschaftler, gilt als der Begründer des frühneuzeitlichen Rationalismus.

14 António Damásio (geb. 1944), ein portugiesischer Neurowissenschaftler, erlangte insbesondere durch populärwissenschaftliche Publikationen Bekanntheit. Er entwickelte die Theorie, dass alle Erfahrungen eines Menschen in einem emotionalen Gedächtnis gespeichert werden, das als Signalsystem für aktuelle Entscheidungen fungiert (es beinhaltet »somatische Marker«).

Körper-Geist-Unterscheidung keine abgehobene Spezialerfahrung. Es ist relativ einfach und für die meisten Menschen alltagspsychologisch naheliegend zu glauben, dass das Denken ein irgendwie von der Körperlichkeit abgehobener und separierter Prozess ist. Ebenfalls muss man einige Anstrengung aufwenden und benötigt einige zusätzliche Informationen, um zu erkennen, inwieweit geistige Prozesse von körperlichen Prozessen abhängig sind. Viele Therapeuten wissen, was ich meine, und denken vermutlich an die Gespräche mit ihren Klienten.

»Einen Körper haben« als Urerfahrung des Menschen

Einige Vertreter in der Anthropologie, also der klassischen Wissenschaft vom Menschen, die aus verschiedensten Ansätzen besteht, betrachten die menschliche Erfahrung, einen Körper zu haben, als zentrale existenzielle Gegebenheit. Dies ist, was alle Menschen verbindet, egal welcher soziale Status, welche geografische Lage, welches politische Weltbild oder welche neurologische Störung vorliegen mögen: Kein Mensch kann existieren, ohne einen Körper zu besitzen. Die Zunahme von Forschungsprojekten auf dem Gebiet der Zusammenhänge zwischen Körper und Geist insgesamt deutet immer mehr auf die herausragende Stellung körperlicher Erfahrungen hin, und zwar schon von Geburt an. So lässt sich beispielsweise die Fähigkeit zur Gefühlsregulation bei Säuglingen in besonderem Maße durch die Berührung ihrer Haut beeinflussen. Insgesamt hat sich gezeigt, dass elterliche Fürsorge die geistige und körperliche Entwicklung des Kindes in großem Umfang beeinflusst, und dies wohl hauptsächlich durch Berührung. Nur so kann der kleine Mensch eine Repräsentation von sich und der Welt entstehen lassen, die eine gesunde Entwicklung verspricht (Diego et al. 2014). Fehlt dies, so geben zahlreiche Studien Aufschluss über die negativen Folgen. Dazu gehören die Reduktion der Rezeptoren von bestimmten Neurotransmittern und Neuropeptiden, insbesondere Oxytocin, das wahrscheinlich maßgeblich für das Grundgefühl steht, »in der Welt sicher zu sein« (Zheng et al. 2014; Carter 2005).

Eine Regulation des Gefühlshaushaltes mittels Körperberührung geschieht auch und gerade in Kontexten von Massagebehandlungen oder Physiotherapie. Es ist hinlänglich bekannt und von Anwendern immer wieder zu beobachten, dass die Berührung durch einen anderen Menschen nicht nur hilfreich ist und sehr guttut, sondern viele

Menschen in die Lage versetzt, sich selbst überhaupt wieder spüren zu können. Der Anthropologe Ashley Montagu[15] hat in seinem Werk *Touching: The human significance of the skin* (1971) die Berührung als basales Grundbedürfnis des Menschen gewürdigt – gleichzusetzen mit dem Bedürfnis nach Licht, Schlaf, Nahrung sowie nach Liebe und Anerkennung. Die Haut ist dabei sowohl die Grenze zwischen innerer und äußerer Welt als auch anatomisch ein exponierter Teil des Nervensystems (ähnlich wie das Auge, das neuroanatomisch zum Gehirn zählt). Nicht zuletzt nehmen wohl depressive Störungen im Alter auch deshalb zu, weil die betroffenen Menschen sowohl einsam sind als auch von keinem anderen mehr berührt werden.

Das Körperliche von Emotionen

Da Emotionen nicht nur Prozesse des Gehirns sind, sondern mit körperlichen Rückmeldungen intensiv verwobene Schaltkreise darstellen, die darauf angewiesen sind, alles situative Erleben durch Anfrage an den Körper beantwortet und bewertet zu bekommen, stellen sie in vielen psychologischen Modellen zunächst einmal eine Art Gegenpol zu dem reinen Denken dar.

Man kann die Wahrnehmung von Emotionen vor dem Hintergrund ihrer Entstehungsgeschichte als körperlich-geistige Urerfahrung des Menschen ansehen. Emotionen führen dann zu von physiologischen Prozessen generierten Karten oder Repräsentationen, die sich im Gehirn entwickelt und verdichtet haben. Diese Karten bilden nicht nur Umweltreize ab, sondern skalieren die eigenen, inneren Körperzustände. Der eigene Körper wiederum ist hierbei zugleich Objekt in der Außenwelt als auch unmittelbar subjektive Erfahrung.

Emotionen können in Bruchteilen von Sekunden ablaufen. Der Abgleich von aktuellen Umweltreizen mit physiologischen Repräsentationen lässt diese Emotionen entstehen, die dann zu Gefühlen werden, wenn das bewusste Denken einsetzt. Gefühle stellen also die emotionale Intelligenz dar, die – wie das Denken – Informationen transportiert und die ein Wissen über die Emotion beinhaltet. Laut António Damásio sind Gefühle also kognitive Prozesse (Damásio a. Carvalho

---

15 Ashley Montagu (geboren als Israel Ehrenberg; 1905–1999) war ein britisch-amerikanischer Anthropologe und Humanist. Bekannt wurde er als Gegner der Rassentheorien seiner Zeit. Er erkannte früh die Bedeutung der Haut als taktiles Organ für die soziale Entwicklung des Menschen.

2013). Sie beinhalten Informationen darüber und Wahrnehmungen dessen, was die Hochgeschwindigkeitsprozesse der Emotionen bedeuten. Ich weiß nicht, warum ich ein seltsames Gefühl im Bauch habe; erst dann wird mir klar, dass ich Angst oder Trauer empfinde. Doch die Beziehung zwischen Emotionen und körperlichen Signalen und ihren Veränderungen ist nicht die einzige, die entdeckt wurde. Ebenso sind kognitive und emotionale Prozesse, die zunächst nur als separate Geschehnisse vorstellbar sind, häufig ohne einander nicht zielführend. Interessanterweise werden auch immer mehr Hinweise darauf entdeckt, dass selbst einfache Denkprozesse nicht ohne körperlich-emotionale Beteiligung ablaufen können.

Spannende Ergebnisse kommen von der Gruppe von Michael Inzlicht[16] aus dem kanadischen Toronto, der zeigen konnte, dass selbst reine Entscheidungsaufgaben ohne emotionale Beteiligung weniger effektiv ablaufen, ja sogar behindert werden (Inzlicht et al. 2015). Mit reinen Entscheidungsaufgaben sind dabei Aufgaben wie z. B. der klassische Stroop-Test (nach John Ridley) gemeint, bei dem es darum geht, so schnell wie möglich die Schriftfarbe von Farbwörtern (»rot«, »blau«, »gelb« usw.) zu benennen. Immer wenn beide Merkmale übereinstimmen, fällt die Antwort leicht, z. B. wenn das Wort »rot« in roter Farbe präsentiert wird. Doch wenn das Wort »rot« in blauer Farbe gezeigt wird und man »blau« sagen muss, machen Menschen für gewöhnlich mehr Fehler und benötigen durchschnittlich mehr Zeit für ihre Antwort. Um sich auf diese Art von Aufgaben zu konzentrieren und nicht in die Fallen zu gehen, die die zusätzliche, interferierende Information offeriert, benötigt man das, was neurowissenschaftlich »kognitive Kontrolle« genannt wird. Doch warum fällt es uns schwerer, schnell und richtig zu antworten, wenn zwei Merkmale des Wortes (Schriftfarbe und Wortbedeutung) einander widersprechen? Ganz einfach: Es gibt eine automatische Tendenz, das Wort zu lesen. Wir können uns kaum dagegen wehren, die Wortbedeutung abseits der Schriftfarbe zu erfassen. Schrift, die wir sehen, lesen wir ganz automatisch. Und diese schnelle Reaktion auf das Wort zu unterdrücken bzw. zu hemmen erfordert eine aktive Kontrolle.

Die entscheidende Frage ist nun: Inwieweit spielen Emotionen dabei eine Rolle? Was relativ klar ist und schon in vielen Studien gezeigt

---

16 Michael Inzlicht (geb. 1972) ist ein kanadischer Neurowissenschaftler, der über die emotionalen Grundlagen von Denkprozessen forscht.

wurde, ist der Einfluss, den Emotionen auf Entscheidungsprozesse nehmen. Eine negative Stimmungslage macht uns die Aufgabe nicht leichter. Doch hier ist etwas anderes gemeint. Die aktuelle Theorie geht davon aus, dass die Entscheidungs- und Denkprozesse selbst emotional sind! Das bedeutet, dass die konfliktbeladenen, schweren Aufgabenereignisse (»rot« in »blau« geschrieben) eine unangenehme emotionale Reaktion auslösen, die leichte Aufgabenereignisse (»rot« in »rot« geschrieben) nicht erzeugen. Diese emotionalen Färbungen können Angst, Besorgnis und Verärgerung beinhalten (ganz besonders, wenn man falsch geantwortet hat). Und diese Emotionen sind umso stärker und relevanter, je bedeutsamer es für die betreffende Person ist, richtig zu antworten, z. B. wenn es Bestrafungen für falsche Antworten in Form von Geldbeträgen gibt.

Es ist nun aufgefallen, dass bei einer pharmakologischen Unterdrückung der Emotionen, z. B. durch angstlösende Medikamente, die kognitiven Entscheidungen viel schwieriger werden. Dies wiese darauf hin, dass Emotionen (über den Körper verwirklicht) ein wesentlicher und wichtiger Bestandteil von rationalen Entscheidungen sind.

All dies spricht für diejenigen therapeutischen Ansätze, die ebendiese körperlichen Prozesse mit einzubeziehen wissen und sie im besten Falle beeinflussen, um den therapeutischen Prozess in Gang zu bringen und erfolgreich zu Ende zu führen. Und um die Bedeutung dieser rudimentären und basalen Aufgaben deutlich zu machen: Hier werden miniaturisiert Prozesse abgebildet und untersucht, die auf einem höheren Niveau uns alle dazu befähigen, selbstwirksam und autonom zu leben, Versuchungen zu widerstehen, Vorurteile und Stereotypen zu reflektieren und gesunde Entscheidungen zu fällen. Kognitive Kontrolle als solche ist die substanzielle Basis sowohl für den Einzelnen als auch die Gesellschaft, langfristige Ziele zu verfolgen, ohne dass kurzfristige Bedürfnisse interferieren.

Ich selbst habe jahrelang zur kognitiven Kontrolle geforscht. Schwerpunktmäßig war dabei der Fokus auf das gerichtet, was im Gehirn vor sich geht, wenn Fehler gemacht werden. Dabei konnte ich zeigen, dass Fehler bei leichten Aufgabenereignissen ziemlich andere Gehirnaktivität zeigen im Vergleich zu Fehlern bei konfliktbeladenen Ereignissen (Wittfoth et al. 2008). Letztere haben Hirnregionen erheblich stärker involviert, die in Zusammenhang mit körperlichen Rückmeldungen gebracht werden (wie z. B. die Inselrinde).

Interessanterweise zeigten sich Unterschiede im neuronalen Aktivierungsmuster nach einem Fehler noch deutlicher: als ob die

Reorientierung auf die eigentliche Aufgabe nun mehr Anstrengung und Kapazitäten benötigen würde (Wittfoth et al. 2009).

Vor dem Hintergrund dieser Erkenntnisse ist es eigentlich nicht verwunderlich, dass eine zusätzliche Veränderung des Körpers, sei es mittels Klopfens von Akupunkturpunkten, geführter Augenbewegungen oder Haltungsveränderungen und Fremdberührungen, konsequenterweise auch körperlich-emotionale Prozesse und Denkprozesse beeinflussen kann. Umso unverständlicher ist es daher, dass diese Techniken erst so spät Beachtung finden und ernst genommen werden. Ebenso rätselhaft ist und bleibt die Frage, wie diese Veränderungsprozesse vonstattengehen.

Pilotstudie zum »Klopfen«

Eine erste Untersuchung, die dieser Frage nachgeht, ist Anfang des Jahres 2015 an der Medizinischen Hochschule Hannover gestartet. Ergebnisse der im Vorjahr angelaufenen Pilotstudie wurden schon auf dem Kongress »Reden reicht nicht« in Heidelberg 2014 vorgestellt. Antonia Pfeiffer, Michael Bohne und ich haben gemeinsam ein Projekt erdacht, das untersuchen soll, welche Gehirnareale durch das Klopfen an sich aktiviert werden. Tapping-Techniken haben sich im therapeutischen Alltag in vielen Situationen bei den unterschiedlichsten Klienten als wirkungsvoll bewährt. Doch was passiert genau, wenn wir selber auf bestimmte Körperpunkte klopfen, während wir an belastende Gefühle denken?

Während gesunde studentische Probanden im funktionellen Magnetresonanztomografen (fMRT) liegen, werden sie mit neutralen, aber auch mit angst- und ekelerregenden Bildern konfrontiert. In einem ersten Durchgang werden die Probanden angeleitet, alle aufkommenden Gefühle zuzulassen, die bei der Bildbetrachtung entstehen. Dann werden sie aus dem Gerät herausgeholt und erhalten von einem Instrukteur die Anweisung, an die für sie negativsten Bilder zu denken, um dann mithilfe des Klopfens ihre Gefühle zu regulieren. Diese Instrukteure – und dies ist das Besondere an der Studie – sind eigens für das Projekt angelernte Studenten, die weder eine therapeutische Vorerfahrung haben noch andere therapeutische Techniken kennen. Somit lässt sich die Essenz des Klopfvorgangs untersuchen, ohne dass die Beziehung zwischen Klient und Therapeut konfundiert beziehungsweise die Erfahrung des Therapeuten eine Rolle spielt.

Nach zwei Runden Klopfen inklusive Zwischenentspannung und während der persönliche Stresslevel in Bezug auf die als am negativsten wahrgenommenen Bilder regelmäßig abgefragt wird, wird den Probanden in einem zweiten MRT-Durchgang ein neues, aber vergleichbares Bilderset, bestehend aus neutralen und negativen Bildern, präsentiert. Die Erwartung hierbei ist, dass die Probanden aufgrund der vorherigen Erfahrung der Gefühls- und Stressregulierung durch das Klopfen nun die negativen Bilder des zweiten Durchgangs als weniger negativ erleben und empfinden. Um das Klopfen auch als aktuelle Regulationsstrategie einzuschließen, werden die Probanden beim zweiten Durchgang daher angewiesen, sich beim Erscheinen eines jeden Bildes vorzustellen, die drei ihnen angenehmsten Körperpunkte zu klopfen.

Da die Gehirnaktivität bei kognitiven Emotionsregulationstechniken aufgrund zahlreicher Studien bekannt ist, sind wir in der Lage, diese Techniken in Bezug auf die regionale Hirnaktivität mit dem reinen Klopfen zu vergleichen, sodass wir dadurch einen Hinweis darauf bekommen können, ob und wie das Klopfen eine Stressreduktion bewirkt und welche neuronalen Netzwerke dabei eine Rolle spielen. Nicht zuletzt geht es auch darum, ob Laien als Instrukteure ausreichend sind, die schon klinisch beobachteten Erfolge des Klopfens zu wiederholen. Wie in vielen anderen Zusammenhängen schon gezeigt worden ist, kann es natürlich auch sein, dass die vom Probanden wahrgenommene Expertise des Anleiters einen maßgeblichen Einfluss auf diesen Prozess hat. Möglicherweise ist ein entscheidender Faktor für die Wirksamkeit auch die Überzeugtheit von dieser Technik seitens des Therapeuten. Wir sind und bleiben gespannt, was diese Studie für Ergebnisse liefern wird.

Das Spannungsfeld zwischen angewandter Therapie und theoretischer Wissenschaft

Als Wissenschaftler, der sich viel mit der Theorie zu psychologischen und psychotherapeutischen Konstrukten beschäftigt, ist mir der Austausch mit Praktikern besonders interessant und fruchtbar. Auf dem ersten Kongress »Reden reicht nicht!?« (2014) war für mich daher die teilweise beeindruckende Effizienz der Verfahren augenfällig. Ebenfalls augenfällig, allerdings nicht im positiven Sinne, waren die wissenschaftlichen Erklärungsmodelle und -versuche, die in den allermeisten Fällen den herangezogenen wissenschaftlichen Erkenntnissen nicht annähernd Genüge taten. Im allgemein üblichen und meines Erachtens dennoch zweifelhaften Versuch, Erklärungen zu finden, warum etwas so funktioniert, wie es funktioniert, wurden Gehirnregionen falsch lokalisiert, die Zusammenhänge zwischen Aktivitätsstudien und einzelnen Hirnarealen und dem, was dort passiert, falsch oder verkürzt dargestellt und zum Teil wahllos herausgegriffene, in den Medien verbreitete Studienergebnisse als Beleg für die eigene Wirkeffizienz herangezogen. Fakten schienen zum Teil wie Kohlehydrate: Och ja, aber, wenn man sie vermeiden kann ...

Mir wurde dort die Kluft zwischen seriöser Hirnforschung und therapeutischem Expertenwissen deutlich. Kaum jemand, der ein fundiertes praktisches Wissen vorweisen kann, ist auch nur ansatzweise und ernsthaft in der Lage, neuere wissenschaftliche Fakten wissenschaftlich plausibel als Belege herzuleiten. Bei alledem ist die entscheidende Frage, was denn gewonnen wird und welchen zusätzlichen Nutzen es hat, wenn neurowissenschaftliche Erklärungsschablonen, wie zum Beispiel eine Über- oder Untererregung der Amygdala, hergenommen werden, um einen Beistand für die eigenen Therapieeffekte zu bekommen. Insbesondere wenn diese Erklärungen überhaupt noch nicht experimentell belegt worden sind. Oder, andersherum gefragt: Würde man wirklich etwas verlieren, wenn man diese Art der Erklärungen und Rechtfertigungszusammenhänge wegließe? Vielen scheint nicht klar zu sein, wie inkonsistent und widersprüchlich Ergebnisse der Hirnforschung sind, sodass sie eigentlich in einem nur sehr engen Rahmen als Erklärungsmodelle dienen können. Zumindest nicht ohne ausreichende kritische Diskussion.

Umgekehrt gilt dies aber genauso! So wie Giovanni Frazetto[17] in seinem lesenswerten Buch *Der Gefühlscode* (2014) offen zugegeben hat: Immer wieder seien Freunde und Bekannte erstaunt darüber gewesen, dass er keine Antworten auf Fragen hatte, die sich nach Techniken und Methoden erkundigten, wie denn die eine oder andere Emotion zu zügeln oder zu bändigen sei, obwohl er doch das Gehirn studiere. Er berichtet, dass ihn häufig ein Gefühl der Unzulänglichkeit beschlich, wenn er von Freunden oder Bekannten gefragt wurde: »Du bist doch ein Experte für Gefühle. Wie kann ich mit meiner Angst klarkommen?« Oder: »Sag mal, ich bin die ganze Zeit so traurig, was kann ich dagegen tun?« Denn obwohl er viel Theoretisches über diese

---

17 Giovanni Frazetto (geb. 1977) ist italienischer Molekularbiologe.

Gefühle wusste, konnte er doch keine Hilfestellung geben, wie mit diesen Gefühlen umzugehen sei. Die sehr häufige Konfrontation mit Halbwissen auf dem Kongress machte mich doch nachdenklich. Denn – und ich bitte, dies nicht falsch zu verstehen: Ich bin zu einhundert Prozent davon überzeugt, dass die Verbindung der beiden Bereiche essenziell notwendig für eine positive Entwicklung aller Verfahren ist, die sich auf diesem Kongress präsentiert haben, aber das Ganze muss fundiert und plausibel sein! Erklärungsmodelle aus der Wissenschaft sind zuweilen hilfreich, will man das Denken und die Beobachtung zueinander in Beziehung setzen. Sie sollten jedoch erstens nicht wahllos herangezogen werden, weil sie erstens wunderbar zu passen scheinen – und zweitens nicht aus Gründen der Vermarktungsstrategie. Um beide Seiten, die Interventionstechniken und die Wissenschaft, zusammenbringen zu können, müssen beide Bereiche kritisch hinterfragt werden, und man muss sich in diesen Sphären auskennen. Spätestens dann, wenn es darum geht zu beurteilen, wie diese oder jene wissenschaftliche Studie einzuschätzen ist. Letztendlich ist dies nur zu leisten, wenn Therapeuten und Wissenschaftler konstruktiv in Gruppen zusammen diskutieren, ohne dass es um monetäre, narzisstische oder opportunistische Diskurse geht. Ich weiß: Dies mag des Öfteren ein frommer Wunsch sein. Doch wie soll es denn anders gehen?

Welcher Weg beschritten werden muss

Somit wird in Zukunft meiner Ansicht nach die weitere Entwicklung der »bifokal-multisensorischen Bewegung« essenziell davon abhängen, inwieweit sie sich einer systematischen wissenschaftlichen Beobachtung öffnet – und dies auch selber forciert.

Um klarzumachen, welche Gefahren darin liegen, das »eigene Süppchen« weiterzukochen, seien an dieser Stelle die Fallstricke und Fehlannahmen von Alternativmedizin, die Edzard Ernst[18] 2007 veröf-

---

18 Edzard Ernst (geb. 1948) ist emeritierter Professor für Alternativmedizin. Er wurde in Wiesbaden geboren, lehrte aber bis zur Emeritierung an der Universität Exeter, Großbritannien. Sein Ruhestand war jedoch nicht ganz freiwillig. Im Jahre 2005 trat Ernst aus einer Expertenkommission aus, der einen von Prince Charles in Auftrag gegebenen Bericht zum Potenzial der Alternativmedizin wenige Tage später veröffentlichen sollte. Ernst konnte jedoch die seiner Ansicht nach zu positive Darstellung der Homöopathie nicht gutheißen. Man entzog daraufhin seiner Abteilung die Forschungsgelder, die schließlich nur unter der Bedingung der Emeritierung weitergezahlt wurden.

fentlichte, erwähnt. Diese Punkte inklusive ihrer Auflösung sollen vor allem als Motivationshilfe und Denküberprüfung dienen.

Nicht wenige denken: Weil so viele Leute diese oder jene Technik oder Therapieform anwenden, muss da etwas dran sein. Es wird davon ausgegangen, dass sich Hunderte oder gar Tausende nicht irren können. Doch dieses »Argumentum ad Populum« verlässt sich darauf, dass Popularität ein Indikator für Effektivität ist, was eine schlichtweg falsche Annahme ist. Und selbst wenn ein Verfahren sehr viel mehr Anhänger hat als andere, bedeutet das nicht, dass der Gewinn dieses Beliebtheitswettbewerbes ein sicheres Zeichen für die Richtigkeit der Grundannahme hinter diesem Verfahren ist.

Ebenso ist die Annahme, dass es nach einer Zustandsverbesserung bei dem einen oder anderen Klienten sicher abzuleiten ist, dass die Behandlung ursächlich für die Verbesserung gewesen ist, nicht zulässig. Die Annahme mag zwar offensichtlich naheliegend und scheinbar logisch sein, sie beruht jedoch leider ebenfalls auf einem Fehlschluss. Jenseits der Behandlung gibt es noch eine Reihe von Faktoren, die zur Verbesserung beigetragen haben könnten: der Placeboeffekt oder der natürliche Verlauf der Störung.

Auch wenn es für viele schwierig bleibt, dies nachzuvollziehen, weil diese Art von fehlerhaftem Denken so sehr in uns Menschen verankert ist, bleibt es eine Tatsache, dass Verbesserungen eintreten können, selbst wenn unsinnige, wirkungslose oder sogar leicht gefährliche Techniken angewendet werden. Kausale Zusammenhänge aufgrund von Anekdoten herzustellen, ist nicht nur hochproblematisch, sondern mit Gewissheit keine solide Grundlage für sichere Schlussfolgerungen bezüglich der Wirksamkeit von therapeutischen Interventionen. Auch wenn das für den Einzelnen, dem die betreffende Therapie etwas gebracht hat, verständlicherweise ziemlich egal ist, ist es also trotzdem wichtig, die hypothetische Wirkung einer Therapie in ihrem Kern zu untersuchen!

Demgegenüber muss hier natürlich auch erwähnt werden, dass Wissenschaft ebenfalls ihre Grenzen hat. Viele wissenschaftliche Laien haben dabei ein seltsam verzerrtes Bild von Wissenschaft. Dieses Bild ist häufig von sowohl ehrfürchtiger Zurückhaltung geprägt, als auch von der Sicht, dass eine wissenschaftliche Bestätigung eine Art Ritterschlag und Aufwertung bedeutet. Letztendlich gründet die Stärke wissenschaftlicher Methodik darin, die Welt systematisch zu beobachten und subjektive Kategorien möglichst auszuschließen oder sie zumindest auszumachen und zu kontrollieren. Wer sich einmal mit Wissenschaft tiefer gehend auseinandergesetzt hat, weiß, dass das Arsenal an Untersuchungsinstrumenten nicht nur effektiv, wirksam und beeindruckend ist, sondern sich auch schon vielfach bewährt hat. Trotzdem ist die Diskussion darüber, ob der Kontext zwischen Therapeut und Klient und den Prozessen, die zwischen beiden ablaufen, wirklich mit altbewährten Untersuchungsmethoden einzufangen sind, brandaktuell und bei Weitem nicht abgeschlossen. Klar ist, dass Wissenschaft nicht allmächtig ist, aber sie ist das beste Instrument, das wir bislang kennengelernt haben, wenn wir die systematische Effektivität von therapeutischen Verfahren zu untersuchen haben. Und selbst wenn die aktuell zur Verfügung stehenden Instrumente (noch) nicht ausreichend zur Untersuchung einer jeweiligen Fragestellung sind, werden dadurch die Methode und das Unternehmen »Wissenschaft« per se nicht infrage gestellt.

Letztendlich bleibt im Raum stehen, dass alle neuen therapeutischen Verfahren in einem Spannungsfeld zwischen anschaulicher, praktischer Effektivität und Anwendung auf der einen Seite und plausiblen wissenschaftlichen Erklärungsmodellen auf der anderen Seite stehen. Es wird sich zeigen, ob die Mehrheit der Therapeuten die Notwendigkeit erkennt, sich diesem Spannungsfeld auszusetzen, und ob sie sich der Aufgabe stellen können, ihren therapeutischen Bereich weiter zu tragen, als es bislang in anderen vergleichbaren Bewegungen geschehen ist. Es ist somit aus meiner Sicht notwendig, dass vermehrt Kongresse, Tagungen und auch die Palette der neuen digitalen Medien fruchtbar genutzt werden, diesen Prozess der Annäherung fortzuführen.

Atmosphären lesen – Vom Verstehen und Behandeln menschlicher Umgebungen

Matthias Ohler

>*»Die Arbeit des Philosophen ist ein Zusammentragen*
>*von Erinnerungen zu einem bestimmten Zweck.«*
>Ludwig Wittgenstein, Philosophische Untersuchungen, 127
>*»Hier ist es, wie es ist, weil wir hier sind.«*
>Victor Klein, Graffito

Die stetig zunehmende Nutzung des Begriffs »Atmosphäre« zur Erfassung unserer zwischenmenschlichen Lebenswirklichkeiten, auch und gerade belastender, ist in sehr vielen unmittelbaren Beschreibungen der Fragen, Probleme und Anliegen von Beratung aufsuchenden Menschen wiederzufinden. Es gibt Berichte über Höchstspannung im Haus, regelmäßig dicke oder dünne Luft in Teamsitzungen, bedrückende Enge, betretenes Schweigen oder knisternd heiße Spannung in der Partnerschaft, schwül drohende Ladung in der Familie und vieles mehr. Dass diese Beschreibungen so deutlich angeboten werden, sollte man nutzen; allerdings nicht nur als Vehikel, um dann andere Konstellationen daraus zu machen, für die man glaubt, die »passenden« Werkzeuge zu haben, getreu dem Motto, mit Schraubenschlüsseln in der Hand suche man halt immer nach Muttern, wie es Carl Auer in einem seiner berühmt gewordenen und lange Jahre als Postkarten erhältlichen Aphorismen gesagt hat (s. Abb. 1):

> • • • • • • • • • • • • • •
>
> ## Wer nur einen Schraubenschlüssel hat, sucht überall nach Muttern.
>
> Carl Auer: Abstract zu seiner Arbeit
> „Der psychische Apparat und das Phänomen
> der Übertragung", Wien 1951.

Abb. 1: Originalkarte von Carl Auer

Menschen erleben Atmosphären als real gegebene Lebenswelt, und es scheint den meisten Menschen wichtig zu sein, dass die sie umgebenden Atmosphären eher bekömmlich als unverträglich sind. Es dürfte also ratsam sein, beim Thema zu bleiben.

Ein weiterer Grund, das Thema »zwischenmenschliche Atmosphären« hier zu berücksichtigen, liegt in der Tatsache, dass diese Atmosphären auf allen Sinneskanälen (wenn man so will: totalsensorisch) und in allen Erlebenszusammenhängen erfahren werden. Auf ebendiesen Wegen bestehen denn auch Möglichkeiten, Atmosphären in einem förderlichen und womöglich erleichternden Sinn zu beeinflussen.[19]

Die Anregung, dem Phänomen Atmosphäre in professionellen Kontexten besondere Aufmerksamkeit zukommen zu lassen, verdanke ich der Begegnung mit dem Münchner Soziologen und Berater Raimund Schöll vor zehn Jahren. Raimund Schöll hat mit dem Konzept *Atmosphärische Intelligenz®* (2009) den Fokus auf diesen Bereich gelegt. Das lat. *intellegere* übersetzen wir unter anderem mit »verstehen«. Aus den Wortbestandteilen *inter*/»zwischen« und *legere*/»wählen«, »lesen« heraus kann man »Intelligenz« pointierter verstehen als »wählen zwischen« oder »herauslesen aus«. Damit sind wir nahe bei dem, was mit »Atmosphärischer Intelligenz®« ins Augenmerk gerückt werden kann: Man kann auf diese Weise die Wahrnehmung dafür forcieren, dass Atmosphären, die für uns Menschen existenziell bedeutsam sind, für uns lesbarer und einer Beeinflussung eher zugänglich sind, als wir vielleicht denken.

Wir haben gemeinsam einige Weiterbildungen zu diesem Kompetenzkonzept durchgeführt und tun dies weiterhin. Jeder für sich hat für die zwischenmenschliche Atmosphärologie weitere Beschreibungswege und Verständnisformen entwickelt.

Dieser Beitrag möchte einen Zugang zum Phänomen Atmosphäre attraktiv machen, der auf Konstrukte verzichtet, die aus der Sicht des Verfassers eher assoziativ-mystifizierend oder spirituell-sphärisch anmuten. Auch wenn das eine oder andere Juwel in solchen Zugängen – gewollt oder eher zufällig – enthalten sein mag, glaube ich, folgen die

---

19 Den sehr interessanten Hinweis darauf, sich von der scheinbar alles ausschöpfenden Berücksichtigung der fünf Sinne nicht davon abhalten zu lassen, auch auf den Gleichgewichtssinn und anderes zu schauen, verdanke ich dem Beitrag eines Teilnehmers der Seminar- und Supervisionswoche im polnischen Wigry im Sommer 2015. Der Name des Hinweisgebers ist leider in derzeit nicht auffindbare Sphären meines Gedächtnisses gezogen.

meisten dieser eher phänomenistischen als phänomenologischen Zugänge einfach zu sehr der Einladung, zu meinen, wo es sich bei »Atmosphäre« doch um ein Nomen und damit eine Bezeichnung handele, werde es schon etwas in der Welt geben, wofür das die Bezeichnung sei. Das müsse natürlich ein »Etwas« sein. Man müsse nur mehr oder weniger ausgestattet oder ausgesucht sein, dies zu erkennen.[20] – Dem wollen wir hier nicht voreilig auf den Leim gehen. Klientinnen und Klienten sind hochkompetente Atmosphärikerinnen und Atmosphäriker, und wir machen immer wieder neue Vorschläge, diese mit ihnen geteilte Kompetenz auf Begriffe zu bringen und irgend hilfreich oder nützlich zu entwickeln.

Noch einige Bemerkungen zum Fokus »Reden und Sprache«: Der Überschrift des Kongresses »Reden reicht nicht!?« waren im Jahr 2014 – und sind auch im Jahr 2016 wieder – sowohl ein Ausrufe- als auch ein Fragezeichen beigegeben. Das Ausrufezeichen hat mit seiner appellatorischen Präsenz sicher viel Aufmerksamkeit auf den einen Teil der Botschaft gezogen, Reden reiche eben nicht. Und zuweilen wurde die Botschaft, wie man hie und da hören konnte, noch verschärft in Richtung des Gedankens, Reden reiche nicht nur nicht, sondern sei per se ungenügend oder gar ganz verzichtbar oder zu vermeiden.

Auf viele der als bifokal-multisensorisch verorteten Vorgehensweisen trifft dies nicht zu (bei PEP, um nur eine zu nennen, werden auch Affirmationen ausgesprochen und, z. B. im Kognitions-Kongruenz-Test, somatische Marker durch das Aussprechen von Testsätzen provoziert; siehe den Beitrag von Michael Bohne in diesem Band). Abgesehen davon, dass dies dennoch eine mancherorts vertretene, vielleicht sogar vertretbare Position ist, soll hier eher dem *Fragezeichen* Aufmerksamkeit gewonnen werden. Ich denke, Reden kann ein sehr wichtiger Zugang zu Weiterem sein, das bei als problematisch erlebten Lebensumständen dann helfen soll.

Das allein ist weder neu noch originell. Die Bedeutung liegt eher darin, die *formalen* Spuren, die Reden und »Sprechen« zur Verfügung stellen, anzuschauen und gut nutzbar zu machen, hier im Besonderen die Grammatik von Verben, wie es die Übung bzw. Begleitform

---

20 Vgl. die detaillierten Untersuchungen solcher sich selbst gestellten Fallen bei Ludwig Wittgenstein (beispielhaft 1982, § 304). Eine ausführlichere Auseinandersetzung mit Beiträgen von Peter Sloterdijk, Hermann Schmitz, Gernot Böhme u. a. würde hier den Rahmen sprengen und wird an anderer Stelle unternommen.

am Ende dieses Beitrags zeigt. Zugleich aber ist Verzicht auf Reden als bewusst getroffene Entscheidung oft hilfreich, auch und gerade dann, wenn vorher für die Gewinnung eines Zuganges zu hilfreichen Untersuchungen für Klienten die sprachlichen Formen genutzt wurden. Auch dies kann die angesprochene Begleitform zeigen.

Schließlich ist es ein drittes Anliegen dieses Beitrages, an einem Beispiel zu zeigen, dass es nützlich ist, metaphorische und andere sprachliche Tiefenstrukturen unserer alltäglichen und professionellen Begriffsbildung immer neu zu erkennen und zu berücksichtigen. Es hilft, ein Phänomenverständnis zu entwickeln, das an (Selbst-)Wirksamkeit orientiert ist.

Warum sich mit Atmosphäre befassen?

Wo immer wir sind und wohin immer wir kommen: Atmosphären bemerken wir sofort.

Stellen Sie sich vor: Sie verlassen das Auto, die Bahn, den Bus, oder Sie stellen das Fahrrad ab ... Sie bewegen sich auf eine große, zweiteilige Glastür zu, die sich mit einem schiebend-zischenden Geräusch öffnet ... Oder Sie öffnen die Tür ... Sie betreten das Gebäude. Von überall dringt Geplapper her, Gepiepse, Schuhsohlen-auf-Linoleumboden-Gequietsche ... Türen schlagen ... Hastig hingesagte Morgengrüße. Freundliche Grußrufe ... Menschen mit Taschen und Koffern in den Händen, schräg gehend. Menschen mit Taschen über den Schultern, Rollkoffer hinter sich her ziehend ... Kaugummikauende Gesichter ... Menschen tippen auf Mobiltelefone oder halten sie ans Ohr ... – Willkommen, einmal mehr, in der Atmosphäre von – Wo waren Sie gerade? – Wie ging es Ihnen dort? – Wie fühlen sie sich? Stark? Müde? Genervt? Entspannt? Fröhlich? Tatendurstig? Neugierig auf Menschen? Wie gar nicht da? ...

Fragen wir weiter: Woran merken Sie, woran Sie hier sind? ... Woran könnten Sie festmachen, welche Atmosphäre Sie hier erleben? ... Wussten – oder ahnten – Sie das schon vorher, als Sie das Gebäude betraten? ... Was hat Sie überrascht? ... Woran haben Sie das bemerkt? ...

Das Wort »Atmosphäre« dafür zu verwenden, ein uns irgendwie umgebendes Geschehen, eine Stimmung in Räumen oder zwischen Menschen zu bezeichnen, ist uns sehr vertraut. Wir verstehen meistens sofort, was gemeint ist. Wir können uns kaum mehr vorstellen, dass das anders sein könnte bzw. einmal anders gewesen ist.[21] Glaubt man den Berichten vieler Lehrerinnen und Lehrer, Krankenpflegender, Personalverantwortlicher, Angestellter und Eignerinnen mittelständischer Unternehmen (beispielsweise in Formenbau, Gastronomie/Hotellerie, IT, Verlagswesen) oder an Chorprojekten Teilnehmender – um nur einige Beispiele zu nennen, bei denen der Verfasser über viele konkrete Erfahrungen verfügt –, so ist eine gute oder schlechte Atmosphäre sehr bedeutend für das Befinden aller im jeweiligen Kontext Beteiligten. Das klingt nur allzu selbstverständlich. Atmosphäre ist mittlerweile ein sehr prominenter Fokus für die Zuschreibung irgendeiner Verantwortung für solche Befindlichkeiten geworden.[22] Atmosphäre ist das, wovon gesagt wird, dass man es einfach *bemerkt* und es positive oder negative Auswirkungen auf Zufriedenheit, Schaffenslust, einfach die jeweilige Laune oder sogar das Ganze der Gesundheit habe. Über die Umstände des Zustandekommens dieser oder jener Atmosphäre muss dabei vorerst gar keine Einigkeit bestehen; über die Atmosphäre selbst und in ihrer Beschreibung mitgelieferte Bewertungen findet sich manchmal Einigkeit, manchmal auch nicht.

Atmosphären fallen da besonders auf, wo sie als gestört, geladen, angespannt, hektisch, miefig usw. erlebt und beschrieben werden. Vielleicht sind eher negativ bewertete Atmosphären auch deshalb so auffällig, weil sie beklagt und in den meisten professionellen Kontexten auch häufiger erlebt oder angetroffen werden als entspannte, fröhliche, gelassene, anregende usw.

Wenn Atmosphäre so viel Prominenz bekommen hat und diese Prominenz weiter zunimmt, hat es Sinn, sich um ein handhabbares Verständnis des Phänomens und seiner Wirkungen zu kümmern.[23]

---

21 Tatsächlich ist dieses Sprachspiel (zu Sprachspiel vgl. Fußn. 24) in unseren Kultur- und Sprachräumen aber erst seit einigen hundert Jahren belegt. Fragten wir verschiedene Leute, welche der drei Bedeutungen von »Atmosphäre« die wichtigste ist – die *astronomisch-meteorologische*, die *physikalisch-technische* (Druck) oder die *ästhetische* (wie wir sie hier mit Gernot Böhme 1995 einmal nennen wollen) –, würden die Antworten sicher unterschiedlich ausfallen. Ließen wir die beruflich mit Meteorologie, Physik und Ähnlichem beschäftigten Leute einmal außen vor, würde die Waage, so steht zu vermuten, zugunsten des »übertragenen«, ästhetischen Sinnes ausschlagen.

22 Verwandte Begriffe sind hier »Stimmung«, »Klima«, u. Ä. Damit angesprochen ist Gleiches. Auch hierbei handelt es sich um Metaphern. Wir werden weiter unten auf die metaphorische Struktur des Atmosphärekonzepts eingehen.

23 Es gibt einige Versuche, sich dem Phänomen »Atmosphäre« zu nähern, auch in professionellen Kontexten, vgl. nur Böhme (1995), Sloterdijk (1998 ff.) u. v. a.; an der metaphorischen Struktur orientieren sie sich nicht. Eine ausführlichere kritische Auseinandersetzung mit einigen dieser Vorschläge erfolgt an anderer Stelle.

Atmosphärische Berichte sind – durchaus passend zu dem, um was es bei ihnen meistens geht – eher nebulös, eben sphärenhaft, nicht wirklich präzise z. B. im Sinne klarer Zuschreibungen von Ursachen und Wirkungen. Denken wir nur an Beispiele wie »*Hier liegt doch irgendwas in der Luft*« oder »*Hier stimmt was nicht, hier braut sich irgendwas zusammen*« u. Ä. Es gibt auch andere Berichte mit deutlichen Zuschreibungen (z. B. »*Das ist ein Dampfkessel, befeuert von den Vertriebsleuten, und sie werden ihn noch zum Explodieren bringen*«), doch ausgesprochen häufig sind atmosphärische Beschreibungen eben typisch atmosphärische Beschreibungen ... Das sollte gerade nicht als Schwäche beklagt, sondern vielmehr als Ressource genommen werden. Eine Konzeptionalisierung zwischenmenschlicher Atmosphären wird eher die Stärken und Chancen finden, die in diesem »Mangel« an Präzision liegen. Gerade Präzisierungen, z. B. in Bezug auf Ursachen und Verantwortlichkeiten, müssen – mehr oder weniger offen – immer aktiv vorgenommen werden (siehe in diesem Beitrag Nr. 4 der Vorteile des Fokus Atmosphäre).

Niemand käme auf die Idee, von dem, was wir als die spezifische, von uns so gern genossene Atmosphäre eines bestimmten Restaurants bezeichnen – nennen wir es »Goldener Hof« –, anzunehmen, es finde in uns als den Besuchern oder Gästen dieses Restaurants statt. Wir *erleben* es. Als *Ort* des atmosphärischen Geschehens selbst wird der »Goldene Hof« erklärt, nicht unser Erleben. Atmosphären lokalisieren wir außerhalb unserer selbst. In Worten Ludwig Wittgensteins: So spielen wir eben dieses Spiel, nämlich das Sprachspiel[24] mit dem Wort »Atmosphäre«. – Oder ist es doch anders?

Es ist für professionelle Arbeit mit zwischenmenschlichen Atmosphären sehr praktisch, sich konzeptionelle Instrumente zu erarbeiten, die es erlauben, Atmosphärisches in angemessener Komplexität zu beschreiben. Dabei gilt es, die Perspektive sowohl auf das Erleben als auch darauf, wovon es Erleben ist, angemessen berücksichtigen zu können. Zudem sollten wir Wechselwirkungen zwischen beidem verständlich machen können, ohne das eine mit dem andern vor lauter Wechselwirkung zu verwechseln.

---

24 Der Begriff des Sprachspiels ist von Ludwig Wittgenstein als streng methodologischer Begriff eingeführt. In den *Philosophischen Untersuchungen* (1982) wird sehr differenziert mit der Idee gearbeitet, Sprache und die »Tätigkeiten, mit denen sie verwoben ist« als Spiele aufzufassen und gerade auch ungewöhnliche Formen anzuschauen, als »*Vergleichsobjekte*, die durch Ähnlichkeit und Unähnlichkeit ein Licht in die Verhältnisse unserer Sprache werfen sollen« (§ 130; Hervh. im Orig.). Vgl. auch Ohler (1988, S. 70 ff.) und Wittgenstein (1982, § 71).

Atmosphäre (von griech. *atmós/*»Dampf, Dunst, Hauch«, und griech. *sphaira/*»Kugel«) geht von der Wortbedeutung her auf Äußerliches, schwächer ausgedrückt: als äußerlich Erlebtes. Daraus motiviert sich die metaphorische Übertragung auf andere Kontexte, in denen Erlebnisse irgendwie danach zu verlangen scheinen, in ein Bild gefasst zu werden, das es erlaubt, auf Äußeres, Umgebendes zuzugreifen. Anzuerkennen, dass es dieses Außen gibt und dass es wirksam ist, muss uns nicht in die alten erkenntnistheoretischen Probleme und Streitereien geraten lassen. Es fordert lediglich, die Außen-innen-Unterscheidung erlebensangemessener zu behandeln als nur durch Verweis auf die Welt innerer Konstruktionen – mit all den Folgen für die Empfänger dieses Verweises ...»Erlebensangemessener« bedeutet unter anderem, Sprachspiele zu betrachten, die uns geläufig sind, und sie etwas langsamer als mit dem Alltagsbewusstsein zu betrachten. Die große Metapher »Atmosphäre« ist so ein Sprachspiel.

Die Ausgangssituation für die atmosphärologische Perspektive wird da gewählt, wo Menschen sich *in* äußeren Umständen erleben, wie auch immer klar, besprechbar, deutlich, eindeutig etc. sie sein mögen. Unser alltäglich benutztes Begriffskonzept oder Sprachspiel »Atmosphäre« trägt dem Rechnung. Wir erleben uns als umgeben von allem Möglichen – Räumen, Dingen, Orten, Menschen, Entscheidungen, Kommunikationen usw. – das, zusammen genommen, als irgendwie *eines* bezeichnet und auch erlebt werden kann: »Die Atmosphäre in meiner neuen Klinik ist sehr einladend und entspannt« zum Beispiel (oder das Gegenteil). Es ist klar, dass diese Umgebung als die, die sie ist, erlebt sein muss, um überhaupt für irgendjemanden in irgend relevanter Weise »sein« zu können. Es scheint aber das, was sie ist, und vor allem die Weise, wie sie auf den Erlebenden wirkt, nicht »rein« von diesem Erleben bzw. dem Erlebenden auszugehen. (Wollten wir die Wellen der Sprache höhergehen lassen,[25] könnten wir sagen: Dass es dort »stattfindet«, heißt nicht, dass es [nur] dort »ist«.)

Das viele Fragen unseres Lebens touchierende eigenartige Spannungsverhältnis zwischen Wahrgenommenem und Wahrnehmenden ist im Bereich atmosphärischer Phänomene besonders deutlich spürbar.[26] Zum einen ist leicht zu erfahren, wie in der Bewertung, wenn

---

25 Vgl. Wittgenstein (1982, § 194): »Sieh, wie hoch die Wellen der Sprache hier gehen.«
26 Roland Schleiffer weist darauf hin, dass sich das Wort »Wahrnehmung« vom althochdeutschen *wara* ableitet, das »Acht« oder »Aufmerksamkeit« bedeutet. Dies zu berücksichtigen könnte helfen, aus dieser Spannung herauszufinden und sich nicht einladen zu lassen, Fragen der Wahrnehmung zu schnell mit Fragen von Wahrheit zu assoziieren. Vgl. Schleiffer (2012, S. 55, Anm. 19).

nicht schon im Erleben und Beschreiben, bestimmter Atmosphären teils erhebliche Differenzen zu anderen Menschen bestehen können. Die atmosphärischen Umfelder einer Schule oder einer Klinik sind zwei beredte Beispiele. Wo die einen sagen mögen, sie gingen da richtig gern hin und fänden es toll dort, schütteln andere verständnislos den Kopf über so viel Blindheit für die tatsächlichen Verhältnisse, wie sie sich aus ihrer Sicht zeigen. Zum anderen ist ebenso leicht zu erfahren, wie sich erlebte Atmosphären bei gleichbleibendem Erlebenspersonal plötzlich ändern bzw. die Wahrnehmung und Bewertung von Menschen der gleichen (?) Atmosphäre gegenüber – in sonst gleich anzutreffenden Umgebungsverhältnissen – sich ändert. Wir bilden auch selbst wechselseitig füreinander Äußeres, das für das jeweilige atmosphärische Erleben ausgesprochen wirksam sein kann.

Dieses Wechselhafte und zugleich Stabile von Verhältnissen, die wir als uns umgebend erleben, versuchen wir seit noch nicht allzu langer Zeit – einige Jahrhunderte – mit einem *bildgebenden Verfahren*, sprich mit einer *Metapher*, erlebensangemessen zu versprachlichen: Wir nennen es »*Atmosphären*«. Die Erfahrungen, die hier in den Dienst der Beschreibung und Erfassung anderer erlebter Phänomene genommen und metaphorisch übertragen werden (griech. *metaphérein* = »übertragen, anderswohin tragen«), stammen aus bereits bekanntem Erleben physikalischer Umgebungswirklichkeiten wie Wetter, Atemluft, Temperaturen, Luftdruck, u. v. a. m. – Hier ist es, wie schon gesagt, von nicht zu überschätzender Bedeutung, dem verführerischen Angebot, wo es sich doch bei der neuen Nutzung des Wortes »Atmosphäre« um eine Bezeichnung handele, werde es schon *etwas* in der Welt geben, wofür es die Bezeichnung sei, nicht nachzugeben. – Wie gewinnen wir einen anderen Zugang?

Atmosphäre – eine Metapher

Über Atmosphären im meteorologischen Sinn wird tagtäglich durchaus viel gesagt und gezeigt, gedruckt und gesendet. Jede Wettervorhersage stimmt uns ein auf das, was wir bei der avisierten Wetterlage – der Witterung, die uns umgeben wird – werden tun können bzw. müssen (oder eben auch nicht). Sie führt zu Erwartungen, wie wir uns befinden werden, und das über gefühlte Temperaturen hinaus. Besonders in Verbindung mit dem Aufenthalt in bestimmten, für ihre Wetter-, Licht-, Temperaturgegebenheiten bekannten Regionen gewinnt dies noch zusätzlich an Bedeutung (Städte, Landschaften, Gebäude usw.).

In der Regel bieten Sendungen dieser Art auch eine Atmosphäre oder Stimmung an – jetzt im »übertragenen«, ästhetischen Sinn –, wie ihre Vorhersagen genommen werden sollen: meist spaßig, locker, gelassen oder aber es wird bei sogenannten trüberen Wetteraussichten eine Besorgnis geäußert, wie man sie etwa Kindern angedeihen lässt, wenn sie sich ein bisschen wehgetan haben.

Diese Berichte und ihre Hinweise auf Handlungsfolgen ähneln Vorhersagen, in denen uns jemand beispielsweise darauf hinweist, dass uns, wenn wir am Abend ins Restaurant Soundso gehen, dort eine besondere Atmosphäre erwartet und wir uns darauf freuen können (oder eben auch nicht); oder dass wir, wenn wir uns entscheiden, zum Fußballspiel Dieunddie gegen Dieseundjene zu gehen, damit rechnen müssen, dass es im Stadion Daundda eine aufgeheizte, heitere, gewaltgeladene oder was auch immer für eine Atmosphäre geben wird und wir uns auch darauf freuen dürfen oder uns eben auch anderweitig einstellen und vorbereiten sollten. Bezogen auf Bildungseinrichtungen, Kongresse oder anstehende Arbeitsverhältnisse in Firmen, kann man Vergleichbares hören, unabhängig davon, ob man in ein Angestelltenverhältnis mit fest gekoppelten Strukturen oder in ein Beraterverhältnis gehen soll oder wird.

Wer keine Sportereignisse, Firmen oder Schulen (mehr) besucht, kennt dies alles von Familienfeiern, Teambesprechungen und Festen jedweder Art, von Gottesdiensten, Urlaubsorten und -reisen, Verhandlungen, was auch immer.

In solchen Kontexten wird das Wort »Atmosphäre« sehr häufig und in vielerlei Bedeutungsabschattungen gebraucht. Und wir können es in all den hier erwähnten Zusammenhängen sicher und variantenreich gebrauchen. (Was Peter Sloterdijk wohl überraschen würde.[27])

Was macht die beiden Auskünfte über Atmosphärisches miteinander verwandt? Wo bemerken wir Unterschiede? Und was ermöglicht die ästhetische Verwendung überhaupt?

---

27 »Wir leben in einer Kultur, die über das Offenkundigste, über die Grundlichtung, die Atmosphären, in denen wir uns bewegen, so gut wie überhaupt nicht sprechen kann, allenfalls in Form der groben Unterscheidung zwischen guter und schlechter Stimmung« (Sloterdijk u. Heinrichs 2006, S. 142). Dem ist entschieden zu widersprechen. Ansonsten bieten Sloterdijks Sphären-Bände (2004) ein enorm reiches Material an Ideen, einer anthropologisch-kulturwissenschaftlich ausgerichteten theoretischen Fassung des Überindividuellen und Äußerlichen des Atmosphärischen auf die Spur zu kommen.

Zunächst könnte man bemerken, dass es sich im zweiten Fall – also bei der Beschreibung von Erlebensumständen in Restaurants und anderen Örtlichkeiten – um einen »abkünftigen«, metaphorischen Sprachgebrauch handelt. Im Sinne der Arbeiten von George Lakoff und Mark Johnson (Lakoff u. Johnson 2004; Lakoff u. Wehling 2008), die die enorme Bedeutung metaphorischer Strukturen für unser gesamtes epistemologisches Leben gezeigt haben, ist uns wenig damit gedient, wenn wir versuchen wollten, einen über metaphorische Strukturen ausgebildeten Bereich unserer Wirklich- und Wirksamkeitserfahrung auf so etwas wie »eigentliche« oder »wörtliche« Strukturen von Sinn und Bedeutung – und damit Erfahrung von Welt – zurückzuführen. Die metaphorische Strukturierung eines Phänomenbereichs unserer Erfahrungen zeichnet sich eben dadurch aus, dass sie ihn überhaupt erst strukturiert – nicht in zweiter, irgendwie zu dekonstruierender Form, was die Beschreibung als »abkünftig« zu apostrophieren scheint, sondern primär. Eine Stadionatmosphäre *ist* eine Stadionatmosphäre und nicht etwas anderes, das ohne Bezug zur Verwendung der atmosphärischen Begrifflichkeit zu erläutern oder überhaupt zu verstehen wäre. Es scheint eher im Gegenteil so zu sein, dass die Verwirklichung als Atmosphäre weitere, daran anschließende metaphorische Operationen serviert (siehe Hinweise zu einer ersten Sammlung solcher Möglichkeiten in diesem Beitrag in der Passage ab Abb. 2). Sie kann geladen sein, dumpf, hitzig, unterkühlt. Und wir wissen recht Genaues mit solchen Charakterisierungen anzufangen, ohne uns ständig zu fragen, was denn diese Hitzigkeit oder Ladung beispielsweise von einer gewittrigen Wetterlage »wirklich« unterscheidet.[28]

Wir können versuchen, auf die Metapher »Atmosphäre« zu verzichten. Was immer wir dann beobachten, beschreiben oder erklären – es wird nicht dasselbe in anderer Begrifflichkeit sein, sondern tatsächlich anderes; als verflüchtige sich mit dem Weglassen der

---

28 Damit soll nicht in Abrede gestellt werden, dass es möglich scheint, solchermaßen Erlebtes und Gekennzeichnetes auch anders zu beschreiben und zu erleben. Und es kann auch einfach eine nicht weiter spezifizierte Stadionatmosphäre erlebt sein, mit allen darin angelegten Möglichkeiten ihrer Entwicklung, beispielsweise während eines Boxkampfes oder eines Tanzwettbewerbs. Aber auch bei der scheinbar nichtmetaphorischen Beschreibung von Witterungen und Wetterlagen bieten sich über die spezifischere Ausschreibung attributiver, adverbialer oder prädikativer Art ganz eigene Metaphernlagen an. Ein *böses* Gewitter zieht *tobend* über das Land und *richtet verheerende Schäden an*. Versicherungsgesellschaften stehen quasi in der Haftpflicht für einen auf andere Weise nicht zu beklagenden Aktanten.

Begriffsstruktur des Atmosphärischen ebendieses mit. Das Stadion ist dann vielleicht voll besetzt, es ist laut dort oder eigenartig still. (Mit letzterer Beschreibung, das ist deutlich spürbar, bewegen wir uns schon wieder aufs Atmosphärische zu, wenn wir diese Stille genauer charakterisieren wollten. Es ist eine Einladung, wieder in metaphorische Räumlichkeiten zu gehen.) In seinen metaphorischen Verwendungszusammenhängen wird das Wort »Atmosphäre« selbst gar nicht immer gebraucht. In Äußerungen wie »Jetzt wird es richtig heiß hier«, ob im Rahmen des Kommentars zu einem Handballspiel, in einer politischen Verhandlungssituation oder was sonst, trägt die Atmosphärenmetapher *aus der Tiefenstruktur heraus* die Szene und die Bedeutung. Jedem ist klar, dass es nicht wirklich heiß sein muss und auch nicht gemeint ist, dass etwa die Klimaanlage ausgefallen wäre – allenfalls im übertragenen Sinn ...[29]

Die Beschreibung von Erlebensumständen und Umgebungsqualitäten der unterschiedlichsten Art als *Atmosphären* erlaubt uns, Erfahrungen in einer Weise zu charakterisieren, die ohne diese Begrifflichkeit nicht möglich wäre.

Eine der aus meiner Sicht folgenreichsten der so gebotenen Möglichkeiten besteht darin, derlei erlebte Umstände und Qualitäten zu *verorten*. Durch diese Verortung wiederum ist es uns möglich, einen Unterschied herauszubilden zwischen uns selbst, unserem Erleben und dem, was wir da erleben und wo dieses Erleben seinen Ursprung bzw. seinen »tatsächlichen« Platz hat.[30] Ähnlich wie Musik kann man Atmosphären erleben, aber nicht anfassen.[31]

Man kann nun allerdings sich selbst und das, was als Atmosphäre oder als Atmosphärisches bezeichnet ist, in eine Beziehung setzen und

---

29 Zur Tiefenstruktur als linguistisches Konzept in der Semantik vgl. Lakoff u. Johnson (2004).

30 Die Verortung erlebter Atmosphären außerhalb derer, die sie erleben, trägt nicht unwesentlich dazu bei, dass Atmosphärischem häufig ein mysteriöser, magischer etc. Charakter zugeschrieben wird, der nur durch phänomenologische Experten und ihre mühselige Expertise zu erfassen sei.

31 Da Musik primär einem eindeutigen sinnlichen Kanal zugeschrieben werden kann, erscheint sie uns auf dieser Ebene des Erlebenszugangs nicht so mysteriös. Auf anderen Ebenen wird durchaus viel dafür getan, Musik und besonders Musiker zu mystifizieren. Atmosphärisches Erleben scheint keinem Sinneskanal eindeutig zugeschrieben werden zu können. Wie kommt es dann zu ihrer zugestandenen Wirkung? Diese Frage beschäftigt uns im Rahmen der Beschreibung der vier Fokusse atmosphärischer Aufmerksamkeit, wie Raimund Schöll und der Verfasser sie entwickelt haben. Es handelt sich um Habitus (im Sinne Pierre Bourdieus), Sprache/Sprachspiele, gefühlten Sinn und Beziehungsgestaltung. An anderer Stelle wird dies ausführlicher behandelt werden.

als voneinander unterschieden konzeptionalisieren bzw. entsprechend erleben, beobachten, beschreiben und gegebenenfalls zu beeinflussen versuchen.[32]

Abb. 2: In der Atmosphäre

Abb. 3: Atmosphäre, externalisiert

Eine zweite Finesse dieses über eine metaphorische Verwendung ermöglichten Sprachspiels besteht darin, dass wir diese Innen-außen-Unterscheidung problemlos wieder in das Innen, also das Erleben und Bewerten des als äußerlich Erlebten, einführen und dort für uns betrachten und behandeln können. Es ist gar nicht mehr mysteriös, Atmosphären in sich zu haben, wo sie doch außen schon so herrlich ungreifbar sind ...[33]

---

32 Systemtheoretisch gesprochen, geht es um Selbst- und Fremdreferenz. Vgl. dazu ausführlich etwa Schleiffer (2012); Simon (2012).

33 Wenn man wollte, könnte man dies als ein Re-Entry im Sinne George Spencer-Browns malen. Im Kontakt mit Klienten, die weniger Formalfreaks sind, empfiehlt es sich, andere Bilder zu malen und miteinander entstehen zu lassen.

Abb. 4: Atmosphäre, internalisiert

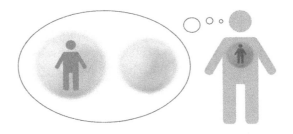

Abb. 5: In der Atmosphäre, externalisiert, reinternalisiert

Was wir atmosphärisch erleben und konzeptionalisieren, käme nicht in der Art zum Ausdruck, wenn wir es in *anderen* Begrifflichkeiten fassten. Die Charakterisierung als Atmosphären erfasst wieder andere Aspekte der damit bezeichneten Erfahrungen und Erlebnisse nicht. Das ist allerdings für metaphorische Begriffsstrukturen so eigenartig wie unspektakulär. In den Worten George Lakoffs und Mark Johnsons (2004, S. 18):

»Die Systematik, aufgrund deren wir den einen Aspekt eines Konzepts in Bildern eines anderen Konzepts erfassen können (z. B. einen Aspekt des Argumentiervorgangs in Bildern des Kampfes verstehen), verbirgt [...] die anderen Aspekte dieses Konzepts. [...] So können wir es beispielsweise mitten in einer hitzigen Debatte darauf anlegen, die Position unseres Gegners anzugreifen und die unsrige zu verteidigen, und darüber die kooperativen Aspekte beim Argumentieren aus den Augen verlieren. Einen Gesprächspartner, der mit uns argumentiert, können wir als jemanden betrachten, der uns seine Zeit, also ein kostbares Gut, schenkt und um gegenseitiges Verstehen bemüht ist.«

Es ist immer möglich und oft sehr sinnvoll, sich den metaphorischen Charakter schon des alltäglich unhinterfragt benutzten Konzepts »Atmosphäre« bewusst vor Augen zu führen. Für unsere Zwecke genügt es, dies in die Aufmerksamkeit geholt zu haben. Welche analytischen Ideen und vor allem sehr praktischen Vorteile im Umgang mit Atmosphären durch eine weiter gehende Beschäftigung mit der sprachlich-grammatischen Perspektive zu gewinnen sind, kann hier leider nicht ausführlich erörtert werden, wird aber folgen. Für die praktische Übung am Ende des Beitrags gehe ich lediglich auf eine besondere grammatische Eigenschaft von Verben ein, nämlich ihre Wertigkeit (Valenz) in Bezug auf die Mitspieler, die in der von einem Verb angesetzten Szene erscheinen. Der praktische Sinn der grammatischen Perspektive liegt in der stetig wachsenden Mannigfaltigkeit sprachlicher Alternativen und der Möglichkeiten, ihre wirklichkeitsentwerfenden Chancen zu bemustern.

Hier nur zwei kurze Ausblicke auf eine mögliche Beschreibung und Klassifizierung aus einer sprachlich-grammatischen Perspektive: Eine Sammlung von Ideen könnte z. B. so beginnen:

Einige Möglichkeiten des Erlebens und Beschreibens zwischenmenschlicher »Gegebenheiten« über die Metapher »Atmosphäre«

Formulierungen/Äußerungen	Mögliche Zuordnung
»*Hier* ist es ...« »Uns *umgab* eine Stimmung von ...« Wir *gerieten* dort *in* eine gereizte Welt.«	räumliche Situierung
»*Ich* erlebe *hier/das* ...«; »*Das* lässt mich *kalt*.«	Unterscheidung und Beziehung innen/aussen
»Die Atmosphäre *brach herein/schlich sich ein/*...« »So *entsteht* ...«; »Wie ein *Orkan* ...«	Quasinatürlichkeit
»*Damals* war's dort ... *zeitweise* ...« »*Dann schlug die Atmosphäre um.*«	zeitliche Situierung und Prozessualität
»Wenn *Mira* kommt, ist alles anders.« »Das schaukelt *sich* hoch/Da *machst du* nichts ...« » *Wir* möchten *Menschen* ermöglichen ...« »Von der *Frau* geht etwas Beruhigendes/... aus.«	Einflussgrößen
»Eine *typische* x-Atmosphäre ... (Bierzelt, Bahnhof, Büro...).«; »Es ist dort irgendwie, ja, wie soll man/ich sagen: duftschwer *wie ein* blütenüberladener Baum/als stünde man am Rande eines brodelnden Kraters/...«	Klassifizierung von Erfahrung und mögliche Neubeschreibungen

Tab. 1: Sprachliche Äußerung und atmosphärische Zuordnung

Eine andere aus der Beschreibung grammatischer Strukturen gewonnene Sammlung könnte so beginnen:

Grammatische Strukturen und Atmosphäre

Attribution

Das Wort »Atmosphäre« erlaubt eine Fülle von Attributionen, die nach semantischen und pragmatischen Kriterien kategorisiert werden können:

- Mehr oder weniger direkte Wertungen:
- gut, schlecht, übel, aufheiternd, frei ...
- Semantische Räume und ihre Möglichkeiten, bspw. der Skalierung
  - Temperatur: heiß, unterkühlt, lau ...
  - Raumerleben: weit, offen, eng, verklemmt, verschlossen, gemütlich (wohnlich) ...
  - Zeiterleben: gemütlich (zeitlich unbehelligt), langweilig
  - Wetterstimmung: trüb, heiter, stürmisch ...

Komposita

Die Wortbildungsregeln des Deutschen (Fleischer 2012) erlauben unendlich viele Nominalkomposita (Zusammensetzen einzelner Nomina zu Ketten) mit zwei oder mehr Bestandteilen (berühmt: »Donaudampfschifffahrtskapitän«, beliebig erweiterbar durch »... spatent«, »... sliebeskummer« u. v. m.). Darüber können als spezifisch erlebte Atmosphären zum Ausdruck gebracht werden: *Bierzelt*atmosphäre, *Theater*atmosphäre, *Bank*atmosphäre, *Winter*atmosphäre ...

Häufig werden statt Komposita Attributionen genutzt: *winterliche* Atmosphäre.

Es können auch besonders zugeschriebene »Fähigkeiten« in Bezug auf atmosphärische Wirkung in Komposita ausgedrückt werden: Atmosphären*killer*, Atmosphäre*papst*, Atmosphären*garant* ...

Häufig auch in Form von Präpositionalstrukturen: *Garant für* eine stimmungsvolle Atmosphäre ...

Subjekt-Objekt-Positionen und Aktiv-Passiv-Formate (Mitspieler, Beteiligte)

Unterschiedliche Bezugnahmen auf Atmosphären bedeuten unterschiedliche Präsenz der und Fokussierung auf die jeweils Beteiligten und deren Rollen als Erlebende oder Gestaltende. Das erlaubt u. a. Hypothesen über die Perspektive dessen, der spricht.

Allgemein:	»Hier geht's heiß her.« »Da steht förmlich die Luft.« »Ou, ou, ou, ou, ou.« (Begleitet von spezifischen Handbewegungen.)
Aktiv:	»Fred heizt die Atmosphäre hier auf, indem ...«
Passiv:	»Die Atmosphäre dort lähmt mich.« »Ich wurde von der Kälte in diesem Laden dort regelrecht erfasst.«
Aktiv und Passiv:	»Wenn wir uns weiter so anbrüllen, kann's nicht besser/lockerer/... werden« »Wenn wir erstarren, kommen wir nicht weiter«

Tab. 2: Atmosphärische Beeinflussung – aktiv und passiv

Mit der Idee im Hinterkopf, Atmosphären sowohl als metaphorisch strukturierte wie auch als wirklich erlebte und erfahrene Phänomene anzunehmen – was sich ja nicht widerspricht! –, können wir nun fragen: Welche Möglichkeiten gibt uns die Rede von Atmosphären im Bereich zwischenmenschlichen Handelns und Erlebens grundsätzlich an die Hand?

Grundthesen

Wir kennen Atmosphären als von uns unabhängig erlebte Größen, zugleich kennen wir unsere und tausenderlei andere Beiträge zu dem, was wir dann als wie unabhängig von uns geschehend erleben. Wir kennen die eigenartige Beeinflussbarkeit und zugleich Nichtbeeinflussbarkeit von Atmosphären im alltäglichen Leben, von massiven Versuchen der Einflussnahme (denken wir an Volksfeste, »Silbereisige« Schlagerparaden, den politischen Aschermittwoch, emotional aufwühlende oder eher gemütlich beruhigende Erkennungsmelodien von Talkshows u. Ä.), und wir wissen von scheiternden Versuchen, entstandene Gegebenheiten zu ändern (z. B. wenn es Streit gibt und wir kein Ende finden).

Hier folgen einige *Grundthesen* mit kurzen Kommentaren zum Phänomen des Atmosphärischen in zwischenmenschlichen Wirklichkeiten:

1) *Was wir als Atmosphären erleben und beschreiben – im uns hier interessierenden Sinn – kann immer als hergestellt beschrieben werden. Es wird aber meist nicht – oder nicht mehr – als hergestellt erlebt.*
Wenn wir von Atmosphären reden, liegt der Fokus meist auf dem Erleben von Gegebenheiten, die für uns einfach irgendwie da sind. »Hier liegt was in der Luft«, sagen wir oder »Man konnte es schon förmlich knistern hören«. Es ist uns, wenn wir so reden, zwar meist bewusst, dass es verschiedene Beiträge zu dem gibt, was wir dann als vorherrschende Atmosphäre erleben. Lediglich fokussieren wir bei Atmosphärischem in der Regel nicht auf isolierte Beiträge oder Effekte.[34]

Anders ist es, wenn wir etwa davon sprechen, dass die Atmosphäre jetzt nur zu retten sei, wenn die und die kommt oder wenn der und der geht oder wenn jemand mal gelassener reagierte etc. Es ist immer möglich, den Fokus auf all das und auf Einzelnes im Besonderen zu richten, das zu der erlebten Atmosphäre beiträgt. Doch wäre damit nicht gesagt, dass alle Beiträge, zusammen genommen, zwangsläufig zu dieser oder jener Atmosphäre führen müssen. Atmosphären sind Emergenzphänomene und werden synästhetisch erlebt. Die Möglichkeit, überhaupt Einfluss zu gewinnen auf atmosphärisches Geschehen, kommt allerdings nur in den Blick, wenn Atmosphäre als hergestellt gesehen wird, auch wenn sie meist eher so erlebt wird, als stelle sie sich irgendwie ein.[35]

Im folgenden Erlebnis, bei dem dabei zu sein der Verfasser das Glück hatte, kommt dies schön zum Ausdruck.

---

34 Die diffizilen Unterscheidungen zwischen den Sprachspielen Gefühl, Emotion, Stimmung und Atmosphäre und ihren jeweiligen Intentionalitätsverhältnissen lassen wir hier ausgeblendet, sie spielen aber im Rahmen einer vertieften Beschäftigung – (und Ausbildung) – mit (und zu) zwischenmenschlicher Atmosphärologie eine wichtige Rolle.

35 Man könnte hier mutig auch von einer *Autopoiese* von Atmosphären und atmosphärischen Gegebenheiten sprechen. Eine an sytemtheoretischen Konzepten orientierte Konzeptionalisierung von Atmosphären im Kontext der Autopoiese sozialer Systeme als Phänomene der dritten Art wird im Rahmen eines umfangreicheren Buchprojektes vorgenommen werden.

Im Verkaufsraum einer wegen ihrer meist günstigen Treibstoffpreise stark frequentierten Tankstelle stehen zehn Menschen und möchten bezahlen. Die elektronische Zahlstation ist vorübergehend ausgefallen. Die meisten der Kunden haben Kredit- oder EC-Karten in der Hand und nicht genügend Bargeld dabei, um ihre Rechnungen ohne Kartennutzung zu begleichen. Diejenigen, die genügend Bargeld dabeihaben, zahlen, unabhängig davon, ob sie unter normalen Umständen an der Reihe gewesen wären. Füße trippeln, Gesichter verziehen sich, Köpfe werden geschüttelt, man sieht rollende Augen, hört vereinzeltes Stöhnen und Äußerungen wie »Gibt's doch nicht«, »Das muss doch funktionieren, so was«, »Ausgerechnet jetzt, wo ich doch ...« usw. Einer der beiden Kassierer telefoniert mit der Hotline des Abrechnungsinstitutes, tippt Codes in den Rechner. An den Zapfsäulen bilden sich Staus, tankwillige Menschen schauen durch die Scheibe in den Verkaufsraum, manche winken mit den Zapfhähnen. Man hört Äußerungen wie »Was'n los!?«.

Einer der mit der Karte in der Hand Wartenden dreht sich zu den anderen und sagt: »Jetzt stehen wir hier zusammen, um Sprit zu zahlen. Man stelle sich vor, wir stünden hier zusammen, weil wir alle miteinander in einen Unfall verwickelt sind und auf Polizei und Rettungsdienst warten.« Die meisten der Wartenden lachen, man hört Äußerungen wie »Wär schlimmer, stimmt«, »Na ja, also...«. Einer sagt: »Jetzt könnten wir wenigstens eine Tüte Chips gestellt kriegen, und dann sehen wir entspannt weiter.« Ein weiterer sagt: »Dann wird das hier 'ne Party.« – Der zweite Kassierer reicht der Gruppe zwei Tüten Chips. Die Tüten werden geöffnet. Ein Gespräch über Berufe, Familien, Automarken entsteht. Man hört vereinzelt Lachen. Von draußen kommen Menschen herein und fragen, ob jemand Geburtstag habe oder warum es hier denn nicht weitergehe.

Nach einigen Minuten zeigt der Kassierer, der mit der Hotline telefoniert hatte, an, das Kartengerät gehe wieder. Er wird erst nach einer ganzen Weile von einigen Anwesenden bemerkt, als er etwas lauter in den Raum ruft.

Nacheinander zahlen die Wartenden.

2) *Der Begriff bzw. das metaphorische Konzept »Atmosphäre« bewegt sich auf der unscharfen und durchlässigen Grenze zwischen zwei polaren Aspekten: Naturgewalten (nicht beeinflussbares Geschehen bzw. nicht beeinflussbarer Zustand) und Artefakten (hergestelltes Geschehen bzw. hergestellter Zustand). Es braucht, will man etwas damit anfangen können, zwar den*

Bezug zu dieser Unterscheidung, aber nicht immer eine Entscheidung zwischen beidem.

3) Die unterschiedliche Fokussierung auf einen der beiden polaren Aspekte, vor allem aber die Möglichkeit der Bewegung auf dem durch diese Polarität ausgespannten, skalierbaren Raum macht den Begriffsraum »Atmosphäre« mobil und elastisch und eben dadurch erlebensangemessen. Zugleich werden wir befähigt, eigene Beiträge und eigene atmosphärische Möglichkeiten zu erforschen, sowohl im aktiven, gestalterischen wie auch im passiven, »erleidenden« Modus (siehe These 5).

Damit soll auf eine Gefahr und gleichzeitig eine Chance hingewiesen sein, die im Doppelcharakter von Atmosphären als Geschehendem bzw. Entstandenem und zugleich Gemachtem bzw. Hervorgebrachtem liegt: Die Adressierung von Verantwortung für Atmosphären erfolgt häufig aus dem verengten Blick auf ausgewählte Beitragswirksamkeiten, die aus dem Fokus auf den Herstellungspol resultieren: »*Der* trägt die ganze Stimmung raus hier«, sagen wir, oder: »*Damit* haben *die Musiker* das Fest erst zu dem gemacht, was es war« (je nachdem in dieser oder jener Bewertungshaltung ...). Oder: »Unter diesen *Umständen* kann man einfach keinen *Unterricht abhalten.*« Die Umstände können räumliche sein, zeitliche, akustische, aber durchaus auch solche, die mit Vorgaben von Lehrplänen, Stundenplänen oder Verhaltenserwartungen an wen auch immer zu tun haben. Diese Beobachtungen und Zuschreibungen können zutreffen oder nicht, und sie können gute Veränderungen bewegen – oder auch nicht. In jedem Fall besteht die Möglichkeit, den Blick bzw. das gesamte atmosphärische Erleben auf allen Sinneskanälen wie bei einer Re-Zoom-Bewegung mehr in Richtung einer Totalen zu lenken und das Geschehen als ein Ganzes wahrzunehmen. Schon aus diesem Verzicht auf Einzelheiten lassen sich interessante Beobachtungen und Beschreibungen menschlicher Verhältnisse und unseres Verhaltens darin gewinnen. Irgendeine Adressierung von Verantwortung muss gar nicht sein und ist für das Erfinden von Ideen für alternative Verhältnisse und »Verhaltnisse« nicht immer hilfreich, oft sogar hinderlich.

Von dieser Wahrnehmung ausgehend, ergeben sich Möglichkeiten, bei einer erneuten Fokussierung vielleicht ganz anderes Beitragswirksames heraustreten zu lassen, atmosphärologisch gesprochen: andere *Aktanten*:

4) Die Einnahme verschiedener Perspektiven aus der Position heraus, die den Herstellungsaspekt von Atmosphären fokussiert, erlaubt die Beob-

*achtung verschiedenster Aktivitäten, »Dinge« und anderer »Gegebenheiten«
(z. B. Zeit), die als atmosphärisch wirksam erlebt werden. Wir nennen sie
Aktanten. Aktanten stehen für unterschiedliche Möglichkeiten der Beitrags-
wirksamkeit bezüglich eines atmosphärischen Geschehens.*

*5) Mit den getroffenen Unterscheidungen werden auch Unterschei-
dungen der je eigenen aktiven und passiven Beteiligung, bezogen auf Atmosphären ermöglicht und besprechbar. Wir nennen sie die Pole »Agens«
und »Patiens«. Auch hier gibt es einen durch die beiden polaren Aspekte
ausgebildeten, skalierbaren Raum (siehe These 3).*

Mit dem Begriff »Aktant« soll das Potenzial aller möglichen Gegenstände, Phänomene und/oder Aktivitäten angesprochen sein, für
Atmosphären beitragswirksam zu sein. Auf Einschränkungen oder
mögliche Klassifikationen wird vorerst bewusst verzichtet. Klassifikationen unterliegen ohnehin einem Praxisvorbehalt. Wir kommen bei
der Vorstellung des atmosphärischen Kompasses kurz darauf zurück.
Die Betonung im Begriff des Aktanten liegt auf dem Potenzial, weshalb
nicht von »Akteuren« gesprochen wird. Aktanten können, kriminalis-
tisch gesprochen, zuweilen Schläfer sein ...

Von besonderem Interesse ist natürlich die Wahrnehmung eigener, persönlicher Beitragsmöglichkeiten (im doppelten Wortsinn
von »Wahrnehmung«). Bei anderen Menschen sind wir uns ihrer
atmosphärische Wirksamkeit oft sehr sicher und bringen dies auch
entsprechend zum Ausdruck (per Stoßseufzer: »Typisch Brigitte, die
Sitzung ist gerettet«, per Vorahnung oder Vorwarnung: »Wenn der
Eigentümer dabei ist, kann es nicht entspannt zugehen« usw.). Wir
unterstellen dabei häufig eine klare Möglichkeit der Zuschreibung
direkter Kausalität.

Abb. 6: Direkte atmosphärische Beeinflussung?

Wenn wir uns selber als derartig beitragswirksam beschrieben sehen –
und zwar für alle Fälle, z. B. als fixe Eigenschaft unseres Charakters

etc. –, ist das nicht immer erfreulich und weckt womöglich Zukunftserwartungen, und wir reagieren darauf eher mit Beschwichtigungen oder Dementis.[36]

Wir sind uns darüber im Klaren, dass wir wechselseitig füreinander atmosphärisch wirksam sind, allerdings nicht immer darüber, wie diese Wechselwirkungsverhältnisse angemessen zu beschreiben wären. Hierin liegt eine Chance, unentschieden und neugierig zu bleiben, um von dort aus Entscheidungsideen für neue atmosphärische Beiträge zu gewinnen:

6) Der Fokus auf zwischenmenschliche Atmosphäre erlaubt es, Szenarien und Methoden ihrer Beobachtung in organisierten Formen menschlichen Zusammenseins zu entwickeln (Unternehmen, Schulen, politische Parteien etc.). Dabei können individuelle Verhältnisse und individuelles Verhalten darin und dazu bemerkt und beobachtet werden. Daraus können darauf bezogene Handlungsoptionen entwickelt werden sowie besondere Möglichkeiten für Konsultation und Beratung in diesen Kontexten.

Bevor das Schaubild des atmosphärischen Kompasses (Abb. 7) mit einer daran anschließenden Übungsmöglichkeit und eine weitere atmosphärisch-grammatische Übung vorgestellt werden, folgen zuerst Hinweise auf ein paar Vorteile der Fokussierung auf zwischenmenschliche Atmosphären und einige Tipps zur Entwicklung atmosphärischen bzw. atmosphärebezogenen Denkens und Handelns.

Vorteile des Fokus »Atmosphäre«

1) Wenn wir von Atmosphären reden, sind wir nah am Erleben der Beteiligten und an ihrem gewohnten Reden darüber. Man kennt sich schon aus.

2) Von dort her kann man versuchen, Begrifflichkeiten attraktiv zu machen, die an diesen schon bekannten und mehr oder weniger ausführlich reflektierten Begriffsraum anschließen und weitere Möglichkeiten der Beobachtung und Besprechung bereitstellen (zum Beispiel die genannten Polaritäten »Geschehen und Herstellung«, »Agens und Patiens« sowie das Konzept »Aktanten«).

3) Diese Beobachtungen und Begrifflichkeiten laden ein, Kompetenz und Handlungsfähigkeit zu erleben mit Blick auf eigene

---

36 Von hier aus lassen sich Überlegungen anstellen und Untersuchungen angehen zu Mobbing im atmosphärischen Kontext bzw. zum atmosphärischem Mobbing u. Ä.

Möglichkeiten der Verantwortung, Führung und Sorge für erlebte und gelebte Atmosphären.

4) Sie erlauben, Atmosphären auch als entscheidungsfähig zu konzeptionalisieren und zu erleben. Sie erlauben, die Wahrnehmung eigener Beiträge zu Atmosphären sowie von Möglichkeiten des Ertragens von Atmosphären zu schärfen und zu üben.

5) Adressierungen von Schuld- und Absichtszuschreibungen sind nach wie vor möglich, aber nur begrenzt konzeptionalisierbar. Sie sind begründungsbedürftig. (Es sei denn, man ist an eher okkulten Verständnissen von Atmosphäre interessiert. Aber auch dafür muss man die Konzepte bereitstellen und sie begründen, wenn man nicht auf schiere Unterordnung setzen will.)

6) Über den Bezug zu systemtheoretischen Begriffsangeboten[37] bestehen gute Chancen, zum einen den Emergenzcharakter von Lebensumständen in zwischenmenschlichen Kontexten als Atmosphären zu konzeptionalisieren, zum andern sie dennoch als hergestellt beschreibbar zu halten. Dies hilft nicht zuletzt dabei, Chancen zur Veränderung zu finden (möglichst zur Verbesserung).

Eine Art »Atmosphärischer Intelligenz« entwickelt sich in der Untersuchung des sprachlich-begrifflichen Konzepts bzw. des Sprachspiels »Atmosphäre«, seiner metaphorischen Anlage und im Anschluss daran in der Entwicklung neuer, persönlicher Kompetenzen, Atmosphäre als einen Teil menschlicher Lebensverhältnisse zu konzeptionalisieren und erweiterte Handlungsfähigkeit darin zu gewinnen. Atmosphärische Intelligenz besteht nicht in einfachen Rezepten; das würde der phänomenalen und sprachspielerischen Komplexität nicht gerecht. Dennoch sollte man sich nicht scheuen, rezeptähnliche Merksätze zu formulieren.[38] Das schützt davor, den mystifizierenden Verweis auf Komplexität dann in Anspruch nehmen zu wollen, wenn man den lähmenden Rückzug in die Unverbindlichkeit antreten will.

Deshalb seien hier einige solcher Tipps[39] serviert, jeweils mit einem Vorschlag, sie mit einer griffigen Begriffsmarke auszustatten:

---

37 Dieser Bezug ist im Rahmen dieses Beitrages nur assoziativ und über wenige Hinweise erfolgt und würde in ausführlicher Form diesen Rahmen sprengen, ist aber *under construction*.

38 Siehe die Form der Zehn Gebote in unterschiedlichen Einführungen von Fritz B. Simon (vgl. z. B. 2010).

39 Die erste Vorlage zu einer Sammlung solcher Tipps erfolgte durch Raimund Schöll im Rahmen gemeinsam durchgeführter Seminare.

Tipps zur Entwicklung und Anwendung atmosphärischen und atmosphärebezogenen Denkens und Handelns

1) Vertrauen Sie Ihrem Gefühl, und nehmen Sie wahr, was Ihnen Ihr Körper (oder Ihr »gefühlter Sinn«) zu gegebenen Situationen signalisiert. *(Atmosphärische Resonanz.)*

2) Versuchen Sie, in erlebten Atmosphären – ganz gleich, wie Sie sie in Ihrem Erleben bewerten (als gut, schlecht, unangenehm, angenehm, förderlich, grässlich ...) – herauszufinden, welche Aktanten im Spiel sind und welcher Aktant Sie selbst sind und für wen. *(Atmosphärische Besetzung und Adressierung.)*

3) Beobachten Sie Sprachspiele, Habitusformen, Beziehungsgestaltungen der Menschen, mit denen Sie gerade sind, und welche davon Sie anbieten. *(Atmosphärischer Markt.)*

4) Fragen Sie sich, ob Sie eine Atmosphäre beeinflussen können oder wollen, ob Sie das jetzt entscheiden sollten und gegebenenfalls wie. *(Atmosphärische Balance.)*

5) Fragen Sie sich, ob Sie sich gegenüber einer erlebten Atmosphäre anders positionieren können (sie z. B. verlassen oder in sie eintreten oder wie sie aushalten) und was Sie tun können, wenn Sie an der Teilhabe wenig oder nichts ändern können. *(Atmosphärische Resilienz.)*

6) Bringen Sie, wo es Ihnen günstig erscheint, Atmosphäre ins Gespräch. Über das Wetter zu reden ändert nicht das Wetter, aber vielleicht die Wahrnehmung der Möglichkeiten, darin was anzufangen. Das Thematisieren von zwischenmenschlicher Atmosphäre oder das Reden darüber kann diese Atmosphäre schon beeinflussen. *(Atmosphärische Performativität.)*

7) Pflegen Sie Ihre Neugier darauf, was Sie über Atmosphären noch nicht kennen und was Ihnen diese Perspektive alles ermöglichen wird. *(Forschungschancen über den Fokus Atmosphärologie.)*

8) Welche Möglichkeiten zur Kopplung mit anderen Perspektiven und Konzepten nehmen Sie wahr? *(Gegenseitiges Dienstleistungsverhältnis von Konzepten und Methoden.)*

Die beiden folgenden, in vielen Anwendungen bewährten Übungen bzw. Begleitformen sind hervorgegangen aus Beratungen, die sich im Zusammenhang von Problemerleben und Fragestellungen ergeben haben, die Klientinnen und Klienten ausdrücklich als zwischenmenschlich-atmosphärische wahrgenommen und bezeichnet haben, und die sie beschäftigen und bedrücken. Sie werden immer wieder variiert und weiter entwickelt.

Ein atmosphärischer Kompass

Der *atmosphärische Kompass* zeichnet eine reduzierte Zusammenfassung von aus der Sicht des hier skizzierten Konzepts beitragswirksamen Aktanten und Polaritäten in einem Kreisbild. Aus diesem Kreisbild heraus lassen sich einige Schwerpunkte bilden, von denen her ein atmosphärisch befragungswürdiges Geschehen angeschaut und auf einige Einflussmöglichkeiten hin befragt und vielleicht beurteilt werden kann.

Wir beschränken uns hier auf eine individuelle, bezogene Sicht. Komplexere Formen für Gruppen oder Teams oder Anwendungen auf der Ebene größerer sozialer Systeme bedürfen einer ausführlicheren Beschreibung, für die hier der Raum nicht gegeben ist.

Ich zeige eine stilisierte Flipchartzeichnung, da eine solche den Situationen, in denen der angesprochene Kompass eingesetzt werden kann, am nächsten kommt (siehe Abb. 7; die Idee zur Form »atmosphärischer Kompass« stammt von Raimund Schöll).

Die folgende Beschreibung eines möglichen Prozedere der Arbeit mit dem Kompass ist stark verkürzt.

Die Längsachse symbolisiert zwei Pole möglicher Aktanten. Oben verorten wir mehr oder weniger »harte« Fakten wie Orte, Dinge, Zeiten, etc. Man könnte argumentieren, dass es sich hier – im Umgang mit ihnen – sämtlich um kulturell geformte Tatsächlichkeiten handelt und sich darin divergente Erfahrungen und Formen der Verwirklichung dieser »harten« Fakten finden werden. Sie bilden aber für den praktischen Bedarf – z. B. dafür, in einer Beratungssequenz gemeinsam mit Klienten hilfreiche Sortierungen zu finden – einen hinreichenden Unterschied zu den ans untere Ende der Längsachse sortierten, eher »weichen« Wirklichkeiten wie Kommunikation, sozialer Habitus, Beziehungen etc. Es ist unnötig, eine genauere Sortierung zu haben – was sollte sie bedeuten oder nützen? In der konkreten Arbeit mit dem Kompass verhandeln Klient und Berater die Zuordnungen von Aktanten und Aktantenbündeln und benennen sie über Kärtchen, Bilder o. Ä., bis für den Klienten eine Wirklichkeits- und insofern

Wirksamkeitsabbildung zustande gekommen ist, die für seine Erfahrung »stimmt« oder »passt« und, vor allen Dingen, für die gegebene Fragesituation hinreichend vollständig ist. Ein anderes Maß gibt es nicht und hat meiner Erfahrung nach auch gar keinen Sinn, sondern führt eher wieder zu Schraubenschlüssel-und-Muttern-Denken.

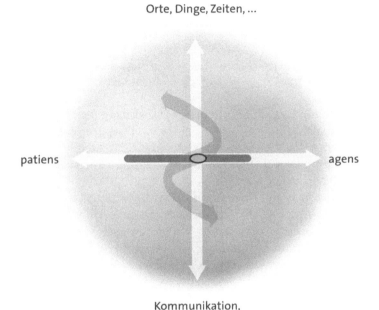

Abb. 7: Der atmosphärische Kompass

Die Konkretisierung und Symbolisierung der Aktantenbereiche können am Chart, Magnetboard oder – häufig am sinnvollsten – auf dem Boden durchgeführt werden.

Schon diese Verteilung erlaubt eine Schau der aus Klientensicht zu diesem Zeitpunkt erlebten Beteiligungen.

Die Querachse symbolisiert mögliche Positionierungen des Fragenden zur atmosphärischen Gemengelage. Zugleich entstehen durch die beiden Achsen vier Sektoren mit Bezug zu den jeweiligen Aktantengruppen und mehr oder weniger ausgeprägter Polarisierung zum Erleben als Agens oder Patiens.

Es empfiehlt sich nun – in der Imagination oder, oft besser, im am Boden einigermaßen weiträumig aufgespannten Bild –, mit der Einnahme der eigenen Position als Patiens zu beginnen, beispielsweise, indem man sich auf sie stellt. Voraussetzung für eine Durchführung der Konsultation ist die tatsächliche Positionierung durch Stellen nicht. Es kann vollkommen in der Vorstellung unter Zuhilfenahme des Kompassbildes gearbeitet werden. Fragen des Beraters beziehen sich nur auf Befinden und Erleben des Klienten in Bezug auf die gesamte Szenerie oder einzelne Aktanten und mögliche Agens-Patiens-Polaritäten. Von dort her wird nun die Szene langsam und ausführlich angeschaut. Möglicherweise fällt auf, dass ein Aktant fehlt. Dann wird er »nachgelegt«.

Dann kann eine langsame Bewegung entlang der Querachse hin zum Agenspol erfolgen – unter genauem Hinspüren bezüglich dessen, was sich zeigt, ändert, zu welchen der Quadranten sich welche Neigungen ergeben, usw. Es können auch Positionen in verschiedenen Sektoren ausprobiert werden.

Sehr häufig ergibt sich ein ziemlich klares Signal, auf welche Aktanten bezogen der Klient sich jetzt als wirksam erleben könnte – oder als nicht wirksam, ob das seinen Wünschen oder Idealen entspricht oder nicht. Von dort her kann jetzt das Angebot erfolgen, Fragen und Ideen zu behandeln, wie diese Wirksamkeit aussehen oder das Erleben der Nichtwirksamkeit betrachtet werden könnte. Voraussetzung für den Nutzen der Konsultation ist auch das nicht. Es muss auch gar nichts ausgesprochen sein. Und wann die Reise zu Ende ist, bestimmt der Klient – oder das vereinbarte Zeitbudget.

Eine andere Möglichkeit zur Repräsentation der eigenen Position in Bezug auf direkte Einflussmöglichkeiten oder Varianten des Erlebens und Sichbefindens in Atmosphären ist der »Atmosphärenschieber«. Die Repräsentanz dieses Schiebers ist durch ein gerade zur Hand befindliches Arbeitsgerät leicht zu bewerkstelligen. Es kann dies ein Feuerzeug, ein Filzstift, ein Lineal oder Ähnliches sein. Ich favorisiere längliche Formen; Kugeln oder Derartiges sind allerdings auch möglich. Es kommt darauf an, das Arbeitsgerät in der Vorstellung zu den Polen »Agens« und »Patiens« (oder »aktiv« und »passiv«, oder »Tun« und »Nichtstun«) hin zu skalieren und diese Skalierung über den Daumen oder einen Finger zu erfahren. Der Fantasie sind keine Grenzen gesetzt.

Über dieses Werkzeug kann man sich auf der in der Vorstellung skalierbaren Schiene zwischen Agens- und Patienspol mittels Bewegungen des Daumens (oder eines Fingers) entlang der Längsausrichtung des gewählten Arbeitsgeräts bewegen. Diese haptische Erfahrung hilft, atmosphärische Adressierungen leiblich zu erfassen und zu prüfen (siehe Grunwald in diesem Band).

Eine Fallbeispielgeschichte

Ein erfahrener Ingenieur wurde mit einer für ihn neuen, komplexen Führungsaufgabe betraut. Eine Folge dieser neuen Aufgabe bestand in der Anforderung, häufiger vor einer größeren Ansammlung von Menschen zu sprechen.

Der Ingenieur hatte die Erfahrung gemacht, dass er in solchen Situationen regelmäßig und erwartbar ins Stottern verfiel. Konsultationen eines Logopäden, die er aufgrund der neuen Aufgabe aufgenommen hatte, waren erfolglos geblieben.

Der Mann beschrieb seine für ihn irritierenden und peinlichen Erfahrungen mit Bezug auf Begrifflichkeiten, die im Bereich atmosphärischen Erlebens zu verorten sind.

Er nahm den Vorschlag, diese atmosphärischen Erfahrungen prüfend zu betrachten, gerne auf. Nach der Betrachtung seiner Erlebnisse und der für ihn bedeutenden Situationen mit dem atmosphärologischen Begriffsinstrumentarium ließ er sich auf den Vorschlag ein, mit dem Kompass und dem Atmosphärenschieber zu arbeiten. Letzteren repräsentierte er in der Arbeit durch einen Flipchartmarker.

Er nahm nach einer kurzen Imaginationsarbeit mit dem Atmosphärenkompass und dem Atmosphärenschieber diesen Marker mit zur nächsten anstehenden Gelegenheit, vor Publikum zu sprechen. Und er war in der Folge nicht überrascht zu erfahren: Das Stottern blieb aus. Und es blieb auch bei späteren ähnlichen Gelegenheiten aus.

Eine schöne, magische Geschichte, könnte man meinen. Die Wirkhypothese sollte aber nicht am magischen Marker oder Ähnlichem ansetzen und auch nicht einfach am atmosphärologischen Konzept als solchem, sondern allenfalls daran, dass der Versuch der Neubetrachtung mit diesem metaphorischen Konzept eine andere, noch ungewohnte Fokussierung auf Begleit- und Herstellungsumstände der immer wiederkehrenden Erfahrungswirklichkeit ermöglichte, die in irgendeiner Art und Weise vielleicht Erwartungsrahmen gebildet hatten, die nun irritiert und entkräftet worden waren (siehe Bernhard Trenkles Ausführungen zu Musterunterbrechungen in diesem Band).

Auf eine Eigenheit der Position »Patiens« sei noch hingewiesen, insbesondere, wenn sie am Schluss der Konsultation (noch einmal) eingenommen wird. Hier hat sich häufig die Frage bewährt: »Was tue ich, wenn ich nichts tun kann/wenn ich glaube, nichts tun zu können?«

Bei der Arbeit mit einem Berufsoffizier beispielsweise, der einen neuen Verantwortungsbereich übernommen hatte, erwies sich die Position »Patiens« in Bezug auf die gesamte ausgestaltete Szenerie als ausgesprochen (im wörtlichen Sinne *ausgesprochen*) »kommod« und ausgestattet mit dem größten erlebten Potenzial an zukünftiger Wirksamkeit – z. B. dadurch, dass diese Position für eine gewisse Zeit die beste Möglichkeit versprach zu beobachten, was passiert, und zu reagieren. Es änderte sich, vorerst, die Verbalfunktion hin zu dieser Form: »Was kann ich tun, wenn ich nichts tue?«

Auch wenn sich vonseiten der Berater immer wieder vergleichbare Muster und Abläufe beobachten lassen – kein Wunder beim Arbeiten mit einem strukturierten Modell –, ist größte Vorsicht geboten, wenn sich plötzlich Schraubenschlüsselmuster zeigen ... (Vgl. zum Coaching Ohler 2011.)

Eine atmophänogrammatische Übung

Bei dieser Übung geht es darum, ein verlässliches Verlaufsmuster zu haben, mit dem der Berater den Klienten »führt«, das sich aber absolut und ausschließlich auf formale Aspekte beschränkt.

Den Kern bildet die grammatische Struktur der Verbvalenz.

Der Germanist und Sprachwissenschaftler Hans Jürgen Heringer – inspiriert von philosophischen Untersuchungsmethoden Ludwig Wittgensteins – hat einmal sinngemäß geäußert: Ein Verb, das ist, wie wenn man in einem dunklen Zimmer das Licht anmacht. Mit einem Schlag ist eine Szene da.[40] Solche durch Verben eröffnete Szenen geben interessantere Untersuchungsszenarien her als verdichtende Nomina wie »Beratung« o. Ä.

---

40 Hans Jürgen Heringer gehörte in den 70er-Jahren des 20. Jahrhunderts zu den Begründern einer u. a. an Überlegungen Ludwig Wittgensteins orientierten Praktischen Semantik (vgl. z. B. Heringe ret al. 1977).

Diese Idee aus der praktischen Sprachwissenschaft fand besonders in der Deutschen Demokratischen Republik (DDR) Anwendung, wenn es darum ging, Deutsch als Fremdsprache zu unterrichten.[41] Die sogenannte Valenztheorie – die ursprüngliche Idee stammt aus der Chemie und wurde metaphorisch übernommen – geht davon aus, dass Verben bestimmte Wertigkeiten, sogenannte Valenzen haben, mit deren Hilfe wohlgeformte (vollständige) Sätze gebildet werden. Das soll in diesem Zusammenhang bedeuten, dass einem Verb Mitspieler an bestimmten funktionellen Positionen eines grammatisch korrekten Satzes zugeordnet sind.

Ich bitte diejenigen Leser, die jetzt möglicherweise eine Retraumatisierung über Erinnerungen an öde Deutschstunden erfahren, um Nachsicht. Betrachten wir – kurz – ein Beispiel: Manche Verben, wie »schenken«, verlangen drei solcher Mitspieler in der Szene und ihre sprachlichen Kollegen im Satz: jemanden, der schenkt; jemanden, dem geschenkt wird; und das, was geschenkt wird. Mit den Worten Heringers: Es wird eine Szene eröffnet, die vollständig oder unvollständig ausgeführt sein kann.

In dem Beispielsatz

1) Martina schenkt Ludwig ein Coachingbuch.

sind alle drei Positionen auf der Satzebene ausformuliert.

Im Satz

2) Ludwig schenkt ein Wittgenstein-Buch.

ist nicht ausgedrückt, wem Ludwig das Buch schenkt. Der Satz ist aber grammatisch korrekt – jedenfalls würden das wohl die meisten so beurteilen. Besonders da, wo nähere Angaben dabei sind wie »gern«, »oft«, »lieber« usw.

Den Satz

3) schenkt ein Beratungstool.

würden wir nach den vorigen Kriterien zunächst eher als nicht korrekt bezeichnen – es sei denn, wir verstehen ihn als Befehl. (Als Befehl

---

41 Vgl. z. B. Helbig u. Schenkel (1980).

findet er sogar häufig Verwendung, etwa in der Werbung: *Schenkt MonChéri!* oder ähnlich.)

In ihrer nominalen Form – z. B. »Geschenk« oder »Coaching« – sind diese szenischen Positionen wie versteckt.[42] Alle diese Positionen sind durch klassische W-Fragen zu erfragen: wer, wem, was usw. Des Weiteren sind nähere Bestimmungen möglich, die aber für »grammatische Vollständigkeit« nicht notwendig sind. Natürlich können auch sie erfragt werden: wann, wo, wie, warum etc.? Zwar geht es bei alldem um formale Aspekte oder »Anforderungen«. Doch gerade sie öffnen die Szene und damit die interessanten Fragen, die wir jetzt an sie stellen können. Es ist hier nicht der Ort, weiter in Differenzierungen dieser Beschreibungsart hineinzugehen. Sie macht in jedem Fall deutlich, wie aus der Betrachtung sprachlicher Handlungsformen Möglichkeiten für Untersuchungen anderer gesellschaftlicher Aktivitäten oder sprachlich-sozialer Vorgegebenheiten (siehe auch Werbesprache) gewonnen werden können.[43]

Die Übung

Jede Frage enthält ein Verb. Auf diese Struktur ist absolut Verlass.

Im Fokus der Begleitübung stehen Fragen, die vom Klienten als für ihn atmosphärisch bedeutsam erlebt werden. Voraussetzung für eine gute Durchführung der Sequenz ist, vorher zu erklären und das Einverständnis zu erzielen, auf Information seitens des Klienten vollständig zu verzichten, ausgenommen Gesten, die signalisieren, dass ein weiterer Schritt unternommen werden kann.

Es spielt hier überhaupt keine Rolle, welches Verb die Frage, von der die Beratungs- oder, besser gesagt: die Befragungsbegleitungssequenz ihren Anfang nimmt. Es ist sicher ein Verb da. Das reicht völlig aus. Es spielt auch keine Rolle, ob Entweder-oder-Fragen u. Ä. den Anfang bilden – dies ist für manche andere Beratungsformate durchaus von Bedeutung.

Nun führt der Beratende, ohne das Geringste von der Frage des Klienten zu wissen, anhand der angegebenen Schritte die fragende

---

42 Die Valenzidee wurde im Übrigen auch auf die Untersuchung von Substantiven und anderen Wortklassen übertragen. Das lassen wir hier unberücksichtigt.

43 Im Grundgesetz der Bundesrepublik Deutschland steht beispielsweise geschrieben: »Eigentum verpflichtet.« Der Satz wird akzeptiert, obwohl nicht gesagt ist, wen zu was, was die Valenz von »verpflichten« eigentlich nahelegte.

Begleitung der vom Klienten nur in der Imagination absolvierten Fragereise durch. Am wichtigsten dabei ist zum einen, die Schritte komplett durchzugehen – es sei denn, von Klientenseite kommt, was ich schon erlebt habe, ein Hinweis, es sei grade etwas passiert und jetzt sei alles ausreichend klar. Zum anderen ist es wichtig, immer wieder nachzufragen, ob die Frage unverändert geblieben ist oder sich, wie fein auch immer, verändert hat. Letzteres ist wahrscheinlich und durchaus auch ein mittleres Ziel, aber nicht Voraussetzung eines möglichen Gelingens der Sequenz. Den Klienten in die Metaposition auf seine Frage hin zu verführen, ganz gleich, ob sie sich im Verlauf ändert oder nicht, ist in dieser Form die einzige »interventive« Strategie seitens des Beraters. Es ist aber ausreichend, über die Sequenz eine ausführliche imaginative Begehung der atmosphärischen Situation zu ermöglichen und zu schauen, ob sich dabei auch nur leise Andeutungen eines Handlungsimpulses ergeben. Meist ist das der Fall. Wo nicht, sei abschließend auch hier wieder vor dem Einsatz von Schraubenschlüsseln gewarnt – und sei es dieser Übung als eines solchen ...

Es ist natürlich denkbar, der Durchführung einer solchen Befragungssequenz eine Kompassarbeit folgen zu lassen, wenn das gewünscht ist.

Hier ein Vorschlag zur Begleitform, wie er sich im Laufe der Jahre bis jetzt entwickelt hat. Die aus phänomenologischer Forschung und Praxis bekannten Begriffe der *Reduktion* und *Epoché* dienen hier einem theoretischen Verständniszugang aus dieser Forschungs- und Praxisrichtung, die auch in diese Form aus eigener philosophischer Beschäftigung eingeflossen ist. Deshalb habe ich sie hier im Format belassen. Sie zu verwenden ist nicht Voraussetzung für eine Durchführung der Sequenz, wo sie stören, hilft es, sie schlicht zu ignorieren ...

Gleiches gilt hier für die Verwendung der Begriffe »Aktant«, »Valenz«, usw. Sie dienen der Anbindung an das hier vorgestellte Konzept, sollten aber vermieden werden, wo dieses Konzept nicht vorbesprochen wurde. Sie sind einfach zu ersetzen durch Formulierungen wie: »Wer oder was kommt denn alles in Szene/ins Bild/... mit Ihrer Frage?« Der Klient wird schon zeigen, ob er was mit der angebotenen Formulierung anfangen kann.

Phänomenologie, Grammatik, Atmosphäre – komplexe Übung als Anleitung zur Begleitung beim Befragen von Fragen

Konzeptionelle Beiträge u. a.

- »Wertigkeit« von Verben *(grammatische Valenz)*
- Wahrnehmungsweisen in Bezug auf gerade Vorhandenes *(»Anwesung« von Aktanten)*
- Ausklammerung von Vorhandenem *(phänomenologische Reduktion und Epoché).*

Die Schritte

I.

Formulieren Sie für sich eine Frage, die Sie beschäftigt ... – Und sehen Sie die Frage an ... Was setzt diese Frage »in Szene«? *(Valenzen und Aktanten.)*

Lassen Sie sich Zeit, eine ausführliche imaginierte Präsentation einer Szenerie sich entwickeln zu lassen, die örtliche, menschliche und weitere Beteiligungen zu erkennen gibt.

Sehen Sie sich Ihre Frage an. Prüfen Sie die »Valenzen«, die diese Frage anbietet (Verben). Probieren Sie aus, Ihre Frage anders zu formulieren. Oder lassen Sie sie gleichbleiben.

Was setzt die Frage jetzt in Szene? Ändert sich etwas? Ist es bedeutend?

Stellen Sie psychologisches und anderes »Wissen« beiseite *(epistemologische Epoché).*

II.

Nehmen Sie die Aktanten in die Sinne:

- visuell: Was sehen Sie?
- auditiv: Was hören Sie?
- kinästhetisch: Was tasten Sie?

- olfaktorisch: Was riechen Sie?

- gustatorisch: Was schmecken Sie?

Hat sich eine Sinnung besonders gezeigt? (Ist es bedeutend/wichtig?)

Richten Sie Ihre Aufmerksamkeit auf andere Modalitäten wie:

- Temporales: Wann?
- Lokales: Wo?
- irgendwas sonst: Irgendwas sonst?

III.

Arrangieren Sie die Szene neu, indem Sie zeitweise gewisse Valenzen/Aktanten ignorieren *(grammatische Epoché)*.

Achten Sie jetzt darauf, wohin sich Tendenzen für Sie richten, aktiv zu werden. Auf welche Aktanten oder Modalitäten beziehen sich Tendenzen?

Sie können die Schleife I bis III noch einmal oder mehrmals durchlaufen.

Stellt sich etwas ein wie: **ein Impuls, etwas zu tun?** – **ein Entschluss?**

Empowerment

Gary Bruno Schmid

Einführung: Verkörperter Geist oder denkendes Fleisch?

Seit der Antike, wenn nicht schon lange vorher, hat der Mensch über seinen verkörperten Geist bzw. sein denkendes Fleisch gerätselt. Xenophanes (geb. um 570 v. Chr.) hat dieses Rätsel so in Worte gefasst:

»Wenn die Pferde Götter hätten, sähen sie wie Pferde aus!«

Oder später sagte Michel de Montaigne (1533–1592):

»Der Gott der Gänse schnattert!«

Während der Ära der Französischen Revolution mischte sich Antoine de Rivarol (1753–1801), Schriftsteller und Royalist, in die Debatte über das Tierische im Menschen und vice versa ein, die auch seine Zeitgenossen umtrieb:

> »Viele Philosophen behaupteten, wenn das Tier wie wir geschaffen und der Mensch wie das Tier geschaffen wäre, würden wir Tiere und die Tiere Menschen sein. Wenn unsere Arme und Beine, sagt Helvétius, in Hufen endeten und wenn die Pferde Hände hätten, würden wir über die Felder galoppieren und die Pferde würden Städte bauen und Bücher und Gesetze schaffen«.

Die angeblich denkenden Pferde Amassis, Bento, Kluger Hans, Muhamed und Zarif des deutschen Juweliers und Tierpsychologen Karl Krall (1863–1929) faszinierten sogar den belgischen Dramatiker und Nobelpreisträger für Literatur (1911), Maurice Maeterlinck (1862–1949), der auch über die Intelligenz der Bienen (1900), Blumen (1907), Termiten (1927) und Ameisen (1930) veröffentlichte. Haben Pflanzen, haben Tiere Bewusstsein und, falls ja, woher stammt es? Kann das Bewusstsein je selber wissen, woher es stammt?

Entspringt das *Bewusstsein* – ähnlich einem Phasenübergang oder einer Zündung – dem zirkulären Zusammenspiel komplexer, sich selbst organisierender Informationsprozesse im lebenden Organismus, die man auch als *verkörperte Intelligenz* verstehen kann? Bewusstsein ist m. E. eine dem *gesamten* Organismus inhärente Eigenschaft und kann bislang nicht in einer spezifischen Untermenge von Neuronen lokalisiert werden (sogenannte Executive Function). Das (somatische) Gehirn scheint erst in seiner Gesamtheit hinreichend für Bewusstsein zu sein. Oder braucht es sogar ein verkörpertes Gehirn samt Sinnesorganen und Bewegungsapparat (Überhirn), um ein sogenanntes Extended Consciousness zu ermöglichen? Mit anderen Worten: Braucht das Gehirn einen Körper, um zu realisieren, dass es einen Besitzer und Beobachter »innerhalb« von sich selbst hat?

Nähern wir uns dem Problem einmal ganz praktisch: Wenn Sie denken, denkt Ihre Gehirnmasse oder Ihr Geist oder gar Ihre Seele? Wer sind *Sie* denn eigentlich? Wenn Sie traurig oder freudig sind, wie können Sie sicher sein, dass dieses höchstpersönliche Gefühl aus Ihrem Inneren heraus psychologisch, z. B. durch eine Begegnung, ausgelöst wurde oder eher biochemisch, z. B. durch eine hormonelle Veränderung (exogen/endogen)? Allein anhand der schwankenden Konzentrationen der verschiedenen Botenstoffe in Ihrem Körper lässt sich nicht feststellen, ob diese Konzentrationen biologisch über eine Pille oder psychologisch über die Sinnfindung im Gehirn verändert werden. In der Tat kann die reine Vorstellungskraft sowohl als Gift wie auch als Heilmittel wirken (Nocebo- bzw. Placeboeffekt – siehe Schmid 2009, 2010).

Selbstheilung im Erlebnis und Empowerment (Selbstbefähigung) im Ausdruck

Ich habe anderswo in Büchern, Vorträgen und Workshops die theoretischen, empirischen und praktischen Aspekte von Selbstheilung durch Vorstellungskraft erläutert (Schmid 2013, 2015). Zentral ist dabei der hypnosystemische Aufbau einer individualisierten Selbstheilungsgeschichte, die mithilfe der medizinischen Hypnose die Konditionierung der Immun- und Schmerzabwehr ermöglicht (Abb. 1[44]). Die Selbstheilungsgeschichte wirkt durch die Vorstellungskraft als erlebte Selbstsuggestion, die in Trance als posthypnotische Suggestion körperlich verankert wird, sodass die unbewusst immerwährende Wirkung der Selbstheilungsgeschichte auch außerhalb der Trance im Alltag und während des üblichen Tuns bewusst aufgerufen und verstärkt werden kann.

---

44 Die kursiv gesetzten Begriffe sind Fachbegriffe, die ich aus der Lehre der Salutogenese von Aaron Antonovsky (1923–1994) (Antonovsky 1967) jeweils dem entsprechenden Element zugeordnet habe.

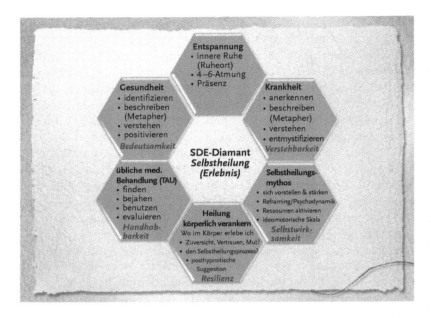

Abb. 1: Die sechs dramaturgischen Elemente zum Aufbau einer Selbstheilungsgeschichte zur Förderung eines Kohärenzgefühls; die kursiv gesetzten Begriffe beziehen sich auf Elemente in Anton Antonovskys »Salutogenetic model of health« (1979)

Der geschilderte Körper-Geist-Vorgang ist primär erlebnisorientiert und dementsprechend besonders für die Aktivierung und Stärkung von Psychoneuroimmunisations- und Schmerzlinderungsprozesse geeignet. Hierbei findet die eigentliche Therapie während des Erlebnisses der Selbstheilungsgeschichte in Trance und nachher durch Aktivierung der posthypnotischen Selbstheilungssuggestion statt.

Für die erfolgreiche Lösung von vielen eher psychodynamischen Prozessen ist zur Förderung der Selbstbefähigung eher ein ausdrucksorientierter Umgang mit den sechs dramaturgischen Elementen zum Aufbau einer Erfolgsgeschichte optimal. Dessen Struktur ist parallel dem Aufbau einer Selbstheilungsgeschichte (Abb. 2[45]). Aber die Erfolgsgeschichte wird vom Therapeuten im Rahmen eines halb struktu-

---

45 Die kursiv gesetzten Begriffe sind Fachbegriffe, die ich aus der fachübliche Dramaturgie – siehe z. B. unter: http://storymind.com [1.2.2016] – genommen und jeweils dem entsprechenden Element zugeordnet habe.

rierten Interviews aktiviert und dirigiert und im aktiven Wachzustand vom Patienten schauspielerisch durch seine verkörperte Intelligenz intuitiv aufgebaut und ausgedrückt.[46] Ist die Geschichte gelungen, endet sie mit einem Aha-Effekt. Hierbei findet die eigentliche Therapie während des Aufbaus der Erfolgsgeschichte durch den verkörperten Ausdruck der intuitiven Erfolgssuggestionen im Rollenspiel mit Aha-Effekt statt.

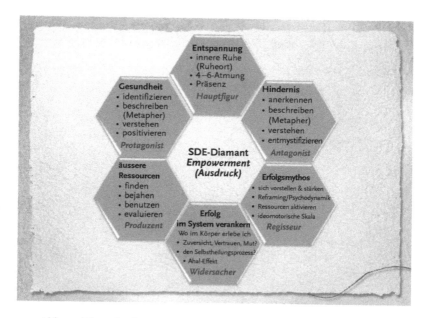

Abb. 2: Die sechs dramaturgischen Elemente zum Aufbau einer Erfolgsgeschichte zur Förderung der Selbstverwirklichung; die kursiv gesetzten Begriffe beziehen sich auf Elemente in der Dramaturgie

Die Dramaturgie zum Aufbau einer Erfolgsgeschichte

Wie der Patient in einer erlebnisorientierten Selbstheilungsgeschichte alle sechs dramaturgischen Elemente in sich vereinigt und gesamthaft in Trance erlebt (Abb. 1), so verkörpert und spielt der Patient sechs verschiedene dramaturgische Rollen in der ausdrucksorientierten Ent-

---

46 Obwohl ich nie mit NLP (dem Neurolinguistischen Programmieren) persönlich in Kontakt gekommen bin, werde ich in meinen Workshops gelegentlich von dem/der einen oder anderen darauf aufmerksam gemacht, dass diese Methode etwas NLP-haft sei.

wicklung einer in sich stimmigen Erfolgsgeschichte (Abb. 2): Hauptfigur, Protagonist, Antagonist, Produzent, Regisseur und Widersacher. Statt um Gesundheit im Allgemeinen geht es bei der ausdrucksorientierten Darstellung eher um ein spezifisches psychodynamisches Ziel oder die Lösung eines Problems. Anstelle von Krankheit im Allgemeinen besteht hier ein spezifisches Hindernis oder Problem. Die äußeren Ressourcen, die in der erlebnisorientierten Geschichte eine übliche medizinische Behandlung repräsentieren, werden hier von einem Produzenten ausgedrückt, der in der Regel auch eine sogenannte Story Line samt Wendepunkt für die Erfolgsgeschichte im Sinne hat.

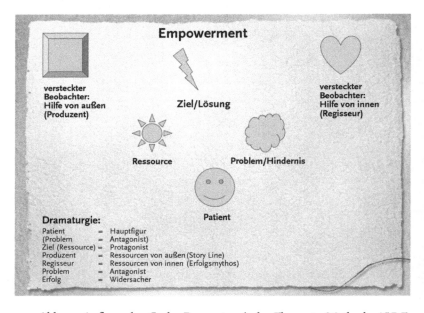

Abb. 3: Aufbau der Sechs-Dramaturgische-Elemente-Methode (SDE-Methode) für Empowerment. Das Rollenspiel verläuft in der Reihenfolge der Auflistung der Elemente unter der Überschrift »Dramaturgie«. Die Zeile in Klammern, »(Problem = Antagonist)«, deutet darauf hin, dass das Problem am Anfang bloß mitgeteilt bzw. festgelegt und erst nach der Ressource, dem Produzenten und dem Regisseur ausgedrückt wird. Der Begriff »Ressource« in der dritten Zeile in Klammern nach dem Begriff »Ziel« betont, dass die Ressource hier nur stellvertretend für das Ziel ist.

Der Selbstheilungsmythos der erlebnisorientierten Geschichte wird hier zum Erfolgsmythos, der von einem Regisseur konzipiert und entlang der Story Line auf der Bühne des Lebens der Hauptfigur bzw. des Patienten gespielt wird. Der Produzent und der Regisseur, die zunächst den Patienten, sein Problem und auch sein Ziel beobachten, können als »versteckte Beobachter« während der Entwicklung der Geschichte verstanden werden (Abb. 3).

Nähere Erläuterung der verschiedenen Rollen

* *Die Hauptfigur hat ein Ziel, das sie im Verlauf der Geschichte erreichen will.* Jede Geschichte wird durch die Augen der Hauptfigur gesehen und ausgedrückt. Die Hauptfigur ist sozusagen die Person am Lenkrad der Geschichte, und sie kann Gas geben oder bremsen, die Gänge vor- oder zurückschalten. Es sollte klar sein, dass der Patient die Rolle der Hauptfigur innehat. Im Verlauf der Geschichte lernt sie sich selber aus verschiedenen Perspektiven kennen, indem sie auf ihrem Weg zum Ziel nacheinander die folgenden Rollen verkörpert.

* *Der Protagonist ist das Ziel, das von der Ressource repräsentiert wird.* Diese Ressource befähigt die Hauptfigur zum Erreichen des Ziels bzw. zur Lösung des Problems. Die Hauptfigur strebt danach, sich diese Ressource anzueignen, um die Geschichte erfolgreich zu Ende zu führen. Der Protagonist ist sozusagen sowohl Gaspedal als auch Motor und Getriebe samt Räder der Geschichte. Ohne Protagonist geht gar nichts. Die Therapie soll dem Patienten helfen, die Ressource, die ihn zum Erreichen des Ziels befähigt, selber zu verkörpern und auszudrücken bzw. zu erspüren, welche Botschaft diese Ressource für ihn hat.

* *Der Produzent hat eine Story Line im Sinn und bringt Ressourcen von außen ins Spiel:* seine Macht, Fähigkeiten, Beziehungen und Geld, um die Handlungen entlang dieser Story Line samt Wendepunkt zu realisieren. Der Produzent hat auch Erwartungen bezüglich des Titels und des Genres der Story, z. B. ob es sich bei der Geschichte handelt um: Doku, Drama, Horror, Komödie, Porno, SciFi, Thriller, Tragödie usw. Vielleicht definiert und etabliert er ein wagemutiges neues Genre und bietet dafür eine geeignete Plattform. Er liefert metaphorisch das Auto, zahlt für Benzin und anfällige Reparaturen auf dem Weg, auch für Übernachtungen und Verpflegung, die Statisten u. a. m. In der Metapher ist das Genre der Geschichte sozusagen der Autotyp: Familien-, Kasten-, Sportwagen, SUV, Lkw usw. Wenn der Patient die Botschaften und Absichten der Ressource begriffen und

im Rollenspiel ausgedrückt hat, soll die Therapie ihm helfen, den Produzenten zu verkörpern, langsam die Story Line samt Wendepunkt (Happy End?) und das Genre der Geschichte zu verstehen, einen Titel auszudenken und dabei auszudrücken, welche Botschaft der Produzent für ihn haben könnte.

- *Der Regisseur hat einen Erfolgsmythos im Sinne und bringt Ressourcen von innen ins Spiel:* seine Kreativität und künstlerische Freiheit, um unter Einbezug der vom Produzenten zur Verfügung gestellten Ressourcen die Handlung im Einklang mit diesem Erfolgsmythos zu realisieren. Der Regisseur samt Erfolgsmythos bringt die Dynamik in die Geschichte, und er hat auch seine eigenen Erwartungen bezüglich der Story Line, des Titels und des Genres der Story, die eventuell mit denen des Produzenten im Konflikt sind, der nun ausgetragen werden muss. In unserer Metapher ist er für die Beschriftung der Straßenschilder und die Programmierung des GPS-Systems zuständig. Wenn der Patient die Botschaften und Absichten der Ressource begriffen und die Story Line samt Wendepunkt (Happy End?), das Genre und den Titel vom Produzenten verstanden hat, soll die Therapie ihm helfen, den Regisseur zu verkörpern, langsam die Meinung des Regisseurs bezüglich der Story Line, des Genres und des Titels der Geschichte zu verstehen, eventuelle Konflikte zwischen dem Produzenten und dem Regisseur auszutragen und dabei auszudrücken, welche Botschaft der Regisseur für ihn haben könnte.

- *Der Antagonist wirkt gegen den Protagonist als Hindernis oder Problem,* das die Hauptfigur auf ihrem Weg zum Ziel blockiert: Die Entwicklung einer Geschichte wird durch den Antagonisten gebremst. Der Antagonist beinhaltet sozusagen die Umleitung samt Irrwegen und Sackgassen während des Verlaufs der Geschichte. Ohne Antagonisten keine Spannung. Wenn der Patient die Botschaften und Absichten der Ressource begriffen und die Story Line samt Wendepunkt (Happy End?), den Titel und das Genre vom Produzenten und den Erfolgsmythos des Regisseurs verstanden sowie allfällige Konflikte zwischen dem Produzenten und dem Regisseur behoben hat, soll die Therapie ihm helfen, den Antagonisten bzw. das Problem/Hindernis selber zu verkörpern, langsam auch den Standpunkt des Antagonisten nachzuempfinden und auszudrücken, welche Botschaft der Antagonist für ihn hat.

- *Der Widersacher stellt die Handlung der Hauptfigur entlang der Story Line infrage und leistet ihr Widerstand.* Gleichzeitig will er aber auch wie sie selbst, dass die Hauptfigur erfolgreich am Ziel ankommt. Er versperrt den Weg nicht, aber er stellt die Umwege, die die Hauptfigur nehmen möchte, stets infrage. Eine Geschichte bietet immer mehrere Wege für den weiteren Verlauf an, aber welcher Weg führt am sichersten oder am schnellsten oder am schönsten usw. nach Rom? Der Verlauf einer Geschichte wird durch den Widersacher sozusagen als Beifahrer samt GPS beeinflusst. Die Hauptfigur muss immer wieder entscheiden, ob sie einen vom Beifahrer und/oder vom GPS vorgeschlagenen Weg oder einen selbst ausgedachten Weg nehmen will. Im letzteren Fall muss der Beifahrer und/oder das GPS die Route erneut überdenken bzw. berechnen. Manchmal setzt sich der Beifahrer und/oder das GPS durch, und die Hauptfigur muss klein beigeben oder umgekehrt. Ohne Widersacher keine Entwicklung. Während der Patient nacheinander die verschiedenen Rollen als Protagonist, Produzent, Regisseur und Antagonist zum Ausdruck bringt, soll die Therapie ihm, der dabei immer auch implizit die Hauptrolle innehat, helfen herauszufinden, inwiefern die eine oder andere Rolle ihn herausfordert, seinen bisherigen Weg zu ändern oder ihn trotz Widerstand beständig weiterzuverfolgen, sodass er am besten mit dem Widersacher im Rahmen des Erfolgsmythos entlang der Story Line das Ziel erreicht, d. h. in einem letzten Rollenspiel – s. u. – die Ressourcen in Anspruch nimmt und das Problem löst bzw. das Hindernis überwindet.

Es ist Aufgabe der vorgestellten therapeutischen Methode des Empowerments, dem Patienten bzw. der Hauptfigur, angespornt durch den Protagonisten (Ziel repräsentiert von der Ressource) und im Dialog mit den anderen Elementen: Produzent und Regisseur, Antagonist und Widersacher, näher an den Erfolg heranzukommen.

Die Methode des Empowerments

Es folgen Beispiele für die schrittweise Umsetzung dieser Methode. Die Sätze in Anführungszeichen sind mögliche Äußerungen und Fragen des Therapeuten.

Erstes Rollenspiel: Die Hauptfigur

1) Eine suggestive Bühne wird aufgebaut. Die Hauptfigur, der Patient, nennt und beschreibt das Problem bzw. das Hindernis aus seiner Perspektive:

- »Stellen Sie sich vor, Sie seien ein Magier und könnten das *Problem* hier und jetzt im Raum materialisieren!«
- »Wie sieht das Problem aus, z. B. wie ein Ding, ein Tier? Beschreiben Sie es mir bitte so genau wie möglich.«
- »Wo wäre das Problem im Raum situiert: vor, hinter, über, unter Ihnen, links oder rechts von Ihnen? Stellen Sie es nun bitte rechts vor Ihnen auf, also im rechten Gesichtsfeld.«[47]

2) Die Hauptfigur nennt eine Ressource, die sie befähigen könnte, das Problem zu lösen bzw. das Hindernis zu überwinden:

- »Was brauchen Sie, um das Problem zu lösen bzw. um das Ziel zu erreichen?«
- »Sicher kennen Sie eine Person, die solch ein Problem lösen kann. Welche *Ressource* müsste sie haben, um das Problem zu überwinden? Diese Ressource befähigt Sie, das angestrebte Ziel zu erreichen bzw. die Lösung zu finden. Stellen Sie sich vor, Sie seien ein Magier und könnten solch eine Ressource hier und jetzt im Raum materialisieren, die hinreichend ist, das Problem zu lösen!«
- »Wie sieht diese Ressource aus? Beschreiben Sie sie mir bitte so genau wie möglich.«
- »Wo wäre diese Ressource im Raum situiert: vor, hinter, über, unter Ihnen, links oder rechts von Ihnen? Stellen Sie sie nun bitte links vor Ihnen auf, also im linken Gesichtsfeld.«[48]

Zweites Rollenspiel: Die Ressource

1) »Stehen Sie bitte auf, und nehmen Sie den Platz der Ressource ein!«

- »Fassen Sie bitte in Ihrer Vorstellung die Ressource an.«
- »Ziehen Sie die Ressource in Ihrer Vorstellung wie ein Kleid an.«
- »Ziehen Sie diese Ressource in Ihrer Vorstellung wie eine zweite Haut an.« → »Verkörpern Sie das Sein dieser Ressource!«

---

47 Visuelle Information im rechten Gesichtsfeld aktiviert vorwiegend die linke Hirnhälfte und wird dementsprechend eher kausal verarbeitet.
48 Visuelle Information im linken Gesichtsfeld aktiviert vorwiegend die rechte Hirnhälfte und wird dementsprechend eher assoziativ verarbeitet.

- »Liebe Ressource, wo im Körper spürst du dein Ressource-Sein?«
- »Liebe Ressource, hast du eine Botschaft für den Hauptdarsteller?«

2) »Setzen Sie sich bitte wieder!«
- »Hauptfigur, ist die Botschaft der Ressource angekommen?«
- »Können Sie die Botschaft annehmen und mit ihr etwas anfangen, z. B. Ihren bisherigen Weg u. U. ändern oder ihn mit noch mehr Beständigkeit fortsetzen?«
- »Falls nicht, warum nicht?« usw.

Drittes Rollenspiel: Der Produzent

1) »Wenn Sie die Botschaft annehmen können, bitte ich Sie, sich in die Ecke vorne links neben, aber etwas weiter hinter die Ressource zu stellen.«
- »Sie sind ein versteckter Beobachter – ein *Filmproduzent* – und haben das Drama bislang angeschaut.«
- »Wie läuft die Story Line ab?«
- »Hat die Story Line einen Wendepunkt?«
- »Was für ein Film läuft hier ab: Eine Tragödie? Eine Komödie? Ein Thriller? Ein Krimi? Eine Doku? Ein Drama? Ein Horrorfilm? Ein Porno? Oder was?«
- »Hat der Film einen Titel?«
- »Als Produzent haben Sie unendlich viel Geld für die äußere Gestaltung des Films. Wo möchten Sie den Film am liebsten gedreht haben?«
- »Braucht der Film noch andere Schauspieler, Statisten oder sonst etwas, damit Sie ihn noch besser machen können?«
- »Was möchten Sie dem Hauptdarsteller, der da sitzt, nun sagen? Haben Sie für ihn oder für das Problem oder für die Ressource noch eine Botschaft, oder möchten Sie einfach eine allgemeine Bemerkung für sich selber über den Film laut machen?«

2) »Setzen Sie sich bitte wieder!«
- »Ist die Botschaft des versteckten Beobachters, des Produzenten angekommen?«
- »Können Sie die Botschaft annehmen und mit ihr etwas anfangen, z. B. Ihren bisherigen Weg u. U. ändern oder ihn mit noch mehr Beständigkeit fortsetzen?«
- »Falls nicht, warum nicht?« usw.

Viertes Rollenspiel: Der Regisseur

1) »Wenn Sie die Botschaft annehmen können, bitte ich Sie, sich in die Ecke vorne rechts neben, aber etwas weiter hinter das Problem zu stellen.«

- »Sie sind ein versteckter Beobachter – ein *Filmregisseur* – und haben das Drama bislang angeschaut.«
- »Sie haben von Ihrem Kollegen, dem Produzenten, seine Ideen zur Story Line gehört. Sind Sie damit einverstanden?«
- »Was sind Ihre Ideen zum Wendepunkt?«
- »Inwiefern sind Sie mit dem Produzenten einverstanden? Was für ein Film läuft hier ab: Eine Tragödie? Eine Komödie? Ein Thriller? Ein Krimi? Eine Doku? Ein Drama? Ein Horrorfilm? Ein Porno? Oder was?«
- »Möchten Sie dem Film lieber einen anderen Titel als den vom Produzenten geben?«
- »Vielleicht sind Sie mit dem Produzenten nicht einverstanden. Falls nicht, jetzt ist die Zeit, mit ihm Konflikte auszutragen. Welche Konflikte oder Meinungsverschiedenheiten, z. B. bei Genre, Story Line, Wendepunkt, Titel zwischen Ihnen, lieber Regisseur, und dem Produzenten sehen Sie?«
- »Als Regisseur haben Sie eine künstlerische Freiheit und unendlich viele Fähigkeiten für die inhaltliche Ausgestaltung des Films. Braucht der Film noch andere Handlungen oder sonst etwas, damit Sie ihn noch besser machen können?«
- »Was möchten Sie dem Hauptdarsteller, der da sitzt, nun sagen? Haben Sie für ihn oder für die Ressource eine Botschaft, oder möchten Sie einfach eine allgemeine Bemerkung für sich selber über den Film laut machen?

2) »Setzen Sie sich bitte wieder!«
- »Ist die Botschaft vom Regisseur, dem zweiten versteckten Beobachter, angekommen?«
- »Können Sie die Botschaft annehmen und mit ihr etwas anfangen, z. B. Ihren bisherigen Weg u. U. ändern oder ihn mit noch mehr Beständigkeit fortsetzen?«
- »Falls nicht, warum nicht?« usw.

Fünftes Rollenspiel: Das Problem

1) »Stehen Sie bitte auf, und nehmen Sie den Platz des Problems bzw. des Hindernisses ein!«

- »Lehnen Sie sich bitte in Ihrer Vorstellung an das Problem an.«
- »Ziehen Sie das Problem in Ihrer Vorstellung wie ein Kleid an.«
- »Ziehen Sie das Problem in Ihrer Vorstellung wie eine zweite Haut an.« → »Verkörpern Sie das Sein des Problems!«
- »Liebes Problem, wo im Körper spürst du dein Problem-Sein?«
- »Liebes Problem, hast du eine Botschaft für den Hauptdarsteller?«

2) »Setzen Sie sich bitte wieder!«
- »Ist die Botschaft des Problems angekommen?«
- »Können Sie die Botschaft annehmen und mit ihr etwas anfangen, z. B. Ihren bisherigen Weg u. U. ändern oder ihn mit noch mehr Beständigkeit fortsetzen?«
- »Falls nicht, warum nicht?« usw.

Sechstes Rollenspiel: Der Widersacher
- »Stehen Sie nun bitte auf, und lösen Sie das Problem, bzw. überwinden Sie das Hindernis, indem Sie die Ressource zusammen mit den Hinweisen von den beiden versteckten Beobachtern (Filmproduzent und -regisseur) in Anspruch nehmen und umsetzen.«

Nach Bedarf wird der ganze Ablauf einmal oder mehrmals wiederholt.

Ausklang

Ich setze diese Ausdrucksform der Sechs-Dramaturgische-Elemente-Methode (SDE-Methode) für Empowerment (Abb. 3) seit Jahren in meiner Praxis ein für die Behandlung von jeder Art neurotischer Störung wie Angst, Depression, Zwang sowie bei psychodynamischen Problemen in Beziehungen (Tod in der Familie, Trennungsschmerz u. a.) und am Arbeitsplatz (Bullying, Bore- oder Burnout, Kündigung u. a.). Ich kenne keine Störung, bei der diese Methode nicht indiziert und hilfreich wäre und habe sie auch bei psychotischen und präpsychotischen Patienten erfolgreich angewendet. In der Regel kann sie innerhalb von 60 bis 90 Minuten durchgeführt werden. Selten gibt es eine Notwendigkeit, den vollständigen Ablauf mehrmals zu wiederholen.

Das Resultat der Sitzung zeigt sich häufig als Aha-Effekt bis zur nächsten Sitzung ein oder zwei Wochen später. Die Ergebnisse sind bislang immer positiv, d. h., die Einsicht, die sich in der Therapiesitzung herauskristallisiert, führt zu einem für den Patienten hilfreichen Reframing seiner bisherigen Situation, das ihn im weiteren Verlauf erfolgreicher werden lässt und näher an seine Ziele bringt.

Die Sechs-Dramaturgische-Elemente-Methode (SDE-Methode) utilisiert bewusste und unbewusste Trancezustände für die körper-, geist- und erlebnisorientierte Stärkung und Konditionierung der Immun- und Schmerzabwehr durch Vorstellungskraft (Selbstheilung).

Diese Arbeit stellt eine aktive, körperlich ausdrucksorientierte Parallelform dieser Methode für die hypnodynamische Überwindung von psychodynamischen Störungen jeglicher Art vor (Empowerment).

Embodied Emotional Master (EEM) – Mit Selbstmodifikation von der Einsicht zur Handlung

Evelyn Beverly Jahn

> *»Es ist sinnlos zu sagen: Wir tun unser Bestes.*
> *Es muss dir gelingen, das zu tun, was erforderlich ist.«*
> Winston Churchill

Im Alltagsgeschäft der psychotherapeutischen Praxis durchforsten wir mühsam das kognitive Dickicht unserer Patienten, fällen strukturiert alte Grundüberzeugungen, klopfen auf dysfunktionalen Glaubensstämmen herum, die oft tief verwurzelt mit letzter Kraft im blockadenbedeckten Waldboden nach Halt suchen, und tragen dann noch emphatisch und geduldig für Hänsel und Gretel die Axt durch den Wald. Wir begleiten sie als gute Eltern hoffnungsspendend ins tiefe Dunkel ihrer Biografie, immer auf der Suche nach dem neuen Kraftsatz. Nachdem die Hexe (meist ist es ja doch die Mutter!) erfolgreich bezwungen wurde, erreichen wir endlich die Lichtung der Erkenntnis. Dort stehen wir gemeinsam am Rande des Waldes – und der Erschöpfung. Der neue Weg hebt sich zart gegen all das Dunkel ab. Nur noch die Ampel auf Grün stellen, noch einmal kurz selbstakzeptierend den wunden Punkt reiben und dann endlich den Fluss überqueren. Das Entchen wartet schon am Ufer, bereit, Lunchpakete und Rezeptblöcke über das Wasser zu tragen. Doch, oh weh! Die ersten Veränderungen springen wie scheue Rehe im Morgengrauen statt über den Rubikon zurück in die sichere Komfortzone ...

Und wenn Sie nicht im Burnout sind, dann schuften Sie noch heute!?

Da! Einer spricht: »Einsicht alleine reicht eben nicht!«

In diesem Artikel stelle ich Ihnen ein elegant-stringentes Programm zur Verfügung, das ich in der Praxis für Klienten entwickelt habe, die den Sprung über den Rubikon (Heckhausen a. Gollwitzer 1987) oder das sogenannte Mind-Behavior-Gap irgendwie nicht schaffen. Eine zentrale Rolle soll dabei der Körper spielen unter Berücksichtigung neuerer embodimentorientierter Ansätze. So werden, fast wie nebenbei, wichtige Kompetenzen der Selbststeuerung und Selbstkontrolle in kleinen Schritten im Alltag gefestigt. Und das eben *selbst* und gemeinsam mit dem Körper. Das selbstreferenzielle System trainiert wichtige Kompetenzen der emotionalen Selbstregulation (Emotional Mastery), fördert aktiv die Eigenverantwortung von Klienten und entlastet vor allem die Therapeuten, die geneigt sind, nicht nur die Axt, sondern gar den Klienten selbst durch den Wald zu tragen. Manuale sind in der Verhaltenstherapie oft ungeliebtes Stiefkind. Mit dem vorgestellten Embodied-Emotional-Master-Programm (EEM-Programm) soll kein weiteres adoptiert, sondern vielmehr eine Systematik angeboten werden, die Klienten nach erfolgreicher biografischer Klärungsarbeit und Problemanalyse im letzten Abschnitt der Behandlung oder Beratung darin unterstützen sollen, die nun konkreten Zielvorstellungen systematisch im Alltag umzusetzen. Dazu nutzen wir Altbewährtes, Wohlbekanntes und Ungewöhnliches und alles, was die bifokal-multisensorischen Verfahren auf Embodiment-Ebene zu bieten haben.

Bewährte klassische Instrumenten der Verhaltenstherapie, Interventionen aus der Prozessorientierten Embodimentfokussierten Psychologie (PEP), sowie achtsamkeitsbasierte Ansätze der sogenannten dritten Welle sind Bestandteil des Programms. Neben kognitiven und emotionsfokussierenden Elementen rückt der Körper jedoch als Entscheidungsberater und positiver Verstärker für konkrete Verhaltensprojekte in den Vordergrund. Der Body als »Buddy« für proaktives Handeln! Bifokal-multisensorische Techniken unterstützen den Veränderungsprozess auf spielerische und humorvolle Weise. Die Komposition der Interventionen fördert nicht nur Selbstwirksamkeitserleben, sondern auch die Fähigkeiten zum stimmungsunabhängigen Handeln und ist damit der Weg in die Selbstbestimmung, vielleicht sogar in die wirkliche Freiheit.

Embodied Emotional Mastery ist anschlussfähig für alle PEPologen und sonstige Emotionsarbeiter, die gern leicht und mit Humor an so schweren Themen wie Veränderungsmotivation und Disziplin arbeiten.

Einleitung

Verhaltenstherapie konzeptualisiert per se, dass zur Verbesserung von Lebensqualität und Linderung der psychopathologischen Symp-

tome sogenannte dysfunktionale Verhaltensmuster verändert werden
sollen. Lebens- und Verhaltensgewohnheiten sind aus neurowissenschaftlicher Perspektive in neuronalen Netzwerken im Gehirn fest-
geschrieben, also embodied. Ihre Veränderung fordert weit mehr als
nur Einsicht. Hier ist die individuelle Fähigkeit zur Selbststeuerung
gefragt. Das verlangt oft Geduld und Durchhaltevermögen aufseiten
der Patienten *und* der Behandler. Wie können professionelle Helfer
dabei behilflich sein, diese Lücke zwischen Einsicht und Verhaltens-
änderung zu überwinden? Wie kann der Körper dazu genutzt werden,
der bisher eher ein mageres Dasein am Rande des Therapieraumes
fristet? Wir beobachten uns selbst, wie wir »über« etwas sprechen, z. B.
über Aktivitätenaufbau bei depressiven Klienten. Das tun wir dann
üblicherweise im Sitzen! Nicht mal Lernen am Modell wird so möglich. Ganzheitliches Erleben kann aber ohne Beteiligung des Körpers
nicht stattfinden. Wie ich mich halte, so verhalte ich mich auch, und
wie es mir geht, so gehe ich auch. Schon Charlie Brown erklärt diesen
Zusammenhang seiner Freundin Lucy in einer Folge der *Peanuts* aus
den 60er-Jahren des letzten Jahrhunderts.

Jede verhaltenstherapeutische Behandlung zielt letztlich darauf
ab, alte, begrenzende und selbstsabotierende Verhaltenstraditionen in
neue, ermächtigende Gewohnheiten zu verwandeln. Doch Gewohnheiten sind eben machtvoll, jede Veränderung braucht Zeit und die
volle Bereitschaft, Verantwortung für das eigene Denken und Handeln
zu übernehmen.

In einer Therapie der Zukunft werden wir mehr in Bewegung
kommen müssen, nicht nur geistig! Wir werden mehr mit Bildern und
Emotionen überzeugen als mit rationalen Argumenten. Der Körper
ist hierfür ein hervorragendes Instrument. Intelligente Therapie ist
ohne Körper zukünftig nicht mehr denkbar. Nicht nur alles Denken,
Fühlen und Verhalten ist in ihm eingebettet, auch das Problem und
seine Lösungen sind embodied!

Wenn wir Embodiment nicht zum Modewort der psychotherapeutischen Postmoderne verkommen lassen wollen, dann fordert es uns
auf, konkrete Anwendungsmöglichkeiten für Therapie und Beratung
wirkungsvoll und systematisch zur Verfügung zu stellen.

Der Therapeut als Körperkoordinator und Brückenkonstrukteur
und *nicht* als Bauarbeiter und Bauverantwortlicher in Personalunion
hat dafür Plan und Handwerkszeug. Der Patient erhält die Bauan-
leitung und die nötige Unterstützung für seine Bauvorhaben! Der

Therapeut bespricht in Teamsitzungen den Baufortschritt, sorgt für die Sicherheit am Arbeitsplatz sowie für Humor und Festigung des Baufortschritts. Nach Fertigstellung wird gefeiert! Das wirkliche und erwachsene Sicheinlassen auf Veränderung erfordert über die erwarteten positiven Effekte hinaus eine konkrete Auseinandersetzung mit dem damit einhergehenden Risiko. Nicht alle Menschen im sozialen Umfeld der Klienten reagieren zugewandt und unterstützend auf Veränderungen. Konzeptuell findet sich dies in der sogenannten Funktions- und Bedingungsanalyse. Das hier beschriebene Programm nutzt dafür die Überlebensregel (vgl. Sulz u. Hauke 2009, 2010) als Kondensat dysfunktionaler Grundannahmen über sich und die Welt. Dieses auf frühen Beziehungserfahrungen basierende, unbewusste intrapsychische Regelwerk zum individuellen Funktionieren in der Welt soll damit bewusst gemacht und expliziert werden. Hier bleiben wir nicht stehen. Die rigiden Regeln des Problemverhaltens sollen jetzt in eine neue, entwicklungsfördernde Lebensstrategie überführt werden. Aus der neuen, jetzt funktionaleren Regel lassen sich konkrete Veränderungsziele unter Würdigung und Berücksichtigung des Risikos und der bisherigen Lösungsversuche ableiten.

Emotionen werden als anerkennenswerte Hinweise für wichtige Bedürfnisse verstanden und übersetzt. Die Unterscheidung von funktional und dysfunktional wird deshalb an dieser Stelle aufgegeben. Diese emotional-kognitive Vorbereitung bildet den Boden für die Erarbeitung konkreter Ziele, verbunden mit einer unterstützenden inneren und äußeren Lösungshaltung, und bildet den Ausgangspunkt, von dem aus sich konkrete Ziele ableiten lassen. Diese Ziele leisten uns Orientierungshilfe und machen Erfolge verifizierbar. In der VT kommen sie jedoch oft zu kurz und werden eher vage denn präzise und real formuliert. In der Embodied Emotional Mastery werden Ziele und Visionen klar und überprüfbar herausgearbeitet. Dabei benötigen Klienten und Klientinnen häufig therapeutische Unterstützung. Wir wissen oft besser, was wir *nicht* wollen. Das Programm unterstützt Klienten und Klientinnen darin, konkrete und realistische Ziele zu präzisieren oder auch eine größere Vision zu wagen. Dabei kommt es nicht darauf an, genau diese Ziele in Erfüllung zu wähnen. Wir erlauben uns oft nicht, wirklich groß zu denken, stattdessen sind wir verstrickt mit den Bescheidenheitskonzepten unserer Herkunftsfamilien oder sabotieren uns mit Opferhaltungen und Selbstentwertung.

Selbst wenn ein Ziel nicht zu 100 % erreicht wurde, stellt der Weg in seine Richtung wichtige Erfahrungen zur Verfügung – und manchmal bilden mehr als 50 % davon schon eine reiche Ernte.

Körpereigene innerliche Regulationsvorgänge sind dem Bewusstsein häufig nicht direkt zugänglich, sodass mittels Ungleichgewicht und Dissonanzen auch nicht bewusst auf den Regelkreis eingewirkt werden kann. Das Konzept der somatischen Marker nach Damasio beschreibt einen direkten Zusammenhang zwischen Gefühlswahrnehmung und Entscheidungsfähigkeit auf der Basis des affektiven Erfahrungsgedächtnisses. Somatische Marker können als ein automatisches bzw. unbewusstes körpereigenes Bewertungssystem mit subjektiver Vorhersagekraft genutzt werden. Der Körper ist damit nicht nur die »Bühne der Gefühle« (Damasio, 1994), sondern auch ein intuitives Bewertungsorgan. Er kann als Entscheidungsberater über das Denken hinaus dienen, ohne es ersetzen oder gar überflüssig machen zu wollen.

Veränderungsziele werden in diesem Programm auf emotionale Blockaden (Big Five, vgl. Bohne in diesem Band) hin überprüft und in sich selbstakzeptierender Haltung vereinbart.

Zielfokussiertes, proaktives Handeln fordert Disziplin! Wir haben aufgrund unserer Lernerfahrungen vielleicht ein sehr gespaltenes Verhältnis zu dem Begriff der Disziplin entwickelt, verwechseln ihn sogar oftmals mit Gehorsam. Die inneren Kindanteile werden aktiviert und werfen sich gezielt vor die Vision. Emotionale Blockaden boykottieren unbewusst das Ziel und programmieren uns auf Scheitern. Doch Disziplin ist sexy! Wahre Meisterschaft entwickelt sich aus der Fähigkeit zum stimmungsunabhängigen Handeln und daraus, aus Fehlversuchen kunstvolles Scheitern werden zu lassen. Gehen ist schließlich eine kontrollierte Form des Fallens (Metzinger 2016).

Auch hierbei kann der Körper ein wichtiger Unterstützer, ein »Buddy«, sein.

Leistungsorientierung ist ein hoher Wert, verkümmert aber zum Unwert, wenn Maß und Sinn im Handeln zu wenig Berücksichtigung finden. Die Embodied Emotional Mastery implementiert neben leistungsbezogenen Tätigkeiten auch emotionsbalancierende und motivationsfördernde Aktivitäten, die täglich in eine Handlungsroutine einfließen. Klienten und Klientinnen werden damit angeleitet und unterstützt, ein sinnvolles und sinnstiftendes Belastungsmanagement im Alltag zu etablieren.

Die täglichen proaktiven Handlungen machen es nicht nur wahrscheinlicher, die gewünschten Ziele zu erreichen, sondern trainieren auch die genannten Basiskompetenzen. Selbst Scheitern kann sich mittels systematischen Fehlermanagements zum kunstvollen Prozess entwickeln und Hinweisgeber sein für weitere Präzisierung von Ziel und Vision. Somit kann die *EEM* auch einen Beitrag zur Persönlichkeitsentwicklung leisten.

Einsicht! Fertig! Los!

Wir haben in der Therapie verhaltensanalytisch geklärt, biografisch bearbeitet und mit Verständnis und Authentizität ein belastbares Arbeitsbündnis hergestellt. Jetzt geht es um die konkrete Umsetzung erwünschten Zielverhaltens.

In der nachfolgenden Tabelle wird das EEM in einer ersten Übersicht vorgestellt. Die konkreten Erläuterungen zur genauen Vorgehensweise werden im nächsten Abschnitt Schritt für Schritt aufgeführt. Im Anhang zu diesem Beitrag finden Sie das komplette Programm als Arbeitsblatt für Ihre Klienten, das an die individuellen Bedürfnisse angepasst werden kann und soll.

Schritt für Schritt	Intervention	Funktion	Ziel
1) Entwicklung eines Zielbildes/ einer Zielvision	Metaphern finden, innere Bilder und äußere Haltung entwickeln	Gewünschtes Zielerleben auf allen Ebenen verankern und spüren	Zielbild in körperliches Erleben bringen mit Bewegung, Mimik, Gestik
2) Von der starren Überlebensregel zur flexiblen Lebensstrategie	Vertikale Verhaltensanalyse (SBT nach Sulz u. Hauke 2009, 2010)	Von unflexiblen Regeln hin zu flexiblen Strategien	Entwicklungsaufgabe identifizieren und Risiko einschätzen
3) Das Ziel konkretisieren	Annäherungsziel erarbeiten und mit dem KKT prüfen; evtl. Big Five	Zielstellung von emotionalen Blockaden und Selbstsabotagemustern befreien	Ziel konkret aufschreiben und sich damit selbstbestimmt identifizieren
4) Motivation entwickeln und prüfen	Zehn wirklich gute Gründe für das Ziel	Stolpersteine und Störfaktoren real einschätzen	Motivationsaufbau: wofür genau lohnt es sich ...
5) Ressourcenanalyse und Selbstbeziehung	Suche nach der Ausnahme (δ delta), Selbsteinschätzung	Bewusstmachung von verborgenen Kompetenzen und Auseinander-	Bisher erfolgreiches Lösungsverhalten transferieren lernen,

Schritt für Schritt	Intervention	Funktion	Ziel
		setzung mit dem Selbst- und Körperbild	Einführung in eine akzeptierende und selbstmitfühlende Haltung zur Eigenart
6) Tatkraft auf drei Ebenen, Einführung in das Kartensystem	Zielorientierte, emotionsbalancierende und motivationsfördernde Aktivitäten finden, Handlungsroutine (Kartensystem)	Lernen, Aufgaben und Handlungen zu differenzieren; spezifische Fertigkeiten der Selbststeuerung entwickeln und üben	Aufbau einer Handlungsroutine und Förderung von Selbststeuerung durch sinnvolles Belastungsmanagement
7) Vertrag mit sich selbst schließen	Eine Verpflichtung vor Zeugen (dem Therapeuten) mit sich selbst eingehen; einen »Buddy« suchen	Sich selbst ernst nehmen und verpflichten (Commitment); sich helfen lassen lernen Zuversicht entwickeln	Förderung von Selbstbestimmung und Selbstverantwortlichkeit durch Selbstmanagement
8) Mastery: proaktive Phase	Erfolgsroutine aufbauen, auswerten und Herangehensweise analysieren, Pareto-Prinzip	Akzeptanz und Würdigung für den Prozess	Positive Selbstbe- und verstärkung; Freude mehren durch Freudeteilen, Selbstakzeptanz fördern, unabhängig vom Ergebnis lustvoll scheitern lernen

Tab.: Die acht Phasen des Embodied-Emotional-Mastery-Programms

Erster Schritt: Entwicklung eines Zielbildes

Das Embodiment-Konzept berücksichtigt konsequent die Tatsache, dass Einstellungen, Emotionen und Handlungen eines Menschen stets im engen Zusammenhang mit Körperlichkeit stehen und sich gegenseitig in jede Richtung beeinflussen können: von der Psyche in den Körper und umgekehrt. Durch Realisierung einer äußeren Haltung (Bewegung, Atmung, Mimik, Gestik) kommt es zur unmittelbaren Korrespondenz mit den psychischen Verarbeitungssystemen. Durch Erzeugung einer Körperhaltung mit spezifischem Spannungsaufbau und Entwicklung eines emotionskorrelierten Atemmusters können Emotionen willentlich evoziert und als beeinflussbar erlebt werden.

Das gilt für das gesamte emotionale Spektrum. Nicht nur Angst oder Wut können durch Haltung und Atmung absichtlich erzeugt werden, auch Sehnsucht, Freude und Zärtlichkeit (Hauke 2015). Ziele sollten Freude und Lebendigkeit auslösen, selbst wenn Angst und Zweifel mit auf dem Weg liegen. Nur wer überwiegend Sinn und Freude bei dem erlebt, was er tut, wird seine Willenskraft immer wieder auf seine Lebensziele ausrichten können und stimmungsunabhängig handeln. Damit wird mit dem hier beschriebenen Vorgehen neben der (langsameren) kognitiven Top-down-Regulation auch eine schnellere Einflussmöglichkeit über Bottom-up-Prozesse zur Verfügung gestellt. Solche Bottom-up-Prozesse werden bisher in der akademischen Psychologie noch immer vernachlässigt, sollen hier aber explizit genutzt werden.

Abb.: Zusammenhang von Denken, Fühlen, Verhalten und Körper

In dieser ersten Phase der Annäherung an ein konkretes Ziel soll der Körper nichtsprachlicher Unterstützer sein. Nach der Multiple Code Theory (Bucci 1997) werden Informationen von Menschen auf zwei grundsätzlich unterschiedlichen Ebenen wahrgenommen und verarbeitet. Bucci beschreibt sie als Codes, die sich über einen sogenannten referenziellen Prozess untereinander verständigen. Der vorsymbolische, körperlich gebundene Code sowie der sprach- und bildgebundene, symbolische Code benötigen über den Körper eine Übersetzungshilfe, die es ermöglicht, innere Bilder, Vorstellungen und Empfindungen in Worte zu fassen und damit erlebbar zu machen. Dies gelingt am besten über die Kraft der Bilder und Symbole, die auf Körperebene wahrgenommen und von dort aus in Sprache übersetzt werden. Dieser Weg kann auch umgekehrt gegangen werden.

Wie stellt sich der Klient seinen Weg vor? Welches Bild entwickelt er, bezogen auf das erwünschte Ziel? Vielleicht möchte er sich wie ein Bergsteiger erleben, der über Berge und Täler Schritt für Schritt nach oben kommt, um dann, hoch oben angekommen, die Weitsicht zu genießen. Es könnte auch das Bild einer Katze tauglich sein, die genau weiß, was sie will, sich besonders geschmeidig und voll fokussiert auf die Mäusejagd begibt. Für Vegetarier ist möglicherweise die bewährte Metapher eines Gärtners, der täglich seine Pflänzchen hegt und pflegt, um eines Tages seine Ernte einzufahren, passender. Bogenschützen, Marathonläufer, Action-Helden oder die ganze Welt von Flora und Fauna bieten eine Vielfalt von Bildern und Metaphern.

Hilfreiche Interventionen/Fragen hierzu können sein:

- Fragen nach Vorbildern und Trägern der notwendigen Eigenschaften (das können sein: Idole, Tiere etc.)
- ein Symbol wählen, z. B. Elefant als Kuscheltier, eine Handpuppe, Kleidungsstück, Talisman
- Bildkarteien nutzen
- Attribute sammeln und in Bewegung umsetzen (z. B. wie ein Bogenschütze, der Pfeil und Bogen spannt und sich fokussiert; wie ein Diskuswerfer; wie ein Windjammer auf hoher See; wie eine Geigenspielerin; ein Perlentaucher etc.)
- mimisch, gestisch das emotionale Zielerleben in Körperhaltung und -bewegung bringen: z. B. sich selbstbewusst fühlen; erfolgreich und selbstsicher auftreten (Machtpose, Handflächenparadigma); mit beiden Beinen auf dem Boden (also selbstständig im wahrsten Sinne des Wortes) sein; sich zu seiner ganzen Größe aufrichten und mit Kraft nach vorne gehen
- Visualisierungsübung: »die innere Stärke« (Fritzsche 2014) und Metapher im Körper erlebbar machen.

Diese Aufzählung kann unendlich ergänzt und fortgesetzt werden. Alles, was Sie bisher vielleicht schon in Aus- und Weiterbildungen dazu gelernt und erfahren haben, kann hier spielerisch und lustvoll zum Einsatz kommen oder an dieser Stelle wieder ausgegraben werden. Schauen Sie mal in Ihrer therapeutischen Schatzkiste nach!

Am Ende dieser Phase hat der Klient eine ihn stärkende, konkrete Vorstellung von Haltung und Bewegung, bezogen auf sein Wunscherleben, eingebettet in sein körperliches Gesamterleben. Er ist in der

Lage, diese »Choreografie« (G. Schmidt) mit positivem emotionalen Erleben zu besetzen und sie freudvoll auszuführen.

Frau B. erlebt sich als »Sensibelchen« im beruflichen Alltag. Sie könne sich schwer abgrenzen und überlaste sich ständig selbst durch ihre Unfähigkeit, »Nein!« zu sagen. Sie schätzt an sich ihre Körpergröße von 1,94 m, die aber im Widerspruch zu ihrem seelischen Innenleben zu stehen scheint. Für das Ziel, bei der nächsten Projektbesprechung keine weiteren Aufgaben zu übernehmen und ihr Weiterbildungs-gesuch durchzusetzen, sucht sie sich als Metapher zur inneren und äußeren Haltung eine Elefantendame aus. Diese Elefantendame wird aus ihrer Sicht von anderen hinsichtlich ihrer Grazie oft falsch eingeschätzt. Frau B. übernimmt in ihr Körperbild die sanfte, aber kraftvolle Form des Auftritts mit weichen Sohlen, die Umsicht selbst in einem Porzellanladen (weil Elefanten auch hinsichtlich dieses As-pektes falsch eingeschätzt werden, wie sie weiß) und die dicke Haut. Als Elefantenkuh bewegt sie sich geschmeidig, stellt bei Gefahr die großen Ohren auf und setzt schnell und wendig ihre Stoßzähne ein, um ihre »Babys« zu verteidigen. Als Elefantendame setzt sie auch auf ihre Herde.

Zweiter Schritt: Von der starren Überlebensregel zur flexiblen Lebensstrategie

Die Erfassung dysfunktionaler Grundüberzeugungen und die Analyse dysfunktionaler Verhaltensmuster sind Kernstück einer jeden verhal-tenstherapeutischen Arbeit. Für die EEM nutzen wir eine kondensierte Form der vertikalen Verhaltensanalyse (Sulz u. Hauke 2009), indem wir die Komponenten der Organismus-Variable als störungsrelevantes Regelsystem zusammenfassen (Hauke u. Dall'Occhio 2014). Diese sogenannten Überlebensregeln sind das Ergebnis frühkindlicher Bindungserfahrungen und Lernprozesse und für das emotionale Überleben von größter Bedeutung. Sie verdichten alle Erfahrungen in »Anweisungen« bezüglich dessen, welche Handlungen unter be-stimmten Bedingungen ausgelöst oder vermieden werden müssen, »damit die zum emotionalen Überleben und zur Stärkung der Iden-tität und des Selbstwertes benötigten Reaktionen der sozialen Umwelt erhalten werden« (ebd.).

Emotionen werden in diesem Sinne als wichtige Hinweisgeber für ernst zu nehmende Bedürfnisse interpretiert, die Impulse auslösen. Diesen Impulsen nachzugeben würde jedoch eine subjektiv starke

Bedrohung des Selbst nach sich ziehen, sie müssen deshalb durch eine andere Emotion gestoppt werden. Eine primäre Emotion, die der normalen biologischen Reaktion auf eine gegebene Situation entspricht, wird durch eine sekundäre Emotion gestoppt, weswegen Letztere auch als Stoppemotion bezeichnet wird. An dieser Stelle greifen kognitiv-affektive Schemata als Resultat der individuellen Lerngeschichte; sie wird in der SBT (emotionale) Überlebensstrategie genannt, die zwar entwicklungsgeschichtlich das emotionale Überleben sicherte und vor der »Zone des Schreckens« schützte, sich aber selbst überdauert hat und heute aufgrund ihrer starren Anwendung wichtige Entwicklungsschritte behindert (zu SBT vgl. Hauke 2014).

Exploration der Überlebensregel: Durch Aktualisierung einer konkreten Problemsituation mittels des VAKOG-Systems mithilfe einer Imagination führen wir den Klienten in seine persönliche »Zone des Schreckens«. Der Klient versetzt sich in ein problemrelevantes Erleben in der Vergangenheit und fühlt sich ganz dort hinein.

Folgende Anleitung soll dabei helfen, die relevante Situation zu aktualisieren:

> »Heute wollen wir einmal eine typische Situation in Ihrer Vergangenheit anschauen, in der Sie sich sehr unangenehm gefühlt haben und vielleicht sogar intensivste Gefühle von Angst, Trauer oder Wut spürten. In solchen Situationen erleben wir uns manchmal als hilflos und bedürftig, vielleicht sogar ohnmächtig. Und tatsächlich, in diesen Momenten geht es wirklich um sehr wichtige Bedürfnisse, die wir nicht erfüllt bekommen haben, also etwas nicht bekommen haben, das wir aber dringend gebraucht hätten. Ich will Sie heute in eine solche Situation hineinbegleiten, um besser zu verstehen, was da eigentlich passiert ist. Dazu bitte ich Sie, mir noch mal kurz die Situation zu beschreiben. Bitte tun Sie das in der Gegenwart. Jetzt können Sie die Augen schließen und sich vorstellen, dass diese Situation wie ein innerer Film in Ihnen nochmals abläuft. Wo sind Sie da genau, was ist das für eine Zeit (Jahreszeit, Tag, Stunde), mit wem sind Sie da, und was geschieht genau?«

Der Therapeut begleitet diese Imagination mit folgenden Fragen:

> »Was brauchen Sie in dieser Situation besonders dringend? Was, glauben Sie, dafür tun zu müssen? Was müssen Sie unterlassen? Was darf Ihnen nicht passieren, damit Sie zu dem kommen, was Ihnen

so wichtig ist? Was ist Ihre größte Befürchtung? Was denken Sie in dieser Situation über sich? Wie alt sind Sie, gefühlt, in dieser Situation? Was befürchten Sie durch andere? Was ist das Schlimmste, das jetzt geschehen könnte?« (Es kann auch eine aktuelle Problemsituation zur Analyse herangezogen werden.)

Der Klient entscheidet natürlich selbst, ob er diese Übung mit geschlossenen Augen durchführen möchte oder nicht, denkbar ist auch eine Screening-Technik, bei der der Klient den Film mit offenen Augen an die Wand oder einen imaginären Bildschirm projiziert.

Dann erstellen Klient und Behandler gemeinsam die Überlebensregel mit folgender Syntax:

Nur wenn ich immer (meine bisher geforderten Handlungen und Verhaltensweisen = Gebote:)

....

und wenn ich niemals (meine »verbotenen« Gefühle und Impulse:)

....,

dann bewahre ich mir (meine anerkennenswerten, zentralen Bedürfnisse:)

....

und verhindere (meine tiefste Angst, die »Zone des Schreckens«:)

....

Diese durchaus unbewusste Kernüberzeugung bezüglich Welt und Selbst soll jetzt in eine flexiblere und zielorientierte Lebensstrategie überführt werden, die Handlungsspielräume erweitert, ohne das damit verbundene Risiko außer Acht zu lassen. Die dafür nötigen Entwicklungsschritte werden transparent gemacht, alle relevanten Lernziele können daraus konkretisiert werden. Sie folgt der Syntax:
Ich erlaube mir öfter (bisher häufig unterdrückte Impulse, Gefühle, Handlungstendenzen:)

....

und werde häufiger (möglichst zielführende und konkrete Handlungen:)

....

und dabei riskiere ich, (befürchtete/zu erwartende Irritationen, Störungen, Angriffe durch andere auf meine Veränderungen:)

....!

Ich möchte lernen (konkrete Lernziele, Fähigkeiten ... :)

....

Herr W. leidet unter seinem emotionalen Rückzug in ehelichen Streit-situationen. Dann greife er auch schon mal zur Flasche und schaue zu tief ins Glas. Er habe selbst einen verbal aggressiven und körperlich übergreifenden Vater erdulden müssen und wollte nie so werden wie er. Als Kind habe er sich stets dem Vater unterworfen, um noch Schlimmeres abzuwenden. Bis heute spüre er jedoch diese Wut im Bauch. Sobald er sich von seiner Frau unverstanden oder ungerecht behandelt fühle, müsse er einen Riegel vorschieben aus Angst, alles kaputt zu machen, denn er liebe seine Frau aufrichtig, fühle sich in Gesprächen aber oft von ihr bedrängt und unterlegen. Er wolle lernen, sich durchzusetzen, ohne auszuflippen.

Seine Überlebensregel lautete: Nur wenn ich immer darauf achte, meine aggressiven Gefühle im Zaum zu halten, und Distanz herstelle, wenn es eng für mich wird, und wenn ich niemals Schwäche zeige und meine bedürftige Seite, bewahre ich mir die Kontrolle über mein Leben und meinen Selbstwert und verhindere, von anderen abgewer-tet und vernichtet zu werden.

Die Überlebensregel hat in der Vergangenheit immer wieder das emo-tionale Überleben gesichert und verdient deshalb ausreichend Würdi-gung und Anerkennung, damit sie Schritt für Schritt aufgeweicht und letztendlich losgelassen werden kann. Dafür sollte im therapeutischen Raum Zeit sein! So könnte es für Herrn W. wichtig sein anzuerkennen, dass die Kontrolle seiner Wut ihm möglicherweise ein Mindestmaß an Bin-dung zum Vater ermöglichte. Dadurch konnte er jedoch keinen an-gemessenen Umgang mit aversiven Gefühlen erwerben, was heute zum Problem wird, da er sich mit seiner Ehefrau in den oft typischen Vorwurf-Rückzugs-Zirkel gefangen hält. Diese neue, funktionale und flexiblere Lebensstrategie verfasste Herr W. für sein zukünftiges Ver-haltensprojekt:

Ich erlaube mir öfter, meine Wünsche und Bedürfnisse klar und deutlich zu formulieren, und werde öfter im Gespräch mit meiner Frau bleiben und mich auf Auseinandersetzungen einlassen. Dabei riskiere ich, mich wieder klein und ausgeliefert zu fühlen wie früher. Ich möchte lernen, sinnvoll zu streiten und Spannungen auszuhalten, ohne daran zu verzweifeln. Dazu gehe ich mit meiner Frau in eine Eheberatung und beschäftige mich mit meinem Kommunikationsstil. Ich suche mir gute Plätze und Möglichkeiten, meiner Wut sinnvoll

Ausdruck zu verleihen, z. B. beim Sport, und meine Spannungen erwachsen zu regulieren, z. B. durch Atembeobachtung und Entspannungstraining. Ich werde lernen, mich selbst zu halten und mich so zu akzeptieren, wie ich bin. Dazu gehe ich täglich auf meine Selbstakzeptanz- und Selbstwert-Übungsmatte.

Jetzt können daraus genaue Therapie- und Lernziele abgeleitet werden, ohne das anerkennenswerte und zu berücksichtigende Risiko außer Acht zu lassen. Bevor Herr W. sich Schritt für Schritt auf die Auseinandersetzungen mit seiner Ehefrau einlassen kann, muss er anerkennen, dass keine Beziehung sicher ist und Kontrolle letztendlich eine Illusion. Herr W. soll die Erfahrung machen, dass jedes Gefühl, auch das unangenehmste, kommt und geht und das befürchtete Ereignis mit hoher Wahrscheinlichkeit nicht eintritt. Über das systematische Selbstwerttraining und die Bearbeitung seiner dysfunktionalen Selbstbildanteile lernt Herr W., sich anzunehmen, sich selbst zu halten und trotzdem im Kontakt zu bleiben. So kann er für seine Gefühle und Handlungen die Verantwortung übernehmen und sich seinen kindlichen Ängsten stellen.

Dritter Schritt: Das Ziel konkretisieren und visualisieren

Unklarheit ist zur kollektiven Normalität verkommen. Ziele sind deshalb wie Leuchttürme und geben uns die Richtung vor, wenn wir uns in den Wirrungen des Lebens zu verlieren drohen. Ein Ziel verpflichtet! Es zu erreichen stärkt mehr als alles andere die Selbstwirksamkeit. Das mächtigste Werkzeug dafür im menschlichen Dasein ist eine klare geistige Absicht. Nur diese klare Absicht macht es möglich, den Geist auf das Wesentliche auszurichten und das zu materialisieren, was uns wirklich am Herzen liegt. Eingefahrene Gewohnheiten jedoch sind mächtig und gleichen ausgetretenen Pfaden. Alle Handlungen rutschen fast wie automatisch auf die alten Wege zurück, wenn wir unseren Geist nicht aktiv mental auf Neues ausrichten. Um eine Vision zu entwickeln und den Zielrahmen festzustecken, brauchen wir ein klares Zielbewusstsein. Es setzt sich zusammen aus Sinn, Attraktivität und der Fähigkeit, den Fokus zu halten.

Bei diesem Schritt unterstützen wir Klienten darin, ihr Ziel konkret, realistisch und messbar zu formulieren und die Bahn dafür freizuklopfen.

Viele wissenschaftliche Untersuchungen (vgl. etwa McCormack 1979) haben gezeigt, dass eine schriftliche Formulierung von Zielen die Aussicht gravierend erhöhen kann, dass die Ziele erreicht werden.

Zunächst wird das Ziel so konkret und persönlich wie möglich in der Gegenwart herausgearbeitet, so, als ob es schon da wäre (»Als-ob-Modus«), womit der Grad der Identifikation möglichst hoch herausgearbeitet ist. Es kann sinnvoll sein, das Ziel an eine konkrete Schlüsselsituation (z. B. den Moment, da ich aus einer bestandenen Prüfung komme; meine Masterarbeit abgegeben habe; morgens zum ersten Mal mein Zielgewicht auf der Waage sehe; jemanden anrufe und von meinem Erfolg berichte; etc.) zu koppeln, damit es so vorstellbar wie möglich wird. Ist das Ziel wirklich konkret, erreichbar und echt attraktiv? Lauwarme Ziele versickern schnell im Boden ausgetretener Pfade. Das Ziel braucht eine hundertprozentige Zustimmung auf allen Ebenen. Dabei kann es hilfreich sein, sich selbst offen und ehrlich ein paar wichtige Fragen zu stellen:

1. Warum ist dieses Ziel für mich wirklich wichtig? Was will ich für mich und mein Leben damit erreichen?
2. Will ich das wirklich selbst, oder verbirgt sich dahinter ein eventuell fauler Kompromiss, der dazu dient, eine Beziehung aufrechtzuerhalten (z. B. ich will abnehmen, weil ich Angst habe, dass mich sonst mein Partner verlässt)?
3. Welche meiner mir wichtigen Werte möchte ich mit dem von mir gesteckten Ziel für meine individuelle Zukunft entwickeln?
4. Welches Risiko gehe ich mit diesem Weg ein? Bin ich bereit, meine Komfortzone wirklich zu verlassen?

Die konkrete Formulierung wird am Ende dieser Phase als Annäherungsziel groß auf ein Flipchartblatt geschrieben.

Wirklich bereit für den Erfolg?

Um sicherzustellen, dass neue Lebens- und Erlebensgewohnheiten sich im Alltag verankern und Erfolge erreicht werden dürfen, überprüfen wir das Ziel nun auf emotionale Blockaden hin. Unbewusste emotionale Stolpersteine in Form der »Big-Five-Lösungsblockaden« (Bohne 2010), führen zu Selbstsabotagemustern, die eine Etablierung der Erfolgsroutine unbewusst verhindern. Zur Freischaltung der Zielvision eignet sich der Kognition-Kongruenz-Test, kurz KKT (ebd.), hervorragend. Der Körper als Resonanzorgan tut hier seine Dienste. Zur optimalen Präzisierung des Ergebnisses ist es sinnvoll, die für den Klienten typischen somatischen Marker zu identifizieren und einen kompakten Zielsatz, passend zur Zielvision, zu formulieren, der dann über alle Instanzen durchgeprüft werden kann (Bohne 2010).

Dafür, das Ergebnis zu optimieren und klare Signale aus dem Körper empfangen zu können, ist es hilfreich, Klienten in der Wahrnehmung des eigenen Körpers zu schulen, z. B. mit dem Body-Scan (Kabat-Zinn 1999).

Frau S. leidet seit drei Jahren an einer Bulimie. Sie zieht sich immer mehr aus ihren sozialen Beziehungen zurück und traut sich kaum mehr, mit Freunden essen zu gehen, aus Angst, die Kontrolle zu verlieren. Für ihre vielen erfolglosen Anläufe, die Symptomatik zu überwinden und »wie ein normaler Mensch« zu essen, wertet sie sich stark ab. Eine Freundin bat sie jetzt um eine gemeinsame Ferienreise nach Italien. Frau S. liebt das Land und natürlich auch italienisches Essen. Sie will diese Herausforderung aber annehmen und formuliert in der Therapie folgendes Ziel:

»Ich, Andrea, werde Ende September mit meiner Freundin in der Toskana abends bei einem Italiener sitzen, mit Genuss als Vorspeise Melone mit Schinken und dann eine Portion Spaghetti essen, dazu trinke ich ein Glas Weißwein. Zum Abschluss gönne ich mir einen Cappuccino. Ich werde sitzen bleiben und alles bei mir behalten und mit Andrea feiern, dass ich jetzt schon zwei Monate keinen Ess-Brech-Anfall mehr gehabt habe. Ich werde sehr stolz auf mich sein und mir zur Freude über meinen Erfolg einen neuen Badeanzug leisten.«

Dann wird das Ziel für den KKT in entsprechende Worte gefasst, die anschließend nach den einzelnen Aspekten durchgeprüft werden.

Für Frau S. lautete der Prüfsatz: »Ich erlaube mir ein genussvolles und reichhaltiges Leben ohne Kotzen.«

Die Erfolgsprüfung mit dem KKT ergibt eine Blockade durch eine dysfunktionale Loyalität zur Mutter, die ihr (subjektiv gefühlt) aufgrund einer eigenen Leidensgeschichte keine Erlaubnis gab. (KKT: »Meine Mutter erlaubt mir, ein genussvolles und reichhaltiges Leben ohne Kotzen zu führen«.) Außerdem fehlte es noch an weiterer Unterstützung, die sich Frau S. durch eine Selbsthilfegruppe holen wollte. (KKT: »Ich habe alles, um jetzt das Ziel zu erreichen ...«)

Am Ende dieses Abschnittes wird das konkrete Ziel so deutlich wie möglich vom Klienten visualisiert. Nur wenn sich jemand selbst in dieser Zielvision sehen und erleben kann, bekommt das Ziel die Kraft, die es für seine Umsetzung braucht. Die Visualisierung sollte mindestens fünf Minuten durchgeführt und auf allen Ebenen des Erlebens betrachtet werden. Zweifel, Unruhe, Vom-Weg-Abkommen gehören als Begleiter zu diesem Wachstumsprozess dazu. Nur wer eine konkrete Vorstellung von dem hat, was einmal sein soll, kann den motivationalen Treibstoff freisetzen, der aus dem Strohfeuer der kurzfristigen Begeisterung eine beständige Glut macht.

Übung: Ziel visualisieren

»Stellen Sie sich bitte nun vor Ihren Zielsatz, schauen Sie mit wachen, klaren Augen auf das, was dort geschrieben steht. Sprechen Sie die Formulierung langsam und laut aus, und fühlen Sie, was in Ihrem Körper geschieht. Wie fühlt es sich an, sich vorzustellen, jetzt genau dort angekommen zu sein? Welche Gedanken kommen dazu auf? Berührt Sie dieses Ziel auf eine angenehme Weise? Löst es in Ihnen freudige Erregung aus? Wenn Zweifel kommen, nehmen Sie sie ruhig wahr. Sie haben die Möglichkeit, sie durch Selbstakzeptanz zu entkräften.

Und nun schließen Sie die Augen, und stellen Sie sich Ihre Schlüsselsituation so genau wie möglich vor. Was können Sie genau sehen? Was fühlen? Was riechen oder schmecken Sie sogar? Wo im Körper können Sie die jetzt erlebten Gefühle genau verankern? Wie atmen Sie bei dieser Vorstellung, wie genau ist Ihre Körperhaltung?«

Die Visualisierung der Zielvorstellung soll von der Klientin so oft wie möglich selbstständig durchgeführt werden, denn das Gehirn kann bekanntlich nicht unterscheiden, was tatsächlich da ist oder was wir uns nur vorstellen. Wichtig ist dabei, dass auch der Körper als Unterstützer mit einbezogen wird (Lösungshaltung = Zielhaltung = Lebenshaltung). Durch häufiges Visualisieren wird das innere Bild immer wieder aufgerufen und verankert sich so langsam, aber sicher auch im Unterbewusstsein.

Die Visualisierungsübung kann Teil der täglichen Proaktiv-Handlungsroutine sein (siehe Schritt 6).

Vierter Schritt: Motivationsaufbau

Ein Ziel langfristig zu verfolgen, neue Verhaltensweisen aufzubauen und an allem richtig dranzubleiben erfordert Disziplin und Durchhaltevermögen. Auf dem Weg liegen reißende Flüsse, Wüsten und Stolpersteine jeder Art. Damit man weiter nach vorn in Richtung Ziel kommt, braucht es also jede Menge Motivation – und das heißt: wirklich gute Gründe.

Wir erfüllen den ganzen Tag über ganz viele Ziele, aber oftmals eben nicht die eigenen. Wir lassen uns Ziele von unserer Umgebung, von der Werbung und von anderen einreden.

In diesem Abschnitt geht es also darum, sich über die Gründe für die gewünschte Veränderung klar zu werden. Denn wenn es gilt, auf dem Weg eine Wüste zu durchschreiten – und die wird es geben – dann sollten wir wissen, wofür es sich lohnt dranzubleiben. Der Klient wird mithilfe des Therapeuten/Coachs zehn wirklich gute Gründe finden, wofür, wofür, wofür, wofür ...

Diese Liste mit den wirklich guten Gründen kann vom Klienten an mehreren Stellen seines Lebensraumes positioniert werden, z. B. im Schuhschrank, neben der Eingangstür, als Bildschirmschoner, am Kühlschrank etc. ... (Signalpunkttechnik).

Es sollten wirklich zehn gute Gründe sein, und der Behandler sollte darauf achten, dass möglichst viele Lebensaspekte dabei berücksichtigt werden.

Die wirklich zehn guten Gründe für Frau S. sind:

1. Mehr Kontrolle über mein Essverhalten ermöglicht mir wieder, mehr auszugehen und Freunde zu treffen. Ich muss mich dann nicht mehr so allein und abgeschnitten von der Welt fühlen und immer Ausreden finden, warum ich nicht komme, wofür ich mich oft geschämt habe.

2. Ich nutze meine Fähigkeit zur Disziplin auf eine gesunde Weise, was mir auch in meinem Beruf als Erzieherin hilft, weil ich dann Modell für andere bin.

3. Ich lerne auf diesem Weg meine Gefühle besser kennen und damit auch meine Bedürfnisse. Statt zu fressen und zu kotzen kann ich dann genauer sagen, was ich brauche und was ich will.

4. Wieder ganz normal essen zu können bedeutet mehr Bewegungsfreiraum in meinem Alltag, denn ich muss nicht immer schauen, dass ich eine Toilette in der Nähe habe.

5. Ich kann wieder mittags entspannter mit meinen Kolleginnen essen und meine Position im Team verbessern.

6. Ich spare bis zu 150 Euro im Monat, davon kann ich mehr reisen, was mir wirklich wichtig ist.
7. Ich sorge besser für meine Gesundheit und reduziere die Wahrscheinlichkeit von Folgeerkrankungen, wie z. B. Stoffwechselstörungen oder Varizen an der Speiseröhre.
8. Ich werde bessere Zähne behalten.
9. Mein Selbstbewusstsein wird gestärkt und so kann ich mich auch wieder auf eine Partnerschaft einlassen, weil ich nicht mehr Angst haben muss, dass meine Störung entdeckt wird und ich dann verlassen werde.
10. Ich bin kein Opfer mehr, sondern ein (Wohl-)Täter!

Fünfter Schritt: Ressourcenanalyse

Die Ressource wird im psychotherapeutischen Raum oft als ungefülltes Kofferwort und damit inflationär gebraucht. Ressourcenaktivierung stellt laut Grawe (2004) jedoch einen wesentlichen Wirkfaktor für meisterndes Verhalten und für Therapieerfolge dar. Alle personalen und sozialen Möglichkeiten und Kompetenzen eines Individuums sind damit gemeint, die helfen sollen, das Potenzial zur Problembewältigung zu aktivieren. Bei der EEM soll die berühmte Suche nach der Ausnahme die Quelle zu den individuellen und spezifischen Bewältigungsfähigkeiten darstellen. Eine genaue Analyse der Situationen, in denen das Problemverhalten nicht auftritt (in der Verhaltenstherapie nennen wir das S delta), lohnt sich, wenn man herausfinden will, welche spezifischen Kompetenzen nicht ausreichend genutzt werden. Wo gibt es eine Unterbrechung des Musters bei Verhaltensdefiziten und -exzessen? Ein wichtiger Aspekt ist auch in den sozialen Systemen zu berücksichtigen. Nicht jeder im sozialen Umfeld wird vielleicht positiv auf die Veränderungen einer Person reagieren. Wenn jemand z. B. lernt, »Nein!« zu sagen, dann kann das auch in zwischenmenschlichen Beziehungen zu mehr Spannungen führen, und die aversiven Gefühle in der »Zone des Schreckens« werden möglicherweise aktiviert. Die explizite Auseinandersetzung mit diesen Themen verhindert die Wahrscheinlichkeit des Scheiterns. Die wesentlichen Fragen im Protokoll sollten mit dem Klienten bearbeitet werden.

Im Fall von Frau S. stellte sich heraus, dass sie durchaus in der Lage war, sehr diszipliniert zu leben, jedoch dieses hohe Gut bis zum Exzess betrieb, was dann zum Zusammenbruch des gesamten Wertesystems führte, da sie zu einer hohen Verausgabung an der falschen

Stelle neigte und von ihrem inneren Kritiker massiv angetrieben wurde. Sie wollte lernen, die Kontrolle sinnvoll und systematisch auch mal abzugeben und sich ihren Ängsten erwachsen zu stellen. Sie lernte mittels Klopftechniken und Methoden zur emotionalen Distanzierung Schritt für Schritt, sich von ihren Affektstürmen nicht mehr überfluten zu lassen, was sich positiv auf ihre Symptomatik auswirkte. So gelang es ihr, die Ressource Disziplin auf ihre tägliche Handlungsroutine auszurichten, unter besonderer Berücksichtigung von Tätigkeiten, die eine emotionale Balance förderten. Der innere Kritiker wurde jetzt zum Body-Coach benannt und durfte gehört, aber auch sanft begrenzt werden.

Sechster Schritt: Tatkraft auf drei Ebenen

Ohne konkrete Handlungen kein Erfolg. Nicht Glück, nicht Geld, sondern Handlungen sind die Eintrittskarte für ein erfülltes Leben mit klaren Werten und Zielen. Ein Darandenken allein reicht nicht. Im folgenden Abschnitt werden konkrete Inhalte für mögliche Handlungen erarbeitet und zusammengestellt. Wesentlich dabei ist, auf eine ausgewogene Balance von Spannung und Entspannung zu achten. Deshalb werden drei Handlungskategorien eröffnet.

Kategorie I: Konkret auf das Ziel orientierte Handlung, den Fokus halten

Hier werden alle Handlungen aufgelistet, die im Alltag dazu dienen, das konkret beschriebene Ziel zu erreichen. Was können das für Handlungen sein?

Für Frau S. notierten wir die folgenden konkreten Handlungen:

- Einkaufszettel schreiben, nur das aufschreiben, was gebraucht wird und beim Einkaufen jeden Artikel abhaken
- Essprotokoll in Echtzeit ausfüllen
- zur Selbsthilfegruppe gehen
- Ernährungsberatung bei der Krankenkasse beantragen.

Je nach Ziel können auch andere wichtige Handlungen erstellt werden:

- Fünf Seiten für die Masterarbeit schreiben
- In Buch X das Kapitel Y lesen und eine kurze Zusammenfassung schreiben
- zum Yogakurs gehen
- 30 Minuten joggen

- von meiner Liste »Aktivitätenaufbau« mindestens eine ausführen
  - Eintragung ins Schmerztagebuch machen
  - Therapiehausaufgabe machen
  - zwei Flaschen alkoholfreies Bier kaufen statt normales.

Es ist darauf zu achten, dass die zielbezogenen Aktivitäten jeweils konkret und angemessen formuliert werden. Überprüfbare Handlungen helfen uns, unangemessenen Perfektionismus, übertriebene Verausgabungsbereitschaft oder aber auch Vermeidungstendenzen selbstreferenziell erfahrbar werden zu lassen. Damit können eine differenziertere und flexiblere Herangehensweise gefördert und eine adäquate Arbeitshaltung etabliert werden.

Kategorie II: Emotionsbalancierende Handlungen
Im EEM-Programm geht es nicht nur darum, stimmungsunabhängig und zielorientiert seinen Fokus auszurichten, sondern auch eine ausgleichende Erfolgsdisziplin aufzubauen. Der Ausgleich zwischen Anspannung und Entspannung soll gefördert und sinnvoll favorisiert werden. Viele Menschen geben anfangs Vollgas, verausgaben sich im Übereifer und bleiben dann kraftlos mit leerem Tank auf halber Strecke liegen. Das weckt unangenehme Erinnerungen und Gefühle. Schon wieder versagt ...

Emotionsbalancierende Handlungen sollen dabei helfen, diese innere Balance als Fähigkeit zur gehaltenen Spannung (Schulz von Thun 1981) herzustellen. Dabei kann auch der Körper eine zentrale Rolle übernehmen, doch soll es über Entspannungsübungen weit hinausgehen, denn was uns anspannt, kann recht unterschiedlich sein. Wenn wir z. B. an unsere nächste Steuererklärung und die dazu zu sortierenden Belege denken oder an Tante Ernas Geburtstagskarte, die es noch zu schreiben gilt, dann verstehen wir sofort, dass in dieser Kategorie auch alle Handlungen auftauchen können, die nicht konkret dem Ziel dienen, die wir aber mit schlechtem Gewissen täglich vor uns her schieben und die damit unserem Zielverhalten wesentliche Energie abziehen. Prokrastination ist wie ein Loch im Tank. Eine unangenehme Aufgabe aber endlich erledigt zu haben setzt Entspannung und weitere Tatkraft frei.

Neben diesen konkreten Aufgaben des Alltags tauchen in dieser Liste natürlich auch die wohlgekannten Entspannungsübungen und

alle selbstfürsorglichen Tätigkeiten auf, die im täglichen Stress oft zu kurz kommen. Wir erarbeiten gemeinsam mit den Klienten ein buntes Repertoire an aktiven und passiven Ausgleichshandlungen, die in einem wohldosierten Verhältnis zueinander ausgeführt werden sollen. Kurzurlaub im Alltag, Seelenwellness und Ruheinseln, kurz: alles, was uns hilft, runterzufahren, abzuschalten, aber auch Konzentrations- und Fokussierungsübungen, sollen hier Würdigung und Berücksichtigung erfahren. Hier können auch die innerhalb der Therapie erarbeiteten Strategien, z. B. Selbstwerttraining, Selbstakzeptanz und alles, was das therapeutische Know-how sonst noch hergibt, mit einfließen.
Beispiele können sein:

- Bodyscan üben
- Selbstakzeptanzübungen morgens und abends vor dem Spiegel nach dem Zähneputzen durchführen
- mal einen blockierenden Glaubenssatz auf Wahrheitsgehalt durchklopfen
- Kurzurlaub in der Badewanne mit Musik und Kerzen machen, allein oder mit Partner
- geführte Meditationen oder Tranceübungen (die vom Behandler aufgenommen wurden) anhören
- fünf Minuten Atembeobachtung als Pause
- emotionales Surfen üben und Abstand von unangenehmen Gefühlen bekommen (Klopfen, Tappen, geführte Gefühlsmeditation zur emotionalen Erforschung)
- balancierende bilaterale Bewegungsübungen (z. B. Schmetterlingsübung aus dem EMDR, Kniechen-Näschen-Öhrchen, diagonale Bewegungsabfolgen)
- fünf Minuten Konzentrationsübung (z. B. Mandala malen, Kerzenflamme beobachten) durchführen und dabei Abstand von Gedanken bekommen
- morgens Sonnengruß
- mit Partner/Freunden ins Kino gehen und anschließend bei einem guten Glas Wein oder Wasser sich darüber austauschen
- ein gutes Essen zubereiten
- Lieblingsmusik hören
- ein Tag ohne Kommunikationsmedien (Handy aus!)
- ein Spaziergang in der frischen Luft und aktiv Natur beobachten

- ein Telefonat mit der besten Freundin führen
- 20 Minuten Powernapping
- eine Stunde wirklich nichts tun
- lange ausschlafen.

Auch diese Handlungen sollen so konkret wie möglich – i. S. v. was, wann, mit wem, wie lange – in der Mastery-Phase (siehe Punkt 8) aufgeschrieben werden.

Kategorie III: Motivationsfördernde Handlungen

Ob der Wille wirklich frei ist, darüber streiten Philosophen, Psychologen und neuerdings auch Biologen immer noch. Der klassische Behaviorismus zog sich aus dieser Diskussion lange Zeit zurück und favorisierte stattdessen die Konditionierungsmodelle.

Ich gehe davon aus, dass jeder Mensch die Wahl hat, sich zumindest mit seinem eigenen Dasein und den damit verbundenen Automatismen kritisch auseinanderzusetzen und Änderungen im Verhalten vielleicht nicht ganz leicht, aber dennoch absichtlich herbeizuführen. Neuere psychologische Willensforschung versteht unter Willen

»eine Anzahl von zentralen Koordinationsfunktionen, die darauf ausgerichtet sind, im Falle auftretender Realisierungsschwierigkeiten die Prozesse auf sämtlichen Funktionsebenen der Persönlichkeit so aufeinander abzustimmen, dass das Beibehalten und das Erreichen eines aktuellen Zieles optimiert wird« (Kuhl 2001, S. 133).

Bargh, Gollwitzer et al. (2001) erweitern die Definition für zielrealisierendes Handeln auch auf nichtbewusstseinspflichtige Prozesse. Auf dieser Ebene können alle Embodiment-Techniken wirkungsvoll angesiedelt werden, da, wie Storch et al. (2010, S. 71) es formulieren,

»Embodiment es ermöglicht, auch ohne begleitende bewusste Aufmerksamkeit die eigene Haltung im Sinne eines erwünschten Ziels zu beeinflussen.«

Die Weisheit des Körpers kann so implizit zur sinnvollen Zielverfolgung und Aufrechterhaltung der Motivation eingesetzt werden und das Ganze würzen mit einer ordentlichen Prise Humor. Die Möglichkeiten sind schier unbegrenzt und können kreativ z. B. aus dem Repertoire der bifokal-multisensorischen Verfahren geschöpft werden.

Besonders in Phasen von Unlust und kurz vor dem Aufgeben können derartige Handlungen helfen, am Ball zu bleiben und die letzten Tropfen der Motivation wieder zumindest zu einer Pfütze zu sammeln. In meiner Praxis haben sich folgende körpernahe Übungen und Handlungen bewährt:

- das Ziel in der erarbeiteten Körperhaltung aktiv visualisieren
- sich selbst eine Videobotschaft senden mit Erinnerung an das »Wofür«
- Führen eines Erfolgstagebuches
- Dankbarkeitsübungen
- mit dem Ziel verbundene angenehme Gefühle aktivieren/evozieren (vgl.»emotionale Aktivierungstherapie«, Hauke 2015), z. B. Stolz oder Freude
- an einem Tag statt Aufzug jede Treppe aufwärtsgehen und mit jeder Stufe den Kraftsatz oder einen Motivationssatz formulieren (z. B.»Ich schaffe das!«; bitte nicht treppabwärts!)
- sanfte Augenbewegung zur Stressreduktion und bei innerer Unruhe
- Mudra-Übung: jeweils den Daumen nacheinander mit Zeige-, Mittel-, Ring- und kleinem Finger zusammentippen und dabei in Silben den Kraftsatz formulieren
- Überkreuzübung aus der PEP nach Bohne und dabei das Zielbild visualisieren
- Selbstbestärkungsübung (Thymus-Punkt beklopfen und dabei Namen, aktuelles Alter, größte Kompetenz und Kraftsatz formulieren).

Siebter Schritt: Vertrag mit sich selbst

Wofür schließen wir Verträge? Um uns besser zu vertragen und festzuhalten, was geschieht, wenn die Vertragsbedingungen nicht eingehalten werden. Zur Erhöhung der Bindung an das Veränderungsprojekt und zum vereinbarten Ziel ist es notwendig, ein klares Commitment mit sich selbst zu schließen. Das im Anhang zu diesem Beitrag vorgestellte Vertragsdokument soll als Grundlage dafür dienen. Der Klient verpflichtet sich sich selbst gegenüber und bringt damit den nötigen Respekt und die Bereitschaft zum Ausdruck, die es braucht, um sich selbstverantwortlich und proaktiv seinem Ziel zu nähern. Der Vertrag kann innerhalb einer Therapiestunde geschlossen und verkündet und besiegelt werden. An dieser Stelle soll zur Unterstützung die Wahl eines Begleiters/Unterstützers/Kumpels, also eines *best buddy* besprochen werden. Seine Zielvorstellung mit anderen zu teilen und sie offiziell zu verkünden erhöht ebenfalls die Verbindlichkeit. Der »Buddy« kann auch zum Dranbleiben und Durchhalten wertvoll sein. Er kann motivieren, Tipps geben, immer wieder nach dem Stand der Dinge fragen, als Erinnerungshilfe dienen etc., und im besten Fall hat auch er eine Zielvision. Dann wird aus dem Einzelfall ein Gemeinschaftsprojekt nach dem Motto: »Geteiltes Leid ist halbes Leid, und geteilte Freude ist doppelte Freude.«

Im Vertrag ist auch eine »Vertragsstrafe« enthalten. Zwar wird das Thema Belohnung/Bestrafung kontrovers diskutiert, aber nach dem Prinzip »Ohne Schweiß kein Preis« kann eine Vertragsstrafe im letzten Moment die motivatonale Ausrichtung korrigieren helfen. Dieses Thema sollte mit dem Klienten transparent und vielseitig disputiert werden. Aus eigener Erfahrung weiß ich, wie schwer für mich die Vorstellung war, drei Monate keine neuen Schuhe zu kaufen.

Achter Schritt: Weg zur Meisterschaft – Die proaktive Phase

Nun sind alle Weichen gestellt, alle Vorbereitungen getroffen, das Buffet ist angerichtet! Jetzt geht es um konkretes Tun und damit um das Schließen der Lücke zwischen Absicht und Handlung. Das ist der Sprung über den Rubikon. Für mindestens 30 Tage soll die beschriebene Vorgehensweise genau durchgeführt werden. Warum mindestens 30 Tage? Nach neurobiologischem Forschungs- und Wissensstand brauchen neue Gewohnheiten zur Ausbildung der damit in Verbindung stehenden neuronalen Netzwerke vielfache Wiederholungen. Ein Forschungsprojekt der NASA für Raumfahrer ermittelte dazu einen Wert von > 21 Tageseinheiten. Das bedeutet, es braucht mindestens 21 Tage kontinuierliches Training, damit eine Veränderung sich dauerhaft verankert. 30 Tage sind etwa ein Monat und damit ein überschaubarer Zeitraum. Das Projekt kann aber auch über einen längeren Zeitraum gestreckt werden oder z. B. an jedem zweiten Tag durchgeführt werden. Damit verändert sich der Zeitraum auf ca. zwei Monate. Wichtig ist es in jedem Fall, den Übungszeitraum festzuschreiben, damit der Zieleinlauf gesichert und das Ergebnis wirklich überprüfbar wird. Dazu kann es notwendig sein, die Zielvision in kleinere Portionen zu packen und Teilziele zu formulieren.

Handeln schafft Klarheit. Proaktiv bedeutet, das konkrete Handeln nicht mehr abhängig von Umwelteinflüssen, Stimmungen, Launen, dem Wetter und sonstigen Ausreden zu machen. Handeln wir nur dann, wenn uns danach ist, handeln wir reaktiv. Nur proaktive Handlungen entmachten alte Gewohnheitsschleifen, bahnen neue Wege und geben damit eine neue, kraftvolle Ausrichtung auf das, was uns wirklich wichtig ist. William Faulkner bemerkte dazu schon sehr genau: »Der Mensch, der einen Berg versetzen will, beginnt mit dem Tragen kleiner Steine!« Doch wie oft standen wir schon vor großen Steinhaufen, hoben die ersten großen Brocken noch lustvoll an, doch dann sanken wir schnell saft- und kraftlos in uns zusammen, weil die Brocken einfach zu schwer waren.

In diesem letzten Schritt soll deshalb ein Instrument dafür vorgestellt werden, mithilfe von täglichen, machbaren Handlungen Steinchen für Steinchen den Berg zu versetzten. Also, Leinen los und raus aus der Komfortzone! So geht's:

Zunächst besorgt sich der Klient einen Stapel Karteikarten. Für jeden Tag wird eine Karte beschrieben. Auf der Vorderseite jeder Karte stehen das Datum des nächsten Tages und in kurzen, knackigen Worten das Ziel oder ein Kraftsatz. Auf der Rückseite werden dann drei konkrete Handlungen aus den bereits erstellten Kategorien aufgeschrieben, die zum nächsten Tag passen. Dabei ist darauf zu achten, dass die Mischung stimmt. Es können an manchen Tagen nur Handlungen aus Liste I stehen, an einem anderen nur welche aus Liste III und an einem wieder anderen aus jeder Liste eine, denn es ist wahrscheinlich ein Unterschied, ob die Karte für einen Montag oder für einen Samstag vorbereitet wird. Dabei sind die Handlungen zu ihrer Verifizierung sehr konkret zu notieren, also mit Zeit- oder Mengenangabe, und ob sie allein oder mit jemandem gemeinsam ausgeführt werden. Die Reihenfolge der Handlungen spielt eine untergeordnete Rolle, allerdings sollten immer wieder auch Handlungen mit aufgenommen werden, die den Klienten aus seiner Komfortzone hinausbringen. Nur Handlungen außerhalb der bekannten Zone bringen substanzielles Erfolgserleben und fördern Selbstvertrauen und meisterndes Verhalten.

Die aufgeschriebenen Handlungen werden dann an dem dafür vorgesehenen Tag vollständig durchgeführt. Abends soll sich der Klient Zeit nehmen, die Handlungen auf der Karte einzeln abzuhaken und sich bewusst darüber zu freuen und sich seinen Erfolg explizit zu vergegenwärtigen, dann wird die nächste Karte für den nächsten Tag vorbereitet. Wichtig ist das Abhaken! Wir kennen alle das erleichternde Gefühl, etwas geschafft zu haben und wie angenehm es sich anfühlt kann, etwas abzuhaken – und damit auch aus dem Geist zu befördern.

Handlungen, die nicht ausgeführt wurden, wandern automatisch auf die nächste Karte an die erste Stelle. So wird schnell klar, was der Klient vor sich her schiebt. Spätestens wenn die Karte voll ist, bedarf es einer Überprüfung des Vorgehens und eines motivatonalen Check-ups, durchaus gemeinsam mit dem Therapeuten/Coach. Eine genaue Prüfung der Herangehensweise ist dann Bestandteil der Therapie/Beratung entlang an ganz konkreten Problemstellungen bei der Alltagsbewältigung. Therapie und Beratung kann dann konkret dabei unterstützen, Strategien zu optimieren, Motivation aufrechtzuerhalten und die Kunst des erfolgreichen Scheiterns zu erlernen. Dazu soll der Klient die Karten zum Therapie- oder Coachingtermin mitbringen, damit Selbstsabotagemuster (z. B. zu viel, zu wenig, falscher Zeitpunkt, unkonkrete Aufgabenstellung, immer wieder nur das Gleiche, Verdrängung, Vermeidung etc.) identifiziert und funktionale Mastery-Aktivitäten aufgebaut werden können. Jeder Versuch wird mit Anerkennung belohnt, aus jedem Scheitern werden wichtige Lerninhalte generiert, die dann zur Fortführung des Vorhabens utilisiert werden. Auch der »Buddy« kann in so einem Fall hilfreich zur Seite stehen, tröstend, liebevoll, aber auch hartnäckig, auf keinen Fall abwertend! Bei Selbstabwertung greift sofort die Selbstakzeptanzübung zur Entgiftung zielblockierender Selbstzuschreibungen. Gehen ist – noch mal zur Erinnerung – kontrolliertes Fallen, und bekanntlich ist Fallen nicht das Problem, sondern nur das Liegenbleiben.

Eine Ausnahme bilden solche Handlungen, deren Durchführung nicht nur vom Klienten allein abhängen. Wenn also z. B. auf einer Karte steht, »Mit Claudia ein schönes Essen kochen und einen Abend lang nur quatschen«, Claudia aber krank geworden ist, so wird diese Handlung von der Karte gestrichen und erst wieder aufgenommen, wenn Claudia wieder bereit ist für Essen und Quatschen.

Nach Ablauf des vereinbarten Zeitraums wird der Raum der Korrektur geöffnet und dann in jedem Fall *gefeiert!*

Erfolge zu feiern, erreichte Ziele zu würdigen fällt oftmals zu kurz aus oder gar ganz unter den Therapietisch. Die Würdigung der eingesetzten Arbeit, der Zeit und der Energie stellt letztendlich aber die Weiche für die nächste Zielausrichtung und bildet den motivationalen Boden dafür. Deshalb feiern Sie mit Ihren Klienten ordentlich und lassen Sie sich genau berichten, was sie als besonders wirksam, hilfreich und unterstützend im Prozess erlebt haben. Nur so können weitere

Ressourcen entdeckt und Schätze in Richtung Meisterschaft aus dem Fluss des Lebens gehoben werden.

Zusammenfassung

»Mit Selbststeuerung lässt sich im Leben vieles, ohne sie nichts erreichen« (Bauer 2015, S. 9). In unserer heutigen Zeit werden Menschen durch eine Vielzahl äußerer Einflüsse und Reize von ihren konkreten Vorhaben und Zielen abgelenkt und immer wieder dazu verführt, ihren spontanen Impulsen zu folgen. Disziplin als Fähigkeit zur wahren Meisterschaft für ein erfülltes Dasein hat im heutigen Alltag einen schlechten Ruf bekommen, weil ein »Wofür« und damit die Sinnhaftigkeit nicht mehr fassbar ist. Doch ohne Sinn und Ziel verlieren wir uns in unserem eigenen Leben und damit uns selbst. In Therapie und Beratung wird dann darüber ausführlich gesprochen, analysiert und umstrukturiert. Menschen gewinnen zunehmend Klarheit über ihr Sosein, erkennen Defizite und Optionen, gewinnen Einsicht. Wer es aber bei der Einsicht nicht belassen will, für den ist die Fähigkeit, kurzfristige Bedürfnisse zugunsten höherer Ziele aufzuschieben und stimmungsunabhängig zu handeln, unverzichtbar. Ein erwachsenes, gesundes Selbst entwickelt sich nur dann, wenn es Abstand bekommt zu den eigenen Emotionen, zu den Objekten und den Reizen der es umgebenden Welt.

> »Zum Selbst gehört also, einen Plan zu haben und auf dieser Grundlage etwas besonders Beglückendes zu tun, nämlich für sich eine eigene, ganz individuelle Zukunft zu entwerfen« (Bauer 2015, S. 9).

Will man sich diesem hohen Wert von Selbststeuerung und Selbstkontrolle nähern, braucht es meisternde Erfahrungen. Nur daraus kann ein stabiles und sicheres Selbstbild erwachsen.

Mit dem hier beschriebenen verhaltenstherapeutisch fundierten Programm wurde eine Möglichkeit auf diesem Weg vorgestellt. Es kann eine solide Grundlage für die Überwindung des Mind-Behavior-Gap darstellen und helfen, den Rubikon nachhaltig zu überschreiten. Den Körper als Ressource wirkungsvoll auch in der Verhaltenstherapie zu nutzen ist mir dabei ein ganz besonderes Anliegen. Selbstverständlich können alle bereits bestehenden sinn- und wirkungsvollen

Interventionen anderer Therapieschulen hier Einzug halten, um, mit konkreten Handlungsanweisungen versehen, den gewünschten Erfolg möglicher werden lassen.

Anhang: PEP proaktiv – Embodied Emotional Mastery

Prolog

Dieses Programm zielt darauf ab, alte, begrenzende und sich selbst sabotierende Gewohnheiten in neue, ermächtigende Gewohnheiten zu verwandeln.

Gewohnheiten sind mächtig, ihre Veränderung braucht Zeit und die volle Bereitschaft, Verantwortung für das eigene Denken und Handeln zu übernehmen.

Der Veränderungszeitraum soll festgelegt werden.

Die Veränderungsrichtung soll klar sein. Nur Klarheit bringt Erfolg.

Die Veränderungen können in kleinen Schritten (»Baby Steps«) vorgenommen werden, jedoch fokussiert und stimmungsunabhängig.

Hilfe annehmen ist erlaubt und erwünscht.

Die Bereitschaft, sich auf die geplanten Veränderungen einzulassen, erfordert einen Vertrag/eine Verpflichtung mit dir selbst. Lege das Ziel deiner Reise bewusst als freie Wahl für dich selbst fest.

Das Ziel sollte dich dabei unterstützen, aus deiner Komfortzone hinauszukommen. Gleichzeitig soll es dir selbstfürsorgliche Erfahrungen ermöglichen.

Gehe nun in eine innere und äußere Lösungshaltung (Bild, Metapher; genaue Körperhaltung, Bewegungsabfolge) und dann ...

Start

Das ist meine bisherige emotionale Überlebensstrategie, die es mir ermöglicht hat, bis zu diesem Punkt an meinem Leben zu kommen. Mindestens einmal in meinem Leben war sie für mich (über)lebenswichtig. Jetzt aber behindert sie meinen Fortschritt.

Nur wenn ich immer (meine bisherigen geforderten Handlungen und Verhaltensweisen = Gebote:)

....

und wenn ich niemals (meine »verbotenen« Gefühle und Impulse:)

....,

dann bewahre ich mir (mein anerkennenswerten, zentralen Bedürfnisse:)

....

und verhindere (meine tiefste Angst:)

....

Zukunft
Was genau soll in Zukunft anders werden?

....

Für mehr Flexibilität meiner Handlungen und zur Förderung meiner Persönlichkeitsentwicklung und Freisetzung meiner Potenziale formuliere ich folgende neue Lebensstrategie:

Ich erlaube mir öfter (Impulse, Gefühle, Handlungstendenzen:)

....

und werde häufiger (möglichst konkrete Handlungen:)

....,

und dabei riskiere ich (befürchtete/zu erwartende Irritationen, Störungen, Angriffe durch andere auf meine Veränderungen:)

....!

Ich möchte lernen (konkrete Lernziele, Fähigkeiten ...:)

....

Ziel

Wähle einen für dich besonders bedeutsamen Aspekt deiner Veränderungswünsche aus. Mache dir klar, was du wirklich willst. Formuliere dann ein ganz konkretes und realistisches Ziel in einem verbindlichen Zielorientierungssatz, mit einem dazu für dich passenden Zielgefühl. Beziehe dich konkret auf dich selbst. Formuliere das Ziel in der Gegenwartsform. Sei verbindlich! Überlege deshalb, wie du dich für deinen Erfolg belohnen kannst und was du bereit bist zu tun, wenn du das Ziel nicht oder nicht vollständig erreichst.

Beispiel: Ich, Karin, stehe am/im (Zeitpunkt) auf der Waage und stelle froh und stolz fest, dass ich weniger als 70 kg wiege.

Beispiel: Ich, Sebastian, freue mich, im Oktober 21 ... erleichtert meine Masterarbeit bei ... abgegeben zu haben.

Beispiel: Ich, Sabine, werde am ... als letzte Stufe in meinem Konfrontationsplan alleine im Zug von Chemnitz nach Dresden fahren. Ich werde stolz und selbstsicherer aussteigen und XY anrufen, um ihr/ihm von meinem Erfolg zu erzählen. Dann gönne ich mir ...

Beispiel: Ich, Manfred, werde in der nächsten Teamrunde am ... meinen Unmut über ... authentisch und erwachsen ansprechen und meinen Ärger ruhig und klar formulieren, auch wenn ich (immer noch) Angst vor Spannungen habe.

Beispiel: Ich, Joachim, werde im April 20.. in meiner neuen Wohnung mit meinem Freund/mit XY sitzen, gemeinsam essen und trinken und dabei zwar traurig, aber gefasst anerkennen, dass ich jetzt meine Trennung überstanden habe und ein neuer Lebensabschnitt für mich beginnen darf.

Beispiel: Ich, Katharina, werde im September 20XX mit meiner besten Freundin in Rom bei einem Italiener sitzen und eine Pizza mit Salat essen. Ich werde alles, was ich gegessen und getrunken habe, bei mir behalten. Ich bin stolz auf mich und bespreche meinen Erfolg mit XY.

Mein Ziel

Wenn ich meinem Ziel näher komme, merke ich das daran, dass ich weniger

....

und mehr

....

Rangehen und Dranbleiben!

Keine Veränderung ohne guten Grund: Wenn unsere Motivation nicht wirklich ein Motor ist, werden wir möglicherweise auf halber Strecke liegen bleiben. Bitte nenne deshalb nun 10 *wirklich gute Gründe*, warum es sich für dich (und vielleicht auch für andere) lohnt, Mühe und Disziplin in deinen Veränderungsprozess zu investieren. Es müssen *mindestens* 10 sein!

1.
2.
3.
4.
5.
6.
7.
8.
9.
10.

Verändere ich mich selbst, verändern sich auch meine Beziehungen

Wer wird mich bei meinem Veränderungsprogramm unterstützen? Welche Hilfe/Kompetenz dieser Personen kann für mich hilfreich sein:

....

Wer oder was könnte mich blockieren und diese Veränderung nicht gutheißen?

....

Ressourcenanalyse/Selbstbeziehung

Die Suche nach der Ausnahme: Wo/Wann tritt das Problemverhalten nicht auf?

Welche Beziehung führe ich mit mir selbst? Welches Wort beschreibt diese Beziehung momentan am besten (freundschaftlich, diskriminierend, feindlich, liebevoll etc.)?

Wie möchte ich diese Beziehung zukünftig gestalten?

Was halte ich von meinen Körper? Was mag ich und was nicht?

Welche Eigenschaften/Fähigkeiten/Einstellungen/Verhaltensweisen habe ich, die mir schon früher geholfen haben, Dinge zu verändern/Ziele zu erreichen?

Was schätze ich an mir besonders?

Proaktive Phase: *Was ich konkret tun werde*
Bitte erstelle jetzt drei Tätigkeitslisten, die beinhalten, was genau du
tun wirst, um dein Ziel zu erreichen. Diese Tätigkeiten sollten sich
konkret auf das Ziel beziehen (z. B. etwas schreiben, lesen, ausfüllen,
wegbringen, jemanden anrufen ...), können aber auch erlebnis- und
entspannungsorientiert sein (z. B. Sauna besuchen, Eis essen, ins
Kino gehen ...) oder »lästige Alltagspflichten« sein, die oft Zeit- und
Energiefresser sind, weil wir sie gerade nicht erledigen (z. B. Steuererklärung fertig machen, Tante Erna eine Geburtstagskarte schreiben,
ein Protokoll erstellen ...). Dann beginnst du das Proaktiv-Programm,
indem du jeden Tag eine Proaktiv-Karte anfertigst, wie es besprochen
wurde. Bitte halte dich genau an dieses Handlungsprogramm, es ist
die Bedingung für erfolgreiche Zielerreichung.

Erste Liste: Zielorientierte Tätigkeiten –
- z. B. X Seiten in einem Buch lesen, jemanden anrufen, einen
  Termin vereinbaren, auf ein Amt gehen, eine unerledigte Aufgabe erledigen, X Seiten schreiben ...

Zweite Liste: Emotionsbalancierende Tätigkeiten –
- z. B. Selbstakzeptanzübungen vor dem Spiegel, zu meinem
  »Buddy« Kontakt aufnehmen, ein schönes Essen planen, Kurz-
  urlaub in der Badewanne machen, sich eine Massage gönnen,
  Mittagsschlaf halten, meditieren, Geburtstagskarte an Tante
  Erna schreiben ...

Dritte Liste: Motivationsfördernde Tätigkeiten –
- z. B. Überkreuz-Übung, Zielvisualisierung, Haltungsziel einnehmen, Videobotschaft anhören, Eintrag ins Erfolgstagebuch,
  Vision Bord anfertigen, mein Commitment mit mir selbst
  erneuern, Selbstbestärkungsübung ...

Verpflichte dich dir gegenüber! *Unterschreibe jetzt die Vereinbarung mit
dir selbst:*

Ich, NAME, lasse mich auf eine sehr intensive Begegnung mit mir
selbst ein. Ich erkenne an, dass der Wert dieses Programms für meine
berufliche/private Weiterentwicklung bedeutsam ist und ich viel Zeit
und Aufmerksamkeit investiere, um mich weiterzuentwickeln.

Ich beginne am:

....

Der Zieleinlauf ist geplant für:

....

Ich bin bereit, dafür die folgende Vereinbarung mit mir selbst einzugehen:

....

Ich übernehme die volle Verantwortung für mein Handeln und damit für mein Glück und meinen Erfolg.

Ich bin bereit, mich zu verändern.

Ich gebe mein Bestes, denn ich erkenne: Ich gebe es mir selbst.

Ich höre auf, zu hadern, zu zweifeln oder weitere Ausreden zu finden. Ich gehe ins Handeln.

Ich lasse mich unterstützen und darf Hilfe annehmen. Mein »Buddy« für diese Zeit soll sein: ...

Für das Erreichen meines Zieles und das Durchhalten meines Vorhabens belohne ich mich freudig und stolz:

Ich werde ...

Beispiele: Ich werde zufrieden und ruhig einen Urlaub in ... genießen. Ich werde mir einen neuen/ein neues ... leisten. Ich werde es genießen, meinen Erfolg mit anderen zu teilen, indem ich ... Ich werde jeden Tag pünktlich nach Hause gehen ... Ich lasse mir eine neue Frisur machen ...

Sollte ich mein Ziel doch nicht oder nicht vollständig erreichen, werde ich das genau analysieren und ...

Beispiele: eine Woche auf alle Süßigkeiten verzichten; mit Tante Erna zum Brunchen gehen; drei Monate lang keine neuen Schuhe kaufen; einen Monat lang jeden Wochentag morgens zehn Liegestützen und zehn Kniebeugen machen; 100 Euro einer gemeinnützigen Organisation spenden; etc.

....

Datum, Unterschrift

Hypnose – Ego-State-Therapie – Eye Movement Integration: Drei wirkungsvolle Behandlungsmöglichkeiten in der Traumatherapie

Eva Pollani

Im folgenden Beitrag möchte ich die Bereiche Hypnose, Ego-State-Therapie und Eye Movement Integration beschreiben und zeigen, wie diese drei Modelle sinnvollen Einsatz in der Traumatherapie finden können. Damit ein einfacheres Lesen gewährleistet ist, wird bei Personenbezeichnungen die männliche Form gewählt, außer es handelt sich explizit um weibliche Personen. Ich weise ausdrücklich darauf hin, dass gleichermaßen Frauen und Männer gemeint sind.

Was wirkt in der Psychotherapie?

Diese – sicher oft provokant gebrauchte – Frage beschäftigt Fachleute wie Patienten gleichermaßen:»Was wirkt in der Psychotherapie?« Besonders die Ergebnisse der Studien von Grawe, Donati und Bernauer, die 1994 erstmals diskutiert worden sind, zeigen Wirkfaktoren verschiedener Therapierichtungen. Otto Kernberg warnte schon damals davor, dass die Ergebnisse der narzisstischen Identifikation von Psychoanalytikern einen herben Schlag versetzen werden (Kernberg et al. 2006).

Michael Harrer (2008) formuliert acht Thesen und beschreibt in seinem Beitrag zu den Wirkkonzepten in der Hypnosepsychotherapie für mich grundlegend folgende Wirkkonzepte:

1. therapeutische Beziehung
2. Lenkung der Aufmerksamkeit
3. Akzeptanz
4. Aktivierung bzw. Aktualisierung und Fokussierung von Kompetenzen, Ressourcen und Zielen
5. Aktivierung bzw. Aktualisierung der »Problemtrance« und Vermittlung neuer Erfahrungen
6. Anregung von Differenzierung und Integration
7. »Therapeutische Dissoziation«, Einführung einer Beobachterposition
8. Nutzung von Trancezuständen.

Die Intersubjektivitätstheorie besagt, dass die therapeutische Beziehung als ein intersubjektives, lebendes System betrachtet wird, das durch die Überschneidung und das Wechselspiel zweier subjektiver Welten konstruiert wird. Elemente dieser Beziehung sind u. a.»Containment« (Bion 1997), Empathie und Wertschätzung, Feinfühligkeit, »affect attunement« (Stern 1985),»loving presence« (Kurtz 1991), Rapport und das Vertrauen in das eigene Unbewusste (Erickson) sowie ein»interaktiver affektiver Regulator« (Schore 2007, siehe auch Ladenbauer 2001).

Harrer ergänzt, dass es auch Stimmen gibt, die dem

»Konzept der Wirkfaktoren mit folgendem Argument kritisch gegenüberstehen: Wirkfaktoren stellen Konstrukte dar, die im Nachhinein eine Praxis beschreiben, die durch diese Form der Beschreibung legitimiert wird im Sinne selbstimmunisierender/selbstvalidierender Hypothesen« (Hargens 2000, S. 344).

Er empfiehlt jedem einzelnen Hypnosetherapeuten, über seine persönlichen Wirkkonzepte nachzudenken und sie auch prospektiv in seiner täglichen Praxis auf den Prüfstand zu stellen. Besonders im Hinblick auf das eigene Überzeugtsein des Therapeuten von seinem Ansatz sei das wichtig, da dieses Überzeugtsein ein weit bedeutsamerer Wirkfaktor sei als der Ansatz selbst (siehe auch Hain 2001).

Schulenunabhängig und durch qualitative und quantitative Psychotherapieforschung belegt, stellt vor allem die therapeutische Beziehung einen unumstritten sehr bedeutsamen Wirkfaktor dar. (Grawe 1994; Strupp 1995; Ogles, Anderson a. Lunnen 2001). Die von Carl Rogers (1969) formulierten Basisvariablen»Kongruenz« (Echtheit), »Akzeptanz« (bedingungsloses Annehmen) und»Empathie« gelten als Grundlage einer therapeutischen Beziehung.

Zusätzlich zu den allgemein anerkannten psychotherapeutischen Wirkfaktoren»Akzeptanz«,»Kongruenz«,»Empathie«,»Interesse«, »Offenheit« etc. (vgl. Asay u. Lambert 2001, S. 4–82) gilt Imagination als Wirkfaktor. Imaginationen werden mittels gezielter Übungen unter Hypnose angeregt, unterstützt und fokussiert. Durch sie kann sich der Patient empathisch, ganzheitlich und sinnstiftend ausdrücken (vgl. Schmid 2010, S. 198; Kanitschar 1997; Harrer 2008).

Auf der Suche nach der besten Vorhersagbarkeit, ob Psychotherapie erfolgreich sein wird, ließ Eugine T. Gendlin (1968) in einer Studie Studenten Psychotherapiesitzungen transkribieren. Er fand, dass

Klienten, die in den ersten beiden Sitzungen spontan eine körperliche Erfahrung (»felt sense«) gemacht hatten, die besten Therapieergebnisse erzielen konnten.

Auf der Suche nach Wirkung begegnet uns auch der Placeboeffekt. Ob es ihn in der Psychotherapie gibt, untersuchte Nadine Reiband (2006). Sie kommt zu dem Ergebnis, dass »unspezifische, generelle Einflussfaktoren« wirken. Zu den besonders starken unspezifischen Wirkfaktoren gehören laut Reiband eine Erwartungshaltung seitens des Klienten und die Persönlichkeit des Therapeuten, z. B. seine Überzeugtsein von der Richtigkeit seiner eigenen therapeutischen Richtung. Der Therapeutenfaktor wird laut Reiband in vielen einschlägigen Studien ignoriert und nicht neutralisiert. Untersuchungen von Luborsky et al. (1986) und Crits-Christoph et al. (1991) zeigen jedoch, dass der Einfluss spezifischer therapeutischer Maßnahmen in dem Moment überraschend klein und der Einfluss des Therapeuten eindrucksvoll groß wird, sobald der Therapeuteneffekt methodisch berücksichtig und neutralisiert wird. Das Dodo-Bird-Verdikt beschreibt ein Phänomen, wonach Psychotherapien zwar effektiv sind, die spezifischen Merkmale einzelner therapeutischer Ansätze aber eine untergeordnete Rolle spielen.

Hypnosepsychotherapie

In diesem Beitrag wird Hypnose als eine tiefenpsychologisch fundierte Methode mit einem Beziehungsmodell der Intersubjektivität gesehen. Wie Hans Kanitschar (1997) folgerichtig schreibt, wird die therapeutische Bandbreite mit ihrem integrativen Charakter in der Beschreibung der drei Arbeitsmodi deutlich, das sind: der lösungsorientierte Modus, der ich-stärkende übende Modus und der hypnoanalytische Modus.

In der Hypnosepsychotherapie wird der Mensch »in seinem entwicklungs- und lerngeschichtlichen, systemischen und zukunftsorientierten Rahmen gesehen« (vgl. ÖGATAP 2005). Die Erkenntnisse der Tiefenpsychologie, insbesondere der psychoanalytischen Entwicklungspsychologie, Neurosenlehre, Objektbeziehungstheorie, Ich-Psychologie, Selbstpsychologie u. a., der Lerntheorie sowie die systemische Sichtweise liefern das Verständnis sowohl für Ätiologie von Leidenszuständen als auch für die Zielrichtung psychotherapeutischen Handelns.

»Als übergeordnetes Prinzip gilt die Orientierung an gesunden Anteilen des Patienten sowie das Nutzen und Ausbauen von Ressourcen« (Kanitschar 2009, S.2).

Hypnosepsychotherapie ist ein in Österreich anerkanntes Psychotherapieverfahren, dessen positive Wirkung auf Psyche und Körper in zahlreichen wissenschaftlichen Untersuchungen nachgewiesen wurde. Besondere Bedeutung kommt dem Bewältigen von bislang unverarbeiteten Traumen zu (vgl. Revenstorf 2006).

Theorie der emotionalen Grundbedürfnisse

Matthias Mende (2006) formulierte die Theorie der emotionalen Grundbedürfnisse als besonderen Wirkfaktor der Hypnose:

- *Autonomie* wird in der Hypnose realisiert durch das Unbewusste (vgl. Ellenberger 1985)
- *Beziehung* wird in der Hypnose realisiert durch Rapport
- *Kompetenz* wird in der Hypnose realisiert durch Ressourcen und Trancephänomene
- *Orientierung* wird in der Hypnose realisiert durch Suggestionen.

Wenn Menschen zum Therapeuten kommen, dann könnte man sagen: die Ökologie ihrer emotionalen Grundbedürfnisse ist gestört. Eines oder mehrere Bedürfnisse sind zulasten der anderen überrepräsentiert, während bestimmte andere Bedürfnisse zugunsten anderer ausgeblendet werden. Seelische Stabilität wird in dem Maße erreicht, wie es gelingt, die unterschiedlichen Grundbedürfnisse einander vereinbar zu machen und zu integrieren. Der Vorteil der Hypnose liegt unter anderem darin, dass die hypnotische Situation als solche bereits implizit die Harmonisierung der vier emotionalen Grundbedürfnisse begünstigt.

Eye Movement Integration (EMI)

Eye Movement Integration – in der Folge abgekürzt als EMI – ist eine bifokal-multisensorische Intervention. EMI wurde von Connaire und Steve Andreas im Jahr 1989 als die letzte einer Vielzahl innovativer therapeutischer Techniken entwickelt. Aufbauend auf den Erkenntnissen von Richard Bandler (1979), dass Augenbewegungen mit Denkmustern und Denkvorgängen im Gehirn zusammenhängen, hat EMI seine Wurzeln im neurolinguistischen Programmieren (NLP). Die Kanadierin Danie Beaulieu hat Eye Movement Integration 1993 bei einem Kongress kennengelernt, es zu einem eigenständigen Verfahren weiterentwickelt und wissenschaftlich untersucht. In den letzten Jahren hat Beaulieu EMI noch um die »advanced protocols« erweitert, um das Behandlungsspektrum auch für Ängste, Depressionserkrankungen und andere (nicht unbedingt traumarelevante) Indikationen anwendbar zu machen (vgl. Beaulieu 2003). EMI arbeitet mit 24 langsamen Augenfolgebewegungen (SPEM: Smooth Pursuit Eye Movements), die sowohl horizontal, vertikal als auch diagonal erfolgen.

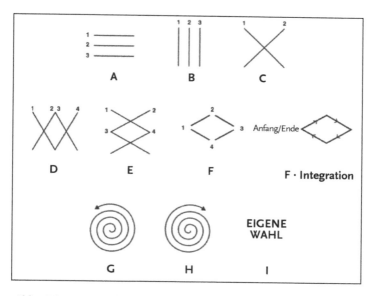

Abb.: Die 24 Augenbewegungen des EMI

Denken wir an Harrers zweites Wirkkonzept, »Lenkung der Aufmerksamkeit«, dann finden wir in der EMI eine gezielt eingesetzte Lenkung der Aufmerksamkeit. Ähnlich wie in der Hypnose, wo bei der Tranceinduktion die Aufmerksamkeit des Patienten gelenkt oder auf kognitive Prozesse fokussiert wird, können das Erleben und die Aufmerksamkeitsprozesse auch als Ergebnis und Ausdruck der Aktivierung von neuronalen Netzwerken verstanden werden (vgl. Harrer

2008). Die Aufmerksamkeit kann als »Suchscheinwerfer« verstanden werden, den unser Gehirn verwendet, um Reize im Koordinatensystem von Raum und Zeit zu identifizieren. Bedeutsames wird ausgewählt, Unbedeutsames ignoriert (vgl. Andreasen 2001).

Bei der EMI werden auch Elemente der Affektbrücke (Watkins 1971) wirksam, womit prägende Erfahrungen erforscht werden können, die beispielsweise verdrängt oder im impliziten Gedächtnis gespeichert sind. Allerdings funktioniert die Affektbrücke in einer gewissen Weise »umgekehrt«: Die Augenbewegungen holen nicht integrierte Affekte, die während der traumatischen Situation entstanden sind, in die aktuelle Aufmerksamkeit (Aktualisierung). Hier werden die Affekte mit anderen Elementen der multimodal erlebten Erinnerung zusammengeführt, und es wird eine Integration angeregt.

EMI aktiviert und aktualisiert ebenfalls Ressourcen. Unter Ressourcen werden Fähigkeiten, Fertigkeiten und Kompetenzen verstanden, die dem Menschen innewohnen. Nach traumatischen Erlebnissen hat das Individuum oft keinen adäquaten Zugang zu seinen Ressourcen. Das Utilisieren der Augenbewegungen fördert das Erleben von Ressourcen, die ebenfalls mit entsprechenden Augenbewegungen einer Integration zugeführt werden können, sodass der Betroffene von ihnen wieder in einer gesunden Art und Weise profitieren kann.

Trauma, Neurobiologie und Eye Movement Integration

Dem Verständnis der Funktionsweise von EMI dienen Forschungsergebnisse der Neurobiologie und Neuropsychologie, die zeigen, wie Erinnerungen geformt werden. Erinnerung ist die Fähigkeit, Informationen im Gedächtnis zu behalten und abzurufen. Eine Erinnerung ist eine Reihe von elektrischen Impulsen, die von einer bestimmten Abfolge von Nervenzellen erzeugt werden. Das neurobiologische Modell zeigt, dass jede Lebenserfahrung neuronale Erregungs- bzw. Aktivierungsmuster herausbildet. Diese als »Reaktionsbereitschaften« oder »Schemata« definierten Muster betreffen Bereiche der Wahrnehmung, Handlung, emotionalen Reaktion, von Erinnerungen, Vorstellungen, des Denkens und der Motivation (vgl. Grawe 2004). Diese Schemata sind im impliziten oder prozessualen Gedächtnis gespeichert.

Die vier Gedächtnisse

Der Gedächtnisforscher Hans Markowitsch (vgl. 2009) ist davon überzeugt, dass jeder Mensch vier weitgehend voneinander unabhängige Gedächtnisse hat. Gemeinsam mit Endel Tulving entwarf er eine weitgehend akzeptierte Systematik der Gedächtnisse. Das *episodisch-autobiografische Gedächtnis* ist das hierarchisch höchststehende Gedächtnis. Hier werden stark emotional gefärbte Episoden in einem klaren zeitlichen Rahmen gespeichert. Im *semantischen* oder *Wissensgedächtnis* geht es um reine Fakten. Wie das autobiografische Gedächtnis ist es uns bewusst. Man spricht auch vom *deklarativen* Gedächtnis. Das *unbewusste* oder *implizite Gedächtnis* ist unterteilt in das *Priming-Gedächtnis* und das *prozedurale Gedächtnis*. Im Letzteren ist die Motorik gespeichert. Das Priming-Gedächtnis hilft dabei, Reize, denen man schon einmal begegnet ist, wiederzuerkennen. Priming-Gedächtnis und prozedurales Gedächtnis sind sehr stabil und versagen selten.

Erinnerungen werden in mehrere Stufen unterteilt und im mittleren Temporallappen seriell verarbeitet. Normalerweise geht sensorische Information von den Sinnesorganen zum Thalamus, und von dort wird sie in die verschiedenen Hirnbereiche weitergeleitet. Visuelle Informationen gehen in den Okzipitallappen. Auditive und verbale Informationen landen zuerst in den Temporallappen, um dann im Frontallappen weiterverarbeitet und mit dem bereits vorhandenen Wissen verbunden zu werden. Die Signale des Frontallappens werden zurück an das limbische System geschickt. Dort werden in der Amygdala der Wahrnehmung emotionale Assoziationen zugefügt: Freude, Ekel etc.

Während das Langzeitgedächtnis Erinnerungen dauerhaft speichert, sind Inhalte des Kurzzeitgedächtnisses eher flüchtig. Das Kurzzeitgedächtnis besteht aus elektrischen Erregungsmustern, die für eine kurze Zeitspanne – wenige Sekunden bis Minuten – aufrechterhalten werden. Klingt die Erregung ab, wird die Erinnerung gelöscht. Kurzzeit- und Langzeiterinnerungen werden vom Hippocampus gefiltert. Er entscheidet, welche Erinnerungen dauerhaft gespeichert werden. (Konsolidierung: Umwandlung von Kurzzeiterinnerung in Langzeiterinnerung). Wie ein Dirigent übernimmt er die Aktivierung des gesamten Orchesters: sensorische Informationen, kognitive und affektive Informationen. Das fertige Stück wird dann als Erinnerung abgespeichert. Die elektrische Aktivität im Hippocampus ändert sich zyklisch – man spricht von Schwingungen oder Bändern: Das Thetaband schwingt mit 4 bis 8 Hertz, das Gammaband kommt auf 25 bis 100 Hertz. Langzeiterinnerungen werden in unterschiedlichen Formen abgespeichert. Im prozeduralen Gedächtnis im Neokortex, das unbewusst funktioniert, werden Bewegungsabläufe gespeichert. Das perzeptuelle Gedächtnis im Großhirn speichert Reize, denen man schon einmal begegnet ist. Implizite Gedächtnisinhalte, die nie mit bewussten Inhalten verknüpft waren, können nur durch eine erneute Darbietung desselben Reizes reaktiviert werden: Man spricht von einer datengetriebenen Verarbeitung, die von der Empfindung des peripheren Reizes ausgeht. Die Leitungsrichtung verläuft bottom-up.[49] Unter Topdown Reizen werden vom Gehirn ausgehende intentionale Aufmerksamkeitsprozesse verstanden. Beide sind nicht willentlich steuerbar. Werden sie durch entsprechende Reize ausgelöst, haben sie auch noch nach langer Zeit Auswirkungen auf Verhalten und Empfinden eines Individuums. Die Gedächtnisspuren sind modalitätsspezifisch. Das heißt, sie sind an die Sensorik des jeweiligen Sinnessystems gebunden (vgl. Grawe 2004).

Mit den langsamen Augenfolgebewegungen der EMI werden auf einer prozessualen Ebene diese unbewusst gespeicherten Erinnerungen aktiviert. Ein alleiniges Reden oder eine inhaltliche Thematisierung würde hier nicht ausreichen, um unbewusste Prozesse zu reaktivieren.

Fakten wiederum werden im polymodalen Kortex der linken Großhirnrinde gespeichert. Dort befinden sich auch die Sprachzentren. Wird ein Wort im Gedächtnis erinnert, aktiviert sich nur drei Zehntelsekunden nach dem Lesen der rhinale Kortex. Er wurde früher als »Riechhirn« bezeichnet und befindet sich im mittleren Schläfenlappen. Schon fünf Zehntelsekunden nach dem Lesen zeigt der Hippocampus seine typische elektrische »Seepferdchen«-Aktivität.

Die Entwicklung des Langzeitgedächtnisses ist eng an die Entwicklung des Gehirns gekoppelt. Sie findet im Verlauf des zweiten Lebensjahres statt.

Während und nach einer existenziell bedrohlichen Situation verändern sich Körper und Geist tief greifend. Werden stressvolle Er-

---

49 Vgl. Danie Beaulieus Vortrag beim ersten Kongress »Reden reicht nicht!?« 2014; Verfügbar unter: http://www.carl-auer-akademie.de/fachkongress_20141/ [10.3.2016]

fahrungen erlebt, kommt ein Notfallplan ins Spiel. Informationen vom Thalamus können direkt – über eine einzige Synapse – in die Amygdala gesendet werden. Sie ist ein Teil des primitiven oder Reptiliengehirns. Von dort ausgehend, werden die Überlebensreaktionen des Organismus gestartet, und zwar einen Bruchteil schneller, als die Information den weiter entfernten Frontallappen erreichen kann, um dort vielleicht eine klarere Wahrnehmung zu erhalten. Diese Abkürzung leuchtet ein, denn begegneten wir in Urzeiten dem Säbelzahntiger, waren Überlegungen wie »Männchen oder Weibchen?«, »hungrig oder satt?« oder »Kann das Fell für einen Mantel nutzbar gemacht werden?« nicht überlebensfördernd. Alles, was in diesem Augenblick zählte, war, schneller wegzurennen als der Begleiter. Danie Beaulieu spricht vom »Quick-and-dirty«-Lesen der sensorischen Information durch die Amygdala.

Wenn die Amygdala eine Angriffsbotschaft auf diese Art erhält, also »dirty« und unverarbeitet, sendet sie blitzschnell Signale an den Rest des Gehirns und die endokrinen Organe, um eine Kampf-Flucht-Antwort zu starten. Alle nicht notwendigen Funktionen werden offline geschaltet. Eine Überflutung durch Stresshormone lässt den Körper Höchstleistungen erbringen, die für Kampf oder Flucht überlebensnotwendig sind. Die Ausschüttung dieser stresssensitiven Botenstoffe lässt den Blutdruck steigen, lenkt den Blutfluss von der Haut und den Verdauungsorganen weg in Richtung Gehirn und Muskeln.

Während des Alarmzustandes können Teile der Informationen gut gespeichert werden. So wird sichergestellt, dass zukünftigen Risiken aus dem Weg gegangen werden kann. Allerdings werden die gesamten Informationen nicht oder nur ungenügend ins Gedächtnis integriert.

Wenn sich später herausstellt, dass vor dem Tiger ein 5 m hoher Elektrozaun steht, schickt der Frontallappen Signale, die dem Körper eine Entspannung erlauben. Der Mensch kann stehen bleiben und sich danach umschauen, wo der Begleiter geblieben ist. Sukzessive werden auch Herzschlag und Atmung wieder einen normalen Rhythmus finden.

Zentraler Punkt bei der Verarbeitung von Information ist, dass Hippocampus und Amygdala normalerweise Hand in Hand arbeiten. Moderat erregende Aktivität der Amygdala führt zu einer erhöhten Bereitschaft des Hippocampus, synaptische Verbindungen zu feuern und somit in einen guten Lernzustand zu kommen. Starke Aktivierung der Amygdala durch eine vielleicht überwältigende Erfahrung kann den

Hippocampus in seiner normalen Funktionsweise behindern, und zwar als Folge der neuroendokrinen Stressantwort. Das bedeutet, dass der Hippocampus nicht in der Lage ist, die sensorische und emotionale Information, die er während der Krise erhält, in das Gedächtnis zu integrieren. Das Endresultat sind traumatische Erinnerungen, die oftmals fragmentierte, nichtintegrierte Teilerinnerungen sind.

Integrative Fasern im Corpus callosum

Der Harvard-Forscher Martin Teicher (2003, 2004, 2006) konnte zeigen, dass frühkindliche Traumata, dass Vernachlässigung und Missbrauch integrative Fasern im Gehirn schädigen und sie am Wachstum hindern. Diese Fasern befinden sich vor allem im Corpus callosum, der die rechte mit der linken Gehirnhälfte verbindet, sowie im präfrontalen Kortex – er verbindet die höhere mit der tieferen Region – und im Hippocampus, wo der Großteil des Gedächtnisses miteinander verbunden wird.

DeBellis et al. (1999) und Teicher vermuten, dass diese Fasern »selbstregulatorische Fasern« sind. Bereiche wie die Regulation der Emotionen, der Aufmerksamkeit, Gedanken, des Verhaltens und die Regulation der sozialen Funktionen sind Teile des selbstregulativen Kreislaufes. Neurobiologisch bedeutet Selbstregulation eine Koordination und Balance des Nervensystems.

Die Arbeiten von Yehuda et al. (1996) und McFarlane (1989) zeigen, dass Menschen, die bereits als Kind traumatische Erfahrungen gemacht haben, später eher eine posttraumatische Belastungsstörung (PTBS) entwickeln. Hier spielt auch die Dissoziation eine große Rolle. Um keine pathologische Dissoziation zu entwickeln, müssen die integrierenden Fasern störungsfrei funktionieren. Sind sie beschädigt, erlebt der Mensch massive pathologische Dissoziationen.

Bei den bifokal-multisensorischen Interventionen wird genau dieser Bereich des Corpus callosum gestärkt.

Liegt ein Trauma als Ursache einer posttraumatischen Belastungsstörung bereits Jahre zurück, greift vermutlich ein Mechanismus, der aus Experimenten mit Mäusen gut bekannt ist. Demnach kann eine intensive Erinnerung alte Gedächtnisinhalte aus ihrer Fixiertheit in einen beweglichen und somit formbaren Zustand zurückversetzen. Die Information muss neuerlich abgespeichert werden. Es kommt somit zu einer Rekonsolidierung: Sich zu erinnern heißt, die gespeicherten

Inhalte zu verändern. EMI führt der Erinnerung Elemente aus den unterschiedlichen Modalitäten und Submodalitäten zu.

Zusammengefasst lässt sich sagen: Die verschiedenen Augenbewegungen der EMI leiten Aktivitäten in jene Bereiche des Gehirns, die verdrängt oder verleugnet worden sind, und von dort aus werden Informationen – schmerzhafte ebenso wie heilende – hervorgeholt und vermutlich über das Corpus callosum miteinander verbunden. Somit kann traumatische Erfahrung in das Leben des Klienten integriert werden. Parallel zu dieser Integration findet auch die Veränderung in der Bedeutungsgebung statt.

Mit den Worten der Ego-State-Therapeutin gesprochen, scheint es so, als würde EMI eine Art »inneren homöostatischen Reiseführer« aktivieren, der den Klienten hinausbegleitet aus der Flut traumatischer Erinnerungen. Die unterschiedlichen Augenbewegungen, die sichere Umgebung in der Praxis des Psychotherapeuten, die therapeutische Beziehung, der Fokus auf die sensorischen, kognitiven und affektiven Aspekte der Erinnerungen – all das sind Zutaten, die, wenn man sie kombiniert, diese erstaunlich effektive Intervention bilden.

Analog zur klassischen Psychotherapie, in der dem Patienten eine korrigierende, auf das Verhalten bezogene emotionale Erfahrung erlebbar gemacht wird (vgl. Alexander a. French 1947), werden auch in der Anwendung der hier diskutierten Methoden die Bereiche mit defizitärer Integration gefördert. Nach einer Identifikation der betroffenen Bereiche werden zuerst die unterschiedlichen Elemente eines Bereiches erforscht und unterschieden. Nach dieser Differenzierung können sie miteinander verbunden und eine Integration kann angeregt werden.

Bereiche der Integration (nach Dan Siegel)

Dan Siegel (2012a, b, 2014) liefert ein nützliches Modell, das im Rahmen einer psychotherapeutischen Behandlung als Leitfaden zur Orientierung genutzt werden kann. Er definiert sieben Bereiche der Integration, die im Folgenden kurz beschrieben werden.

Integration des Bewusstseins

Der Begriff »Bewusstsein« wird unterschiedlich gebraucht. Bewusstsein wird nicht beigebracht. Es entwickelt sich, und die Grenzen sind fließend. Zur Integration des Bewusstseins braucht es Achtsamkeit:

»Wie ich gerade wahrnehme, ist die Art und Weise, wie mein Gehirn strukturiert ist.« Dank der Integration des Bewusstseins kann man zwischen der inneren und der äußeren Welt hin und her wandern. Man kann im Hier und Jetzt sein, völlig fokussiert im Moment und ohne negative Selbstbeurteilungen.

Vertikale Integration

Wenn der Körper, das limbische System und die präfrontalen Strukturen miteinander mit starken neuronalen Pfaden verbunden sind, spricht man von vertikaler Integration. Vertikale Integration führt zu einem gestärkten Bewusstsein für den eigenen Körper. Ist die vertikale Integration stabil, so kann man mit starken Emotionen besser umgehen, ohne in einen Freeze-Zustand gehen zu müssen.

Bilaterale Integration

Die bilaterale Integration ist wie in einem solide gebauten Haus auf eine starke vertikale Integration gebaut und gründet sich auf viele starke Verbindungen zwischen der linken und rechten Gehirnhälfte. Gefühle können verbalisiert werden, Bildern und Gefühlen, die in der inneren Welt entstehen, kann eine Bedeutung zugeschrieben werden.

EMI fördert diese Bereiche der Integration. Aufgabe des Therapeuten ist es, den inneren Prozess anzuregen und zu begleiten.

Die nächsten drei Bereiche der Integration sind Folgen einer sicheren Bindung im Kindesalter. Man kennt seine persönliche Geschichte und kann über sie in einer kohärenten und emotional engagierten Art und Weise reden. Die eigenen Gedanken können beobachtet werden. Menschen, die diese Bereiche ungenügend ausgebildet haben, fehlt es an der Selbstbeobachtungsfähigkeit.

Narrative Integration

Der narrative Kreislauf im Gehirn befähigt den Menschen, alle Elemente des autobiografischen Gedächtnisses zusammenzuführen. Er kann die Gegenwart mit der Vergangenheit und mit der Zukunft verbinden.

Integration des Gedächtnisses

Wie wissen wir, wer wir sind, und wie erinnern wir uns an all das, was wir erlebt haben? Wie schreiben wir unsere Autobiografie im Gehirn? Werden die verschiedenen Gedächtnisstrukturen (das inhaltsbezogene und das autobiografische Gedächtnis) miteinander verwoben, werden Erinnerungen in ihrer expliziten Form hervorgerufen.

State-Integration

Hiermit meine ich die Integration verschiedener Ich-Zustände. In der Ego-State-Therapie werden Ich-Zustände als ein organisiertes Verhaltens- und Erfahrungssystem definiert, dessen Elemente durch ein gemeinsames Prinzip zusammengehalten werden, und unterhalb dessen unterschiedliche Ich-Zustände durch eine semipermeable Grenze abgetrennt sind (Watkins u. Watkins 2008).

Interpersonale Integration

Sie beschäftigt sich mit der Frage: Was ist eine gesunde Beziehung?

Wissenschaftler wie Dan Siegel sprechen davon, dass der Fluss der Energie und Information zwischen zwei Menschen die mentale Erfahrung formen. Beziehung ist das Teilen von Energie und Information. Treten Menschen miteinander in Beziehung, formen sie ihren Geist.

Man könnte sagen: Das Gehirn ist in ein soziales Netzwerk eingebettet. Wir beeinflussen und sind gleichzeitig beeinflussbar. Die so eingebettete Psyche wird durch den ganzen Körper repräsentiert.

Die Elemente dieses komplexen Systems sind differenzierte Gruppen: rechts und links, oben und unten, abgetrennt und einzigartig. Erlaubt man diesen Gruppen, miteinander zu kommunizieren, spricht man von Integration. Fördert man in dem System die Selbstorganisation, wird es sowohl flexibel als auch adaptiv sein – es wird kohärent und damit stabil.

Nicht integrierte differenzierte Teile bewegen sich weg von der Harmonie hin zu zwei Polen: Rigidität und Chaos. Posttraumatischer Stress beispielsweise führt entweder zu intrusiven Erinnerungen – das sind die chaotischen; oder zu einem Rückzugsverhalten – das sind die rigiden.

Die Aufgabe des Therapeuten ist es, gestörte Bereiche der Integration zu identifizieren und einer Integration zuzuführen. Hat er die betroffenen Bereiche identifiziert, fokussiert er seine Aufmerksamkeit genau dorthin und hilft, die verschiedenen Elemente dieses Bereiches zu unterscheiden. Sobald der Patient differenzieren kann, können diese Bereiche miteinander verbunden werden. Neurobiologisch entsteht so Integration beinahe wie von selbst.

Ego-State-Therapie

Die Ego-State-Therapie ist ein psychotherapeutisches Modell, das mit Persönlichkeitsanteilen arbeitet. Gemäß dem Energiemodell von Pierre Janet sind Ego-States Zustände oder Energien des Ichs, die jeder Mensch hat (vgl. van der Hart a. Friedman 1989). Sind als Folge eines Traumas diese Ich-Zustände pathologisch dissoziiert, dann funktioniert das System nicht mehr hinreichend. John und Helen Watkins haben die Ego-State-Therapie 1980 entwickelt (vgl. Watkins u. Watkins 2008). Sie wurde von ihren Schülern weiterentwickelt und wird mittlerweile auch zur Aktivierung von Ressourcen und bei verschiedenen anderen Indikationen eingesetzt: Sie eignet sich bei Ängsten, Zwängen, Tics und Schmerzen, bei der Arbeit mit Kindern und Jugendlichen (vgl. Ferstl 2014; Zanotta 2014), in Beruf, Sport, in der Paartherapie, bei Schwangerschaft und Geburt, bei Verlusten und Trauerprozessen u. v. m. Gemeinsam mit dem Regisseur und Drehbuchautor Arno Aschauer entwickelte die Autorin *F. I. T., Film in Therapie (2015)*, wobei Ego-States im Kino analysiert und in der Lehre und Psychotherapie eingesetzt werden.

Um ein Verständnis dieser Ich-Zustände zu fördern, werden auch neurowissenschaftliche Erkenntnisse herangezogen. Ich-Zustände können als ein Korrelat der Aktivierung einer umschriebenen Neutronengruppe im Gehirn gesehen werden oder, wie Jochen Peichl (2010) es formuliert: Ein Ego-State ist ein Pfad von neuronalen Dendriten und Axonen, der durch wiederholtes synaptisches Feuern gefestigt wird. Man könnte also auch sagen: Ego-States sind Gehirnmuster. Zu diesen Gehirnmustern gehören bestimmte Haltungen, bestimmte Körperempfindungen, bestimmte Gedanken und bestimmte Erinnerungen.

Ego-States entstehen als normale Adaptierung und Differenzierung. Sie können aber auch Introjekte wichtiger Bezugspersonen sein, sie können als Folge eines Traumas, als Folge kumulativer traumatischer Erfahrungen oder in der Folge von Bindungsstörungen entstanden sein. Konflikte werden im Ego-State-Modell als Konflikte zwischen einzelnen Ego-States mit ihren unterschiedlichen Bedürfnissen, Erfahrungen, Abwehrmechanismen und Zielen gesehen.

Unter »Differenzierung« verstehen Watkins und Watkins die psychische Trennung zweier Entitäten. Sind beide Elemente stark voneinander getrennt, ist jeweils nur ein Element dem Bewusstsein zugänglich und dissoziiert. Wird dieser dissoziierte Ego-State in seinem Handeln exekutiv, erlebt der Mensch oft Schwierigkeiten. Tiefer liegende oder stärker dissoziierte Ego States werden in Hypnose aktiviert, sodass es schrittweise zu einer Verbesserung der Kommunikation und Kooperation kommen kann. Dabei verwendet der Ego-State-Therapeut Techniken der Hypnotherapie Milton Ericksons sowie Techniken der Einzel-, Familien- und Gruppentherapie (vgl. Rossi 1998).

Das übergeordnete Ziel der Ego-State-Therapie ist die Integration. Darunter versteht der Ego-State-Therapeut einen Zustand, in dem die unterschiedlichen Anteile einer Person in einer vollständigen Kommunikation miteinander stehen, mentale Inhalte austauschen und in einer harmonischen, kooperativen Beziehung miteinander existieren.

Das SARI-Modell

Ego-State-Therapeuten folgen häufig dem SARI-Modell, das von Phillips und Frederick 2003 veröffentlicht worden ist. Es besteht aus vier Therapiephasen, die zirkulär durchlaufen werden:

1. Sicherheit und Stabilisierung *(Safety and Stabilisation)*
2. Schaffung eines Zuganges zum Trauma und zu den damit verbundenen Ressourcen *(Accessing)*
3. Durcharbeiten der Traumerfahrung und Restabilisierung *(Resolving and Restabilization)*
4. Integration in die Persönlichkeit und Festigung der neuen Identität *(Integration and Identity)*.

Stufen der Persönlichkeitsintegration

Maggie Phillips und Claire Frederick formulierten die Stufen der Persönlichkeitsintegration. Dieses Stufenmodell dient als »Behandlungsleitfaden« für den Therapeuten, der damit den Integrationsvorgang reflektieren und die verschiedenen Ich-Zustände durch den therapeutischen Prozess begleiten kann.

Die Stufe des Erkennens

Oft kann man die Beziehung der einzelnen Ego-States zueinander als die zwischen fremden Menschen beschreiben. Sie sehen einander nicht, oder sie reden nicht miteinander, manchmal sind sie auch verfeindet. Auf der Stufe des Erkennens sollen sich die Teile bewusst werden, dass es noch andere Ego-States im inneren System gibt.

Die Stufe der Kommunikation

Wenn Ego-States von der Existenz der anderen Ego-States wissen, dann wollen sie oft nicht miteinander in Kontakt treten. Der Therapeut muss mit diesem Widerstand behutsam umgehen, ihn vielleicht sogar als Ressource verwenden, um die Ego-States dazu zu ermutigen, miteinander zu reden.

Die Stufe der Entwicklung von Empathie

Reden die Anteile einmal miteinander, lässt sich oft beobachten, dass sie nicht bereit sind, füreinander Verständnis aufzubringen. Indem Ego-States dem Schmerz anderer Teile ausgesetzt werden, wird ihre Gefühlswelt erweitert. Das trägt zu einer Reifung einzelner Ego-States bei.

Die Stufe der kooperativen Bemühungen

Der Ego-State-Therapeut regt auf der Stufe der kooperativen Bemühungen innere Aktivitäten an, sodass die einzelnen Teile ein höheres Maß an Reife entwickeln können. Besonders wird darauf geachtet, das Vertrauen innerhalb der inneren Familie zu fördern.

Die Stufe der Anerkennung

Während der Phase der Integration werden Ego-States ermutigt, die Existenz der anderen Ego-States anzuerkennen und Teil einer inneren Familie zu werden. Wie in jeder Familie gibt es unterschiedliche Meinungen und Einstellungen, untereinander herrscht ein Klima des wohlwollenden Respektes. Das Miteinander ist durch Wertschätzung füreinander gekennzeichnet, sodass die Ego-States zu einer Konsensbildung innerhalb des Systems kommen können.

Die Stufe des Miteinanderteilens innerer Phänomene

Kann die Stufe des Miteinanderteilens innerer Phänomene erreicht werden, so ähneln die Beziehungen der Ego-States untereinander sehr derjenigen von Geschwistern oder auch Freunden, die eine gute Beziehung zueinander haben.

Die Stufe der Co-Bewusstheit

Wenn die Arbeit der Aufdeckung und Reassoziierung der traumatischen Erinnerungen ausreichend erledigt worden ist, entwickelt sich zunehmend ein Zustand der Co-Bewusstheit der Ich-Zustände.

Die Stufe kontinuierlicher Co-Bewusstheit

Die letzten beiden Stufen, die Stufe der Co-Bewusstheit und die Stufe der kontinuierlichen Co-Bewusstheit, fließen oft ineinander, und die Entwicklung verläuft parallel oder sprunghaft. Ego-States nehmen einander entweder als getrennte Identität wahr, oder es kommt zu spontanen Verschmelzungen bestimmter Teile. Die Stufe der Co-Bewusstheit wird in der Ego-State-Therapie ausdrücklich angestrebt.

Kombination von Hypnose, Ego-State-Therapie und EMI

Die Kombination von Hypnose, Ego-State-Therapie und Eye Movement Integration erweist sich in der Praxis als sehr erfolgreich. Braucht man die Hypnose, um tiefer liegende pathologisch dissoziierte Ego-States zu erreichen, kann mit dem traumatisierten Teil auch EMI praktiziert werden. Die Verankerung der Ego-State-Therapie in der in Österreich gelehrten Hypnosepsychotherapie zeigt den hohen Stellenwert, den dieser Ansatz innerhalb der psychotherapeutischen Arbeit innehat. Die sinnvolle Integration dieser neuer Methoden in die eigene Fachrichtung ist Bestandteil diverser Weiterbildungs- und Fortbildungscurricula.

Ethische Aspekte in der Anwendung und Ausblick auf die Tagung 2016

Zum Abschluss meines Beitrages möchte ich darauf hinweisen, dass alle drei Behandlungsmöglichkeiten, Hypnose, Ego-State-Therapie und Eye Movement Integration ethisch verantwortungsvoll in der Arbeit mit Patienten eingesetzt werden sollen. Das setzt ein Erlernen der Methode bei qualifizierten Trainern und kontinuierliche Supervision voraus.

»Reden reicht nicht!?« hieß es im April 2014 auf der Tagung in Heidelberg. Mein Beitrag umfasst drei Teilbereiche, die im Rahmen dieses Kongresses vorgestellt und diskutiert worden sind. Daneben gibt es noch unzählige andere wirkungsvolle Techniken und Modelle zur Behandlung von Patienten und Klienten. Einer Erweiterung der geführten Diskussion bei der nächsten »Reden-reicht-nicht«-Tagung 2016 sehe ich erwartungsvoll entgegen.

Schlusswort

Mein geschätzter Lehrer Peter Levine schreibt (2011, S. 12):

>»Die meisten Menschen denken, ein Trauma sei ein psychisches Problem oder gar eine Gehirnstörung. Ein Trauma passiert jedoch auch im Körper.«

Er zeigt, dass Trauma zuerst und vor allem im Körper passiert. Die mentalen Zustände, die ein Trauma begleiten, seien zwar wichtig, aber sekundär:

>»Der Körper geht vor, und der Geist folgt. Deswegen greifen ›Redekuren‹, die den Intellekt oder sogar die Emotionen ansprechen, nicht tief genug« (ebd.).

Dem schließe ich mich vollinhaltlich an.

Das Orchester der Sinne nutzen für erfolgreiche »Lösungssinfonien« – Hypnosystemische multisensorische Strategien für kraftvolle ganzheitliche Lösungen

Gunther Schmidt

Zunächst ein kleines Plädoyer für Verbales

Diese Arbeit hier stellt sich die Aufgabe (passend zum Rahmen des Kongresses »Reden reicht nicht!?«), einige Variationen aus der Vielfalt hypnosystemischer multisensorischer Interventionsstrategien zu beschreiben, also gerade einmal solche Interventionen zu illustrieren, deren Hauptfokus nicht das verbale Angebot ist, sondern das Einwirken insbesondere auf die nonverbalen Aspekte des Erlebens. Es wird vielleicht etwas paradox anmuten, dass ich sie dennoch (besser: gerade deshalb) einleite mit einigen Argumenten dafür, diese nonverbalen Interventionen sehr wohl in einen verbalisierenden Rahmen zu stellen.

Wie hier gleich noch dargelegt wird, reicht Reden allein bei sehr vielen intensiven Problem-und Leidensprozessen zwar nicht dafür, zu hilfreichen, befreienden Lösungen zu gelangen.

Aber da auch Sprache ja auf unwillkürlicher Ebene kontinuierlich in Bilder und generell auf alle Sinnesebenen übersetzt wird, ist es außerordentlich wichtig, welche Sprachmuster man nutzt. Selbst kleine Nuancen machen dabei oft einen enormen Unterschied in der Wirkung sowohl beim Sender als auch beim Empfänger der Botschaften, z. B. die unterschiedliche Wahl von Wörtern, Worten, Sätzen, dabei auch die Art, wie Sprechgeschwindigkeit, Stimmlage, Lautstärke, auch die Richtung, in welche gesprochen wird, und die jeweils damit vernetzte Mimik, Gestik, Körperkoordination, Atmung.

Ganz wesentlich ist außerdem, dass die meisten der hier beschriebenen Interventionen den Klienten völlig unvertraut sind. Sie entsprechen überhaupt nicht dem üblichen Mainstreamdenken in unserer Kultur, die noch immer einseitig kognitiven Prozessen mehr Bedeutung und Gewicht gibt, Körperliches eher als befremdlich bewertet und auch vorherrschend von Vorstellungen geprägt ist, dass man zur Veränderung eines Problems es erst einmal gründlich (natürlich kognitiv) verstehen müsse, die »Ursache des Problems« herausfinden und dann das Ganze gründlich »durcharbeiten« müsse. Würde man dann die hier beschriebenen Interventionen einfach nur anbieten, ohne transparente Erklärungen für sie, welche sie plausibel machen können, würden die »Empfänger der Botschaft« mit großer Wahrscheinlichkeit gerade mit ihren bisher vertrauten kognitiven Konzepten die Angebote entweder als unpassenden Unsinn abwerten und sie abwehren oder mit großer Verwirrung und Verunsicherung darauf reagieren.

Da ja aber, wie wir wissen, die Empfänger einer Botschaft deren Bedeutung und Wirkung bestimmen, würden so die gut gemeinten und auch neurobiologisch und hypnosystemisch sehr gut begründbaren Interventionen einen entscheidenden Teil ihrer hilfreichen Wirkung verlieren, eventuell sogar ungünstige Wirkungen auslösen. Auch diese Überlegungen zeigen klar, dass eben nicht der Inhalt eines Phänomens (auch nicht der »technische« Inhalt einer Intervention) an sich wirkt, sondern die Wirkung vor allem durch den Bedeutungsrahmen bestimmt wird, mit dem es von den Wahrnehmenden verbunden wird.

Gerade deshalb ist es für nonverbale Interventionen besonders wichtig, sie verbal plausibel einzuführen und mit hilfreichen Bedeutungsangeboten zu »rahmen«; Verbales ist also der optimale »hilfreiche Begleiter« für Nonverbales. Die nun folgenden Überlegungen, die in der Art, wie sie formuliert werden, je nach Einstellung und kultureller Haltung der Klienten in der ihnen vertrauten Sprachform angeboten werden, können als Anregung für solche plausibilitätsschaffenden Erklärungen dienen.

Eine kleine hypnosystemische Metatheorie der Art, wie Erleben aufgebaut wird

In diesem Abschnitt folgt gleich ein systematisches hypnosystemisches Modell, mit dem spezifisch beschrieben werden kann, wie Erleben autonom selbst erzeugt und dann auch wieder zieldienlich beeinflusst werden kann. Dies könnte von manchen Therapeuten als fast technologisch nüchtern und distanziert erlebt werden, wo es doch in der Arbeit z. B. mit leidenden Menschen darum gehen sollte, empathisch auf die Inhalte ihres Erlebens einzugehen und sie stützend zu begleiten. Dieses Modell befähigt aber gerade dazu, sowohl intensiv mitfühlend auf Menschen einzugehen als auch gleichzeitig sie zu begleiten aus einer den Überblick behaltenden Metaperspektive.

Sie erst ermöglicht, hilfreiche Neuinformationen für die konstruktive Transformation von Problemprozessen in Lösungsprozesse zu entwickeln und auch die Betroffenen wirksam dabei zu unterstützen, ebenfalls eine solche Metaperspektive auf ihre eigenen Erlebnisprozesse auszubauen und dann mit gestärkter Autonomie selbstwirksam für sich zu sorgen.

Die inhaltlichen Geschichten der Klienten werden selbstverständlich als sehr zu achtende Teile ihrer gerade gelebten Identität, als ihre intensivst zu würdigende subjektive Wahrheit angesehen und behandelt. Gerade dieser »Wahrheitsaspekt« aber bewirkt in tragischer Weise gleichzeitig, dass es für die Betroffenen so aussieht, als ob, was geschieht, eben objektiv genau so sei, wie sie es erleben und schildern. Ihre Schilderungen beziehen sich fast immer auf biografische Ereignisse der Vergangenheit (die ja nicht mehr zu ändern sind) oder auf zukunftsorientierte, düstere Prognosen und Befürchtungen (die ebenfalls weder veränderbar noch prüfbar sind) oder auf Interpretationen und Schlussfolgerungen hinsichtlich gegenwärtig erlebter Ereignisse, die ihnen wie feststehende Wahrheiten vorkommen. So geraten sie immer mehr in ein Erleben, ohnmächtige, diesen Inhalten ausgelieferte Opfer zu sein, was meist zu noch mehr Leiderleben führt.

Umso mehr sind hypnosystemische Modelle gezielt darauf ausgerichtet, Muster zu erfassen und zu beschreiben und dabei konsequent hinter die »inhaltlichen Geschichten« der Klienten zu schauen, sich also gerade nicht von den Geschichten »hypnotisieren« zu lassen, sondern die Struktur der auf unbewusster Ebene in unwillkürlicher Selbstorganisation immer wieder neu aufgebauten Erlebnisnetzwerke systematisch zu erfassen und auf sie (auftragsgemäß) einzuwirken.

Immer wieder erlebe ich dabei allerdings, dass es vielen Therapeuten, die vorher in traditionellen Therapieverfahren ausgebildet wurden, zunächst sehr schwerfällt, neben der Empathie für die inhaltlichen Schilderungen auch noch gleichzeitig den »Metablick« auf die dahinter liegenden Strukturen und Muster zu entwickeln und beizubehalten. Wenn sie dies aber nicht beachten, ist die Gefahr sehr groß, dass die Geschichten der Klienten leider nicht nur bei ihnen selbst, sondern auch bei den Therapeuten als intensives Priming in Richtung Defizit, Pathologie, »krankhafte Störung« und nicht selten in gemeinsam geteilte Hoffnungslosigkeit einmünden und so die Therapeuten ungewollt mit ihren Interaktionsbeiträgen zur Aufrechterhaltung oder gar Stärkung des Problemerlebens beitragen.

Das hypnosystemische Modell stellt ein konsistentes Integrationskonzept dar (Schmidt 2004a, b, 2005, 2009, 2010), das systemischkonstruktivistische Ansätze (Ludewig 1992; Mücke 2010; von Schlippe u. Schweitzer 2003, 2009; Schmidt 2004) mit den Konzepten der ericksonschen Hypnotherapie (Haley 1978; Erickson u. Rossi 1979, 1981) verbindet, dabei aber auch nützliche Strategien aus anderen kompatiblen Ansätzen wie z. B. aus Psychodrama, Körpertherapien, Energiepsychologie usw. mit einbezieht.

Es geht davon aus, dass alles Erleben ständig neu erzeugt wird und nie feststeht; jede Realität wird von den Erlebenden selbst autonom, in innerer psychophysiologischer Selbstorganisation konstruiert (Autopoiese i. S. v. Maturana 1982; Maturana u. Varela 1987) durch Prozesse der Aufmerksamkeitsfokussierung, wichtige Teilbereiche davon werden auch als Priming (Bahnung) bezeichnet. Wir erzeugen zwar nicht unser Leben selbst, aber im Wesentlichen unser Er-Leben. Dies geschieht mit unseren fünf Sinnen (visuell, auditiv, kinästhetisch, olfaktorisch, gustatorisch), wobei der weit überwiegende Teil unbewusst und unwillkürlich abläuft. Je nachdem, wohin und wie die Fokussierungsprozesse gestaltet werden, erleben Menschen auch immer wieder ein unterschiedliches »Ich« – d. h. das Erleben dessen, welches jeweils als »Das bin ich ...« wahrgenommen und beschrieben wird. Wir sind also alle multiple Persönlichkeiten mit vielen Ichs (Schmidt 1989, 2004a, b, 2011; Stierlin 1995; Watkins u. Watkins 2008).

Solche Ichs werden in interaktionellen Prozessen entwickelt, in ständigem Rückkoppelungsprozess mit der Umwelt, konfrontiert mit Beiträgen anderer und sonstigen Umwelteinflüssen, auf die dann wieder aktiv geantwortet wird. Wenn also jemand sagt, »Ich nehme es wahr«, ist dies nie die quasifotografische Abbildung dessen, wie »es ist«, sondern immer schon eine selbst organisierte autonome Leistung, fokussierend Reize auszuwählen und sie so zu verarbeiten, dass erst entsteht, was ich (statt »Wahrnehmung«) »Wahrgebung« nenne. Neurobiologische Erkenntnisse belegen dies vielfältig (z. B. Metzinger 2009; Grawe 2005).

Aus den Autopoiesekonzepten folgt auch, dass Bedeutung und Wirkung einer Botschaft immer der Empfänger bestimmt. Das hat wichtige Implikationen für das Verständnis von Interventionen. Denn ob etwas als Intervention wirkt, wird nicht vom »Sender« (z. B. Therapeuten, der eine Intervention plant und anbietet) bestimmt, sondern ausschließlich vom Empfänger, z. B. dem Klienten. Aber der Sender hat als relevante »Umwelt« des Empfängers die Verantwortung dafür, welche Umwelt er darstellt, was und wie er kommuniziert, denn das trägt zum Auswahlprozess der Antworten Wichtiges bei, gerade in Kontexten wie Therapie/Beratung, in der sich z. B. Klienten exponieren. Diese Erkenntnisse machen auch deutlich, dass es kein Problem an sich gibt. Wird ein »Problem« erlebt, drückt dies die gerade im Moment gestalteten Wahrnehmungsprozesse und Konstruktionen von »Realität« aus, die der Beobachter tätigt, der das »Problem« erlebt (bewusst und unbewusst, willkürlich und unwillkürlich) und damit (wenn auch ungewollt) erzeugt. Gleichwohl wird es auf bewusster Ebene oft so erlebt, als sei es nicht von einem selbst gemacht, sondern quasi »über den Menschen gekommen«, zumal dann, wenn es sich um Unerwünschtes, als leidvoll Erlebtes handelt.

»Probleme«, ebenso »Lösungen«, sind Ausdruck selbst gemachter Musterbildungen (Vernetzungen von Erlebniselementen, die in selbstrückbezüglichen Wechselwirkungen alle aufeinander einwirken und so das jeweilige Muster immer wieder stabilisieren oder gar aufschaukeln. Überhaupt bestimmt kein Phänomen selbst seine Wirkung, auch kein Erlebnis aus der Vergangenheit. Immer nur die Art, wie sich ein Erlebender in Beziehung zu dem jeweiligen Phänomen setzt, bestimmt dessen Wirkung. Auch wenn wir uns oft so fühlen, sind wir doch letztlich nicht nur dauerhaft Opfer von Erlittenem aus der Vergangenheit oder in der Zukunft Befürchtetem.

Solche Netzwerke, die den Erlebenden üblicherweise ja zum größten Teil unbewusst bleiben, können mit hypnosystemischen Modellen systematisch und detailliert beschreibbar und damit auch in ihren zentralen Aspekten bewusst erfassbar gemacht werden. Mit gezielten Fragen können auch die gravierendsten Problemmuster schnell rekonstruiert und damit bewusster Beeinflussung zugänglich gemacht werden. Da diese Zusammenhänge aber den Klienten bisher fast nie bekannt waren, müssen solche hilfreichen Interventionen praktisch immer von den Therapeuten/Beratern aktiv eingebracht werden, auch ohne Aufforderung durch Klienten. Es folgt nun eine Auflistung typischer Elemente von Erlebnisnetzwerken, die man differenziert nutzen kann für die bewusste und gezielte Rekonstruktion unwillkürlichen Erlebens. Aus dieser Rekonstruktion können dann wieder systematisch verändernde Interventionen abgeleitet werden (die Logik der später hier beschriebenen Interventionen erschließt sich ebenfalls daraus).

Typische Elemente solcher Netzwerke sind z. B.: Art und Inhalt der Beschreibung (von innen oder außen) wahrgenommener Phänomene, die Benennung von erlebten Phänomenen (nenne ich z. b. etwas »Anpassungsstörung mit depressiver Tendenz« oder »angemessene Trauer, die einen Verlust würdigt und emotional in Verbindung mit dem Verlorenen bleiben will«). Weiter wichtig ist auch z. B.: Wird auf Unterschiede geachtet, oder wird eher generalisierend (z. B. »immer«, »nie«...), mit/ohne Kontextbezug berichtet, werden gewünschte Episoden (Muster des Gelingens) überhaupt wahr- und ernst genommen, wie werden sie bewertet?

Ein Problem kann z. B. nur erlebt werden, wenn man eine Diskrepanz konstruiert zwischen dem, was man gerade erlebt, und dem, was man an dessen Stelle will (Art/Inhalt der »Ist-Soll-Diskrepanz-Konstruktion«). Ein Symptom oder ein Problem kann man dann nur erleiden, wenn das bewusste, willentliche »Ich« ein bestimmtes Ziel erreichen oder etwas Bestimmtes erleben will, gleichzeitig aber die innere unwillkürliche Selbstorganisation ein anderes, für das bewusste Ich unerwünschtes Erleben produziert. Typisch ist dann, dass das willentlich-bewusste Ich gegen diese unwillkürlichen Prozesse kämpft oder vor ihnen zu fliehen versucht (z. B. durch Vermeidung), dabei aber längerfristig meist verliert, weil unwillkürliche Prozesse immer schneller und zunächst auch stärker als alle willentlichen Prozesse sind. Für Lösungen wird zentral, dass man solche inneren Spaltungsprozesse (z. B. Kämpfe) transformiert. Dabei ist entscheidend für das Erleben von Eigenkompetenz, dass die Ziele so konstruiert sind, dass sie selbstwirksam realisierbar sind. Bei den meisten Aufträgen in Psychotherapien sind zunächst die Ziele so konstruiert, dass sie nicht selbstwirksam erreichbar sind und deshalb umkonstruiert werden sollten.

Auf unbewusster Ebene werden je nach aktueller Befindlichkeit die erlebten Phänomene unwillkürlich mit unterschiedlicher innerlich erlebter Nähe oder Distanz wahrgenommen; mit entsprechend unterschiedlich erlebter Größe und auch immer an spezifischen »inneren Plätzen« im (unbewussten) »inneren Erlebnisraum« werden alle Phänomene jeweils auch räumlich lokalisiert, wodurch ihre Wirkung massiv beeinflusst wird, z. B. erlebt man sich dann als mehr identifiziert (assoziiert) oder eher fremd (dissoziiert). Durch viele systematische Rekonstruktionen ihres Erlebens mit Klienten und auch im Selbstversuch konnte ich diese Aspekte in den 1980er-Jahren verstehen lernen (Schmidt 1988; siehe auch Derks 2014).

Verbunden mit diesen Aspekten, ändert sich jeweils das subjektive Alters-, Größen- und Raumerleben des »Beobachters« der Phänomene. Mal fühlt man sich z. B. wesentlich jünger und kleiner (Altersregression), mal deutlich älter (»steinalt«, Altersprogression). Damit einher gehen Erklärungen, die man sich bezüglich Phänomenen macht (z. B. gut/böse, gesund/krank, absichtlich/unabsichtlich, genetisch, aktiv/passiv, kompetent/inkompetent usw.), spezifische Werte-/Loyalitätsorientierungen, Bewertungen von Phänomenen (toll/ blöd, gewünscht/ungewünscht usw.), Schlussfolgerungen aus diesen vorherigen Schritten, Vergleiche mit anderen/Erwartungen an sich/ an andere/von anderen, Wahrnehmung/Bewertung eigener Empfindungen, Emotionen (die eher folgen aus solchen Prozessdynamiken, nicht etwa ihre »Ursache« sind), Empfindungen und Bewertungen von und Umgang mit Emotionen, Empfindungen, Gedanken (eher vorwärts/bewältigend orientiert, eher zurückweichend/vermeidend/ resignierend orientiert).

Sehr wichtige Elemente solcher Netzwerke sind insbesondere die Körperkoordination, Mimik, Gestik, Bewegungsmuster, Atmung, Sinneskanäle und Submodalitäten (visuell, auditiv, kinästhetisch, olfaktorisch, gustatorisch), weiter ist dies alles vernetzt mit physiologischen Reaktionen (z. B. Blutdruck, Muskeltonus, Hormondynamik etc.), dann auch mit inneren Dialogen, der Dynamik von verschiedenen »Seiten« eines Menschen, die während Leidensprozessen meist miteinander in abwertenden Kämpfen liegen, mit der Beziehung zu sich selbst und dem Umgang mit sich selbst, dem Umgang mit »Fehlern« oder der Haltung eines neugierigen Lernens. Ist man eher defizitfokussierend, bestrafend (andere abwertend oder eher sich selbstextrapunitiv oder intrapunitiv)? Wie ist der Attributionsstil (intern/extern, variabel/stabil)? Wie werden »innere Filme« gestaltet (eher fokussierend auf Gegenwarts-, Vergangenheits-, Zukunfts-, eher auf belastende oder auf Erfolgsmuster); dann die Art und der Inhalt der während des Problemerlebens angestrebten Lösungsversuche; dazu an welchem Ort, zu welchem Zeitpunkt; die Häufigkeit, Dauer und Intensität der erlebten Phänomene; ob etwas als eher willentlich oder eher unwillkürlich erlebt wird, welche Metaphorik und Symbolik innerlich damit verbunden wird, welche Antworten auf andere (z. B. bezüglich ihrer Bewertung, ihres Verhaltens, ihrer Bedürfnisse) gegeben werden; Art und Häufigkeit von Feedback; welche Bilder und Bewertungen von Beziehungen werden bevorzugt; welche Erwartungen an andere; wie sind Art und Inhalt der Kommunikation; wie ist das Zeiterleben (langsam/gedehnt, schnell/»vorbeirauschend«), wie ist das Verhalten, geht es einher mit eher extrovertierter oder introvertierter Haltung; verhält sich jemand eher vertrauensorientiert oder eher misstrauensorientiert usw.?

Auf unbewusster Ebene werden bei jeder Erlebnisepisode, die emotional »geladen« wird, viele solche Elemente des Erlebens in hochkomplexer Weise zusammengefügt/vernetzt. Entscheidenden Einfluss haben dabei Bereiche im Stamm- und Zwischenhirn, insbesondere im limbischen System, die außerhalb der bewussten Wahrnehmung operieren und quasi als der »Vorstand« im Gehirn bezeichnet werden können (Roth 2003). Diese Bereiche sind entwicklungsgeschichtlich älter als die Großhirnrinde mit ihrem bewussten, »rationalen« Denken und der Sprache. Den Erlebenden bleiben entscheidende Teile der Netzwerkbildung zum größten Teil unbewusst, das bewusste Erleben drückt quasi nur die Spitze des Eisbergs aus. Bewusste Großhirnprozesse können zwar eingreifen, sind aber langsamer und oft auch schwächer. Diese unbewussten Prozesse sind von zentraler Bedeutung für eine gesunde Entwicklung, für tragfähige, stimmige Lebensgestaltung und für Entscheidungen (Damasio 1997; Roth 2003). Sie melden sich im Bewusstsein als »somatische Marker«, als wichtige Feedbackschleifen aus dem Unbewussten, und äußern sich z. B. durch unwillkürliche Impulse, Körpersignale, Empfindungen, Änderungen der Atmung, Verspannungen, Gefühle etc. Diese Signale werden im hypnosystemischen Ansatz als wertvolle Kompetenzen beachtet, die geeignet sind, eine optimale Kooperation zwischen kognitiven und unwillkürlichen (nonverbalen) Prozessen zu unterstützen.

In unserem unbewussten Erlebnisrepertoire werden alle emotional »geladenen« Erlebnisprozesse als eigenständiges Erlebnisnetzwerk gespeichert (autobiografisches Gedächtnis, Episodengedächtnis, Markowitsch 2009). Wir haben also quasi viele Kindheiten und Vergangenheiten (Episoden) und viele Zukünfte (Fantasien im Sinne von Imaginationen) in uns. Je nachdem, welche davon gerade in uns »feuern«, erleben wir diverse Gegenwarten. Und ebenso (siehe oben) verfügen wir auch über multiple »Ichs«, die ja jeweils Ausdruck davon sind, dass wir uns gerade mit einem unserer vielen Erlebnisnetzwerke so identifizieren (assoziieren), dass es uns so vorkommt, als ob wir das ganz und nur das seien.

Diese Netzwerke (diverse Ichs) können sowohl autonom von innen aktiviert werden als auch angeregt werden durch Reize von außen (Situationsfaktoren, Verhalten, Kommunikation von anderen etc.). So können von gleichen Individuen ganz unterschiedliche soziale Systeme mit unterschiedlichen Wechselwirkungen, Regeln und Ergebnissen gebildet werden – Problem- und Lösungssysteme (je nach Kriterien der relevanten Beobachter dieser Prozesse).

Werden (und sei es nur unbewusst) in gegenwärtigen Situationen Ähnlichkeiten mit bestimmten Elementen früherer Netzwerke erlebt (z. B. bezüglich Geruch, Musik, Mimik etc.), können diese früheren Netzwerke ganz oder teilweise in der Gegenwart intensiv reaktiviert werden (hebbsche Regel: Zellen, die miteinander feuern, vernetzen sich, und vernetzte Zellen feuern wieder miteinander, Hebb 1949). Dies kann zu intensivster Identifikation mit diesen altersregressiven Netzwerken führen, bis hin zu leidvollen Flashbacks.

Andererseits liegen genau in diesen Prozessen auch enorme Chancen, denn gespeichert im Erlebnisrepertoire sind ja nicht nur leidvolle Netzwerke, sondern auch alle Episoden mit glücklichen, erfolgreichen, positiv erfüllten Erfahrungen. Auch sie können genauso wirksam reaktiviert werden, und genau das wird als zentrale Aufgabe hypnosystemischer Interventionen angesehen. Da diese Netzwerke zum größten Teil quasiautomatisiert in unwillkürlicher Selbstorganisation aktiviert werden, kommt es uns meist so vor, dass »es« uns eben geschieht, wir sagen dann »Es geht mir gut/schlecht ...«, wobei wir das oft so erleben, dass dieses »Es« wie eine fremde Kraft auf uns einwirkt und dabei unser willentliches »Ich« eher sein Opfer ist, wodurch wir Wahlfreiheiten weniger oder gar nicht mehr sehen, besonders dann, wenn wir Ungewünschtes erleben. Damit wir das eigene Erleben wieder mit mehr Autonomie gestalten können und uns nicht nur als Spielball unwillkürlicher Prozesse zu erleben, wird das Gestalten einer Metaposition, mit der man, relativ gesehen, wieder mehr zum Steuernden des eigenen Erlebens wird, zur zentralen Aufgabe (siehe S. 191 ff.).

Hypnosystemisches Verständnis von Interventionen und wie sie gestaltet werden können

Alle die hier aufgeführten Elemente von Erlebnisnetzwerken sind nicht »Ursache« des Erlebens, sie wirken synchron in zirkulärer Wechselwirkung aufeinander ein, erst ihr jeweiliges dynamisches, quasi

»vibrierendes«, »pulsierendes« Gesamtgefüge ergibt das Erleben. Dies hat wichtige praktische Implikationen für das Verständnis und die Gestaltung von Interventionen. Denn wenn es im Erleben gar keine klassischen linear-kausalen »Ursachen« gibt, sondern nur jeweils aktuelle Wechselwirkungen in der Gegenwart, hat es gar keinen Sinn, nach solchen »Ursachen« zu suchen. Damit gewünschte Veränderungen wirksam angeregt werden, muss auch nicht alles, was zum Problem beiträgt, verstanden und »durchgearbeitet« werden. Entscheidend ist, dass einzelne Elemente der beschriebenen Erlebnisnetzwerke verändert werden, wobei schon eines oder wenige dieser Elemente genügen. Denn da alle Elemente miteinander verkoppelt sind und aufeinander einwirken, wird die Wirkung eines Netzwerks schon dadurch verändert, und gelingt es, einzelne Elemente aufzurufen (z. B. die Atmung oder die Körperkoordination), welche irgendwann mit einem gewünschten Lösungserleben vernetzt worden sind, können sie dann das gesamte Netzwerk des Lösungserlebens allmählich nach sich ziehen (hebbsche Regel).

Im Gehirn gibt es eigentlich gar keine Vergangenheit und auch keine Zukunft. Was wir »Vergangenheit« oder »Zukunft« nennen, sind jeweils nur aktuell auftauchende Bilder in der Gegenwart, und die gerade gegenwärtig feuernden Bilder und sonstigen Prozesse wirken so, dass sie das gegenwärtige Erleben erzeugen. Auch hypothetische Gedankenspiele, in die man sich intensiv hineinversetzt (assoziiert), werden dabei so umgesetzt, dass sie zur momentan dominierenden Wirklichkeit werden. Auch z. B. Muskeltätigkeit, Hormonregulierung, Blutdruck, Puls, Atmung, Emotionen, Körperkoordination etc. werden dementsprechend gestaltet. So erzeugen wir unser Erleben immer selbst, auch wenn es uns so vorkommt, als wenn unser Erleben nur die Wirkung von Außeneinflüssen oder von Impulsen von innen wäre, auf die wir keinen Einfluss hätten.

Die reine Vorstellung einer Erfahrung wirkt, wenn sie systematisch mit allen Sinnen gestaltet wird, im Gehirn fast oder oft sogar gleich intensiv wie eine echt erlebte Erfahrung. Das Gehirn unterscheidet offensichtlich nicht intensiv zwischen einer echten Erfahrung und einer quasi im Moment durch imaginative Vorstellung simulierten Erfahrung.

In leidvoller Weise erleben dies ja auch alle Menschen, die z. B. nach früheren intensiven Traumatisierungen in der jeweiligen Gegenwart, auch wenn die tatsächlichen Erlebnisse viele Jahre zurückliegen, durch plötzlich auftretende heftige Flashbacks ein frühes Ereignis so erfahren, als ob das gleiche schlimme Ereignis gerade jetzt wieder ablaufen würde. Ein Flashback kann so also als eine intensive Art eines »So-tun-als-ob«-Erlebens verstanden werden. Er wirkt allerdings nicht wegen des Ereignisses von früher in der jeweiligen Gegenwart so heftig (das Ereignis von damals ist also nicht im linear-kausalen Sinne die »Ursache« des heutigen Erlebens), denn er wirkt nur stark, wenn die Erinnerung (quasi wie bei einem intensiven Albtraum) in der Gegenwart intensiv assoziiert wird. In dem Moment, in dem der Betroffene die aufgestiegenen Erinnerungen mehr dissoziiert, verlieren sie ihre schreckliche Wirkung. Es ist also nicht der Inhalt eines Ereignisses, welches seine Wirkung bestimmt, sondern die Art der Beziehung, welche der erlebende Beobachter zum jeweiligen Inhalt herstellt.

In den strukturell gleichen (aber mit anderen Inhalten des Erlebens gefüllten) Prozessen, die als »Lösung« empfunden werden, liegen aber auch die ganzen reichhaltigen Chancen für hilfreiche Interventionen, denn so können allmählich zieldienliche Kompetenzmuster, die bisher im unbewussten Erlebnisrepertoire »schlummerten«, gezielt wieder aktiviert und nach und nach zu dominierenden Erlebnisnetzwerken gemacht werden. In den folgenden Abschnitten wird eine kleine Auswahl aus der Vielzahl solcher Interventionschancen gezeigt.

Wenn Problemerleben gekennzeichnet ist durch Kämpfe zwischen willentlichen und unwillkürlichen Bereichen (Anteilen) der Gesamtperson, ist zentrales Metaziel aller Interventionen immer: optimal wirksame Kooperation zwischen willentlichem »Ich« und unwillkürlichen Prozessen (die autonom und immer schneller und stärker wirken als alles Willentliche). Unwillkürliche Prozesse werden ja hauptsächlich gebildet durch die entwicklungsgeschichtlich älteren Teile des Gehirns, die keine Sprache haben (Alligator- und frühes Säugetiergehirn; MacLean 1990), die aber Körperliches und Emotionales unwillkürlich umsetzen. Deshalb müssen kognitive Prozesse in diese Bereiche übersetzt werden, und Körperliches und Emotionales wiederum müssen in Kognitives übersetzt werden. Imaginationen, Rituale, ritualisierte Ideomotorik, Körperkoordination, Mimik, Gestik, Atmung, Auditiv-Klangliches, Symbolik, Metaphorik, Berührung usw. dienen dabei als wichtige Kommunikationsbrücken zwischen kognitiven, bewussten Prozessen und Prozessen aus dem Stamm-und Zwischenhirn. Werden Elemente eines Netzwerks aus diesen Bereichen verändert, und dies kann man auch willentlich erreichen, können diese

Signale in beide Richtungen für eine optimale Kooperation zwischen Kognition und Intuition genutzt werden. Daraus ergibt sich zwingend, für wirksame Interventionen alle Sinneskanäle systematisch einzusetzen und weit über das Kognitive hinauszugehen.

Interventionen werden aus hypnosystemischer Sicht immer verstanden als Maßnahmen der Unterschiedsbildung in bisherigen Netzwerken/Mustern, also in miteinander verkoppelten Erlebnisbeiträgen. Sie sollen dazu dienen:

a) die Aufmerksamkeit (bewusst und unbewusst, willkürlich und vor allem unwillkürlich) auf hilfreiche Erlebnisbereiche/Kompetenzen zu lenken

b) bisher vorherrschende ungewünschte Muster in ihrer unwillkürlichen Kraft zu schwächen bzw. zu unterbrechen (Fokus auf Wahlmöglichkeiten).

Sie können z. B. abzielen u. a. auf:

- Musterunterbrechungen, Schwächungen von bisherigen unwillkürlichen Problemmustern
- Fokussierung auf gewünschte Zielerfahrungen (schon bisher erlebte oder in der Zukunft visionierte)
- Utilisation der Problemmuster (z. B. auch von Flashbacks, als Zwang erlebten Impulsen etc.)
- die Prüfung von Auswirkungen (Bedeutung und Bewertung) von erfolgreich umgesetzten Erfolgsmustern (für sich selbst, im System), wobei Probleme und Lösungen als beziehungsgestaltende Interventionen verstanden werden, wodurch konstruktives, erfolgreiches »Ambivalenzcoaching« aufgebaut werden kann
- Transferinterventionen (z. B. »Mahnmalinterventionen«)
- die Aktivierung optimaler Kompetenz- und Ressourcennetzwerke der Therapeuten (auch ein wichtiger Punkt)
- die Utilisation der Beziehungssysteme (der Klienten und Klientinnen, auch der Helfernetzwerke).
- Dabei werden Fragen wichtig wie z. B.:

a) »Was ist mit was verbunden/vernetzt/assoziiert, was ist (wenn als zieldienlich vorgestellt) noch nicht miteinander vernetzt (assoziiert)?; was sollte für die Zielerreichung besser vernetzt (assoziiert) sein, was sollte voneinander abgekoppelt (dissoziiert) sein, was sollte völlig neu sein?« – Muster und Interventionen in diese Muster können prinzipiell beschrieben und geplant werden nach Ordnungskriterien wie: Welche Elemente erleben wir als im Muster miteinander verbunden/assoziiert (Elementebenen beschreibbar nach dem Modell »Problem-/ Lösungsgewebe«)? Dies können wir definieren als Bild, welches die »Klasse (Menge) des Problems« beschreibt.

b) Daraus kann als Nächstes die Frage abgeleitet werden: »Wenn dieses assoziative ›Gewebe‹ zur Klasse des Problems gehört, was könnte vermutlich dazu führen, dass dieses Muster so geändert wird, dass daraus ein Muster aus der ›Klasse (Menge) der Lösungen‹ wird?«

c) Oder anders formuliert: »Was fehlt bisher im ›Problemmuster‹ an Potenzialen, damit daraus ein ›Lösungsmuster‹ gemacht werden kann, d. h., welche Potenziale, die lösungsförderlich wären, sind aus dem ›Problemmuster‹ abgespalten (dissoziiert)?« Daraus können Planungen abgeleitet werden dafür, was zum Problemmuster an Potenzialen eventuell assoziiert (hinzugefügt) werden könnte (Interventionen i. S. eines Verbindens von Potenzialelementen mit dem Problemmuster).

d) »Was könnte eventuell quasi aus dem Problemmuster entfernt oder wie könnte das Problemmuster »zerlegt« werden, z. B. in einzelne Teilsequenzen, sodass das Problemmuster seine Wirkkraft verliert?« (Interventionen i. S. eines Unterbrechens des Musters.)

e) »Ist das ›Problemmuster‹ eher gekennzeichnet durch ein hohes Maß an Komplexität, oder ist es eher massiv komplexitätsreduziert? Sollte es daher eher verändert werden in Richtung ›Erhöhung von Komplexität‹ (wozu z. B. viele zirkuläre Fragen hilfreich sein können) oder eher in Richtung ›Reduktion von Komplexität‹ (wozu z. B. Stellungnahmen, Deutungen etc. dienlich sein können, sogar solche aus der Klasse ›So ist es wirklich ...‹, also solche mit ›Wahrheitsanspruch‹)?«

Grundsätzlich können Probleme erlebt werden im Zusammenhang damit, dass etwas Unerwünschtes (z. B. Verhalten einer Person) zu viel auftritt oder dass etwas Erwünschtes zu wenig auftritt. Die gerade vorgeschlagene Betrachtung hilft, besser Entscheidungen treffen zu können darüber, ob der Interventionsfokus mehr in die Richtung gehen sollte, etwas hinzuzufügen, oder eher in die Richtung, etwas von einem bisherigen Muster wegzulassen. Eine Lösung entsteht, wenn sich im Erleben und Verhalten derer, die ein Problem wahrnehmen, diese Diskrepanz auflöst. Ist/Soll fallen eher zusammen, und zwar so, dass: Unterschiede in die Negativbewertung (-) des Istzustands und/oder in die relativ positivere (+) des Sollzustands und/oder Unterschiede/Änderungen in die Art der bisherigen hauptsächlich praktizierten Lösungsversuche eingeführt werden (Unterschiede herstellen = Entwicklung von Neuinformationen); besonders relevant sind Neuinformationen/Unterschiede, welche mehr Wahrnehmung ermöglichen (= Aufmerksamkeitsfokussierung) in Richtung »Erleben von zieldienlichen Fähigkeiten und von Situationen, in denen sie gelebt werden konnten«.

Erlebt jemand ein Problem und will das ändern, ist es deshalb vorrangig wichtig, die gewünschten Lösungsprozesse zu verstehen, denn indem man sie imaginiert, können sie schon tendenziell erlebte Wirklichkeit werden, sogar dann, wenn man das »Problem« gar nicht verstanden hat.

Problemmuster zu verstehen kann dennoch wichtig werden, will man weitere Informationen erzeugen, welche die Lösung verstärken, z. B. um das damit verbundene leidvolle Erleben zu würdigen und eine tragfähigere Kooperationsbeziehung aufzubauen. Oder um besser achtsam werden zu können auf Auslösereize für das Problemmuster, die man dann konstruktiver beantworten kann. Oder als wichtige Information über Ziele und Bedürfnisse, die sich im Problemmuster verdeckt melden, die dann übersetzt, positiv umgewertet und für eine tragfähige Lösung mit berücksichtigt werden können.

Allerdings kann die Beschäftigung mit Problemmustern derart absorbierend und automatisiert wirken, dass es bei den Betroffenen gerade wieder das Problemerleben in leidvoller Weise aktiviert. Jedenfalls dann, wenn dabei ähnlich oder gleich fokussiert wird wie im bisherigen Ablauf des Problemerlebens. Deshalb sollte jeweils, bevor man sich intensiver mit Problemmustern beschäftigt, zunächst eine steuernde und schützende Metaposition aufgebaut werden, aus der heraus man dann alle Erfahrungen beobachtet. Dann kann viel leichter jeweils umfokussiert werden auf hilfreiche Kompetenz- und Lösungsmuster, die auch bei langem Leid praktisch immer im Erfahrungsrepertoire der Betroffenen gespeichert sind. Gerade diese zunächst oft aus der bewussten Wahrnehmung dissoziierten »Muster des Gelingens« gilt es zu aktivieren. Dann können auch bisher lang währende Problemmuster oft sehr schnell und nachhaltig wirksam in Lösungsmuster transformiert werden.

Einige Beispiele praktischer sinnlicher Umsetzung

Pacing mit allen Sinnen

Damit der Therapeut/Berater mit jemandem gut kooperieren und ihm wirksame Interventionen anbieten kann, sind der Aufbau und das Aufrechterhalten stimmigen Kontakts in allen Phasen entscheidend. Milton Erickson, der ein unerreichter Meister solchen Kontaktaufbaus war, nannte dies »establishing of a yes-set«, was bedeutet, auf so vielen »Kommunikationskanälen« wie möglich jemandem in seinem gerade dominierenden Weltmodell zu begegnen. Die Begründer des NLP nannten die gleichen Prozesse dann »pacing« (Grinder u. Bandler 2007). Das kann z. B. heißen, dass man gleiche oder ähnliche Sprachmuster und Metaphern nutzt, aber auch Mimik, Gestik, Körperkoordination, Atmung, Verhaltensmuster usw. Auf diese Art können Therapeuten/Berater sich oft in erstaunlich intensiver Art in das Welterleben ihrer Klienten einfühlen.

Vielfach wird dieser sehr komplex aufbaubare Prozess auch in vielen Weiterbildungen nur als eine Art Technik vermittelt. Dabei wird aber nicht genügend berücksichtigt, dass mit Pacing im Sinne von Milton Erickson vor allem eine Haltung kongruenter Achtung und Respekts vor der Einzigartigkeit des Kommunikationspartners gemeint ist. In der ganzen Zeit, in der ich das Glück hatte, bei Milton Erickson selbst direkt von ihm lernen zu dürfen, habe ich das bei ihm nie als eine »Technik«, sondern immer als eine Haltung sehr achtungsvoller, achtsamer Einstimmung und Würdigung der Prozesse der Klienten erlebt.

Natürlich können auch Aspekte der Kommunikationstechnik dabei hilfreich sein, sie sind aber nachrangig, vorrangig ist diese Haltung, welcher die Technik zu dienen hat. Dabei geht es nicht darum, jemanden zu etwas zu bringen, was aus der Sicht z. B. des Therapeuten für ihn »richtig« erscheint, sondern den Klienten dabei zu unterstützen, in optimalen Kontakt zu kommen zu seinem intuitiven Wissen darüber, was stimmig für ihn ist, und dies so zu beachten, dass Kognition und Intuition optimal und kontextangemessen kooperieren.

In der aus dem NLP kommenden Tradition wird die Idee des Pacings dann meist gleich verknüpft mit der Idee des Leadings, wobei von der Annahme ausgegangen wird, dass man jemanden sehr wirksam »führen« könne, wenn man technisch optimal Pacing praktiziert und darauf dann die Angebote aufbaut, die der Therapeut/Berater als passend für den Klienten ansieht (traditionell vor allem sehr indirekt, ohne den Klienten transparent in den Prozess der Gestaltung und Auswahl dieser Angebote aktiv einzubeziehen). Berücksichtigt man die Erkenntnisse der modernen Neurobiologie (Autopoiese), wird aber schnell klar, dass man niemanden von außen »führen« kann, da ja Erleben von innen heraus autonom gestaltet wird. Man kann aber jemanden sehr wohl einladen durch stimmige eigene Angebote, auf die dann der Kommunikationspartner eigenständig antwortet, die »Führung« liegt also bei ihm und seinem Feedback, und die Kooperation gelingt dann am besten, wenn dies auch ständig kongruent beachtet wird und Therapeuten jemanden eben gar nicht zu etwas bringen wollen, sondern die freie Wahl aus ihren Angeboten als Kompetenz würdigen (anstatt sie z. B. als »Widerstand« zu pathologisieren).

Stimmt man sich intensiv auf diversen Sinnesebenen auf die Prozesse von Kommunikationspartnern ein, kann dies aber auch bewirken, dass man bei sich selbst ähnliche Erlebnisnetzwerke aktiviert wie die, für die man ein Pacing gestalten will. Sind dies gerade sehr wohltuende Netzwerke, kann das sehr bereichernd wirken. Genau so effektiv könnten aber auch sehr unangenehme Netzwerke aktiviert werden, bis hin zu intensivem körperlichem Unwohlsein oder belastendem emotionalen Erleben (siehe dafür z. B. Schmidt 2004b). Es erscheint also sehr ratsam, die Haltung des Pacings zu kombinieren mit einer schützenden Metaposition (siehe S. 191 ff).

Auftragsgestaltung mithilfe somatischer Marker-Ziele als sinnliche »Beziehungspartner«

Damit Therapie/Beratung erfolgreich wirken kann, müssen nicht nur wirksame Interventionen gebildet werden, die sich zieldienlich im System der Klienten auswirken, es muss auch das Therapie-/Beratungssystem, also das Kooperationssystem zwischen Klienten, Therapeuten und eventuell auch nicht direkt präsenten Dritten optimal aufgebaut werden (Kybernetik 2. Ordnung). Entscheidend dafür ist, dass man für

Ziele kooperiert, die selbstwirksam mit der subjektiv erlebten Eigenkompetenz der Klienten erreichbar sind. So trivial das klingt, zeigt es sich aber immer wieder, dass sich die Klienten in der Mehrzahl der Fälle zu Beginn einer Kooperation an Zielen orientieren, die (zumindest zum gegebenen Zeitpunkt) nicht selbstwirksam erreichbar sind, sondern z. B. maximalistisch, perfektionistisch aufgebaut sind (wie z. B. »Meine Angst sollte ganz weg sein, ausgemerzt sein«, »Meine Schmerzen, auch mein Tinnitus, sollen für immer aufhören« usw.). Mit solchen Zielen wird man schnell im Insuffizienzerleben landen, denn so verstehbar die Sehnsucht nach solchen Entwicklungen ist, sind ja auch die ungewünschten Netzwerke im Gehirn nicht einfach löschbar und bleiben also weiterhin »sprungbereit«. Je nach Kontext und Auslösereizen (hebbsche Regel) könnten solche ungewünschten Prozesse auch wieder einmal »anspringen«; definiert man »Lösung« aber als ihr dauerhaftes Verschwinden, könnte dies dann wieder als Versagen erlebt werden und das alte Problemmuster stärken. Außerdem sind solche Zielkriterien nicht prüfbar, da sie ja in der unbekannten Zukunft liegen (»... für immer weg ...«).

Da die Klienten aber zunächst oft intensiv mit solchen Vorstellungen identifiziert sind, könnten sie es als abwertende Zurückweisung erleben, wenn man nicht auf sie eingeht. Meist kann jemand erst dann für eine andere, hilfreichere Sichtweise gewonnen werden, wenn er sie durch konkrete sinnliche Erfahrung erleben kann. Dafür habe ich spezifische Modelle entwickelt (die ich »Restriktionsmodelle« nenne), die sich schon in vielen Hunderten Fällen sehr bewährt haben (und auch schon von vielen Kollegen und Kolleginnen erfolgreich übernommen wurden), siehe im Folgenden.

a) Die bisherigen Zielvorstellungen der Klienten werden empathisch und achtungsvoll als sehr verständlich und als Ausdruck ihrer berechtigten Wünsche gewürdigt. Die Klienten werden eingeladen, diese Ziele beizubehalten, auch wenn sie zurzeit vielleicht als nicht direkt erreichbar erlebt werden, denn sie sind Ausdruck des eigentlich verdienten Erlebens und ihrer verständlichen Sehnsucht danach (weshalb ich sie auch »Sehnsuchtsziele« nenne). Auch eventuelle Frustration darüber, dass sie noch nicht erreicht werden konnten, wird als angemessene Reaktion respektiert, auch sie sollte man sich weiterhin zugestehen.

b) Nun werden die Klienten eingeladen, die Wirkung, welche diese Ziele bisher auf sie ausüben, sinnlich konkret zu erfassen. Mit transparenten »Produktinformationen« wird erläutert, dass auf unwillkürlicher Ebene (und meist zunächst unbewusst) alles, was man sich vorstellt und man erlebt, im »inneren unwillkürlichen Erlebnisraum« räumlich lokalisiert wird und dementsprechend wirkt. Dann wird herausgearbeitet, auf welche Art die Klienten ihre Ziele innerlich repräsentieren, z. B. als welches Bild, welche Gestalt mit welcher Kontur, Größe, an welchem Platz im inneren Erlebnisraum, wie groß usw., dabei aber auch, wie die Klienten dann gleichzeitig im Erleben werden, z. B. wie groß, stark, alt, handlungsfähig usw. sie sich dann in dieser Begegnung mit ihren Zielen erleben.

Zu ihrer eigenen Überraschung, aber auch Betroffenheit erkennen die Klienten meist sehr schnell, dass sie sich durch diese Ziele meist fast erdrückt, klein und hilflos gemacht, sich oft auch als wesentlich jünger (Altersregression) erleben und so auch den Kontakt zu ihren Kompetenzen verlieren und dann beklommen und verzagt werden. Sie können erleben, dass die Ziele unwillkürlich-sinnlich wie Begegnungspartner wirken, die ihnen so aber nicht guttun. Diese körperlichen und emotionalen Reaktionen können wir dann als wertvolle kompetente Feedbacks (somatische Marker) aus ihrem klugen intuitiven Wissen werten. Die Klienten, die das ja in Verbindung mit diesen Zielen nicht zum ersten Mal erleben, ihre Reaktionen dabei aber meist abgewertet haben, da ihnen diese Zusammenhänge nicht bewusst waren, erleben diese neue Sicht meist als sehr befreiend, und sie entwickeln mehr Wertschätzung für ihre intuitiven Reaktionen.

c) Als nächste spontane Reaktion schließen viele Klienten daraus, dass sie die bisherigen Ziele doch aufgeben und sich mit bescheideneren Zielen abfinden sollten. Mit dem Fokus auf dem Metaziel, Selbstwirksamkeit erleben zu können, biete ich ihnen an, z. B. den optimalen Umgang damit zu entwickeln, wenn mal wieder unerwünschte Netzwerke anspringen, denn dies kann immer in Eigenkompetenz erreicht werden. Entweder direkt oder mit meiner Unterstützung kann dies immer gut entwickelt werden, und dafür finden wir auch praktisch immer schon bisherige Erfolgserfahrungen (Muster des Gelingens), auf die man aufbauen kann und die man wieder reaktivieren kann.

Mit den gleichen Methoden spielen wir diese Möglichkeit dann wieder imaginativ mit dem Fokus auf ihrem sinnlichen Feedback durch, wobei sich aber fast immer zeigt, dass auch diese Version noch keineswegs als stimmig erlebt wird, auch wenn sie kognitiv »vernünftig« erscheint. Ihr Organismus reagiert darauf meist mit Unbehagen, Traurigkeit usw.

d) Nun schlage ich ihnen vor, dass wir im »inneren Erlebnis-raum« beide Ziele als »Beziehungspartner« positionieren. Dabei wird ihr Körperfeedback (ihre somatischen Marker) als kompetenter »Supervisor« und Berater für die optimale Gestaltung genutzt. Mit seiner Hilfe gelingt es den Klienten meist erstaunlich schnell, die Position, die Distanz, Größe, Gestalt usw. der Ziele so zu gestalten, dass ihr Organismus ihnen optimalen Kraftzugang vermittelt. Dafür sehr hilfreich wirkt es, wenn wir verschiedene Möglichkeiten dieser Gestaltung vergleichen und dabei immer auf Stimmigkeitserleben als Rückmeldung aus dem intuitiven Wissen fokussieren. So wird zusätz-lich zur optimalen Zielgestaltung auch noch mehr Achtsamkeit für das eigene Körperwissen aufgebaut, was wieder das Selbstwerterleben stärkt. Meist werden die direkt machbaren Ziele (optimaler Umgang mit den Phänomenen) näher angesiedelt, die Klienten erleben so auch sinnlich konkret, dass ihre bisherigen Entweder-oder-Haltungen nicht hilfreich für sie sind, sie bekommen viel mehr Selbstachtung für ihre auftretenden Ambivalenzen, sodass sie auch elastischer und erfolgreicher mit ihnen umgehen können. Gleichzeitig stehen sie so viel kongruenter hinter den jetzt entwickelten Zielen, sind dadurch motivierter und können viel intensiver kooperieren, mit mehr Spaß und Erfolg für beide Seiten.

Lösungsfilme sinnlich konkret drehen

Der Sinn einer Kooperation in einer Therapie oder Beratung entsteht niemals aus den Problemen oder Symptomen, welche Klienten zur Kooperation bewegen, sondern immer in der angestrebten Zukunft, für welche die Kooperation nur ein Mittel zum Zweck ist. Wesentlich wichtiger, als z. B. »das Problem zu verstehen«, erscheint es deshalb, die Lösung zu verstehen, d. h., sich so konkret als irgend möglich ein sinnlich detailliertes Bild von den angestrebten Entwicklungszielen zu machen. Und da ja das Gehirn nur in der Gegenwart lebt und es deshalb immer die aktuell dominierenden Bilder sind, die effektiv ins Erleben übersetzt werden, wirken z. B. hypothetische Fragen danach, woran man das gewünschte Erleben erkennen würde, keineswegs nur als Fragen, die Informationen für den Fragenden erbringen sollen, sondern vorrangig als wirksame Interventionseinladungen an die Befragten, gleich auf unwillkürlicher Ebene das Erfragte im Erleben zu aktivieren. Denn jede Frage kann nur verstanden und beantwortet werden, wenn dabei innere Bilder aufgerufen werden, die genau das

Erfragte bildhaft widerspiegeln, wodurch es gleichzeitig aktiviert wird. Das ist der Hintergrund der von Erickson so meisterhaft entwickelten »Pseudoorientierung in der Zeit« (Erickson 2015), aus der z. B. auch die »Wunderfrage« von de Shazer und die gesamte lösungsfokussierende Konzeption abgeleitet ist (de Shazer 1989a). Diese Fragen wirken als fokussierende Imaginationsinterventionen, werden sie noch in Stimmlage und Körperhaltung des Fragenden analog markiert, wirken sie als direkt das gewünschte Erleben aktivierende Einstreuinterventionen (Schmidt, 1985).

Damit solche Zielvorstellungen, die man auch »Lösungsfilme« nennen könnte, so wirksam als irgend möglich von den Klienten innerlich »gedreht« (und damit wirksam aktiviert) werden können, sind die in Abschnitt 2 ausführlich dargestellten Details von Erlebnisnetzwerken ideale Hilfen. Mit ihnen können Klienten (das Gleiche kann man natürlich auch mit sich selbst so machen) systematisch, quasi wie mit einer »Inventurcheckliste«, nach und nach gefragt werden, woran sie das gewünschte Erleben sinnlich merken könnten. Wird dies mit hypothetischen Fragen getan, können die Klienten ganz unverbindlich frei durchspielen, wie es wäre, wenn sie das Gewünschte erleben würden (wodurch es ja schon fast immer tendenziell oder ganz auf unwillkürlicher Ebene aktiviert wird), ohne jeden Druck auch dann, wenn sie es noch nicht erleben, sodass ihr gerade aktuelles Erleben respektiert und geschützt bleibt, wobei genau dies die Wahrscheinlichkeit erhöht, dass sie sich dem gewünschten Erleben wenigstens sehr annähern. Und jede weitere hypothetische Frage nach zusätzlichen Details des Erlebens kann dies verstärken.

Darüber hinaus können aber auch die unerwünschten Problemnetzwerke auf die gleiche Art so detailliert (und dabei willentlich-bewusst) rekonstruiert werden, dass eine steuernde Metabeobachterposition für das eigene Erleben generell gestärkt wird (Problem-Trance-Rekonstruktion). So kann auch der willentliche Einfluss auf das bisher rein unwillkürlich abgelaufene Problemnetzwerk wirksam verbessert werden und mehr Selbstwirksamkeit mit mehr Wahlfreiheit und Einfluss auf unerwünschte Prozesse aufgebaut werden. Dies ermöglicht auch, selbst bei intensivster Neigung von Klienten, immer wieder vor allem in Problemschilderungen einzumünden, diesen Problem Talk als wertvolle Informationsquelle im Sinne eines Kontrastprogramms für die noch deutlichere Ausleuchtung der Lösungsnetzwerke zu utilisieren (Schmidt 2011).

Bei einer hypnosystemischen Vorgehensweise ist es eine immer wichtige Aufgabe, auch bei noch so gravierenden und bisher lang andauernden Problemen systematisch (z. B. mithilfe von Skalierungen) nach Variationen des Erlebens zu fragen, in denen auch mal »Muster des Gelingens« erlebt wurden. Solche findet man bei systematischem Vorgehen immer. Sie kann man dann ebenfalls mithilfe der Modelle der Erlebnisnetzwerke bewusst machend rekonstruieren, und man kann mit Vergleichen zwischen Problem-und Lösungsnetzwerken den willentlichen Einfluss auf beide Arten verstärken.

Einige Varianten von willentlich angestoßener Ideomotorik

Seit vielen Jahrzehnten werden in der Hypnotherapie ideomotorische Signale (also spontane, unwillkürliche Bewegungsmuster, z. B. der Finger, oder auch Handlevitationen) systematisch genutzt. Sie können als wertvolle zusätzliche Feedbackmöglichkeiten für die Kommunikation mit unwillkürlichen Reaktionen dienen und werden angesehen als Informationsquelle vorher unbewussten Wissens, welches durch diese unwillkürlichen Signale ins Bewusste kommuniziert werden kann (Cheek 1994; Cheek a. Rossi 1995; Erickson u. Rossi 1981). Auch Muskeltests in der Kinesiologie und der Energiepsychologie stellen eine Form dieser Feedbackprozesse dar. Die traditionellen Formen von ideomotorischem Signalisieren sind aber nur im Rahmen formaler Tranceinduktionen zugänglich, in Alltagssituationen sind sie so nicht nutzbar, und viele Menschen tun sich mit ihnen ohnehin ziemlich schwer, wenn sie das ideomotorische Signalisieren nur rein unwillkürlich ablaufen lassen sollen. Deshalb habe ich schon, ermutigt durch die persönlichen Erfahrungen, die ich bei Milton Erickson machen durfte, seit 1980 verschiedene Formen ideomotorischer Interventionen entwickelt, die mit bewusster willentlicher Hilfe Ideomotorik quasi überall nutzbar machen. So wird Achtsamkeit den eigenen unwillkürlichen Körpersignalen gegenüber gestärkt und Vertrauen in die innere unwillkürliche Selbststeuerung und damit auch die Verbesserung des Selbstbilds unterstützt.

Aufbau einer achtsamen Metabeobachter- und Steuerposition mit Erleben von Sicherheit und Handlungsfähigkeit

Ich habe viele Varianten dieser Interventionsart ab 1980 als gezielt willentlich eingeleitete Form von Ideomotorik-Interventionen entwickelt und so benannt und seitdem tausendfach mit vielfach geprüfter sehr hoher Effektivität angewendet, sehr oft auch selbst für meinen eigenen Bedarf. Die Körperkoordination – dabei auch Atmung, Gestik, Mimik – sind ja nur einige Elemente jedes Erlebnisnetzwerks, sie wirken aber als besonders starke »Attraktoren« im Sinne der Synergetik (Schiepek 2012, Haken 1994), d. h., sie ziehen alle anderen Musterelemente eines Erlebnisnetzwerks, die mit der jeweiligen Körperkoordination vernetzt sind, wirksam nach sich. Da sie auch willentlich gestaltbar sind, bieten sie ideale Chancen, die sonst sehr schwer zu beeinflussenden unwillkürlichen Problemmuster zu unterbrechen und so zu beeinflussen, dass sie in Lösungsmuster überführt werden können. Man könnte dies »Transfer-Priming« nennen.

Seit Beginn des 21. Jahrhunderts hat die Embodimentforschung vielfach die hohe Wirksamkeit von solchen Körperinterventionen belegt (für Überblicksarbeiten dazu siehe z. B. Storch et al. 2006; Storch u. Tschachner 2014; Grawe 2004; Herz 2007; Ackerman 2010; Hong et al. 2012; Topolinski a. Sparenberg 2012).

Hintergrund: Auch wenn man Kompetenzmuster, wie beschrieben (z. B. S. 189 ff.), intensiv aufgebaut hat, können viele Alltagskontexte und ihre vielfältigen Reize (Beiträge anderer, aber auch Raumgestaltung, Gerüche, Bilder, der Schreibtisch etc.), in denen die Problemmuster abgelaufen sind, auch weiterhin noch auf unwillkürlicher Ebene mit den Problemreaktionen intensiv vernetzt bleiben. Kommt man wieder mit ihnen in Kontakt, können sie eventuell auch wieder mal mit Intensität »feuern« und das alte Problemerleben aufrufen (hebbsche Regel). Oft erleben sich Klienten als Opfer solcher »Umstände«, sodass eine Seite von ihnen glaubt, diese Außenbedingungen müssten sich ändern, bevor sie ihr Problem gut lösen könnten. Damit machen sie sich zusätzlich abhängig von außen und verlieren Gestaltungsmöglichkeiten. Für nachhaltigen Transfer hat sich besonders folgendes Vorgehen bewährt.

a) Ich weise gerade nach erfolgreichem Aufbau der Kompetenzmuster darauf hin, dass dennoch die alten Muster immer wieder feuern können (mit Produktinformationen zur hebbschen Regel etc.) und »Ehrenrunden« ins alte Muster (diese Bezeichnung bewährt sich viel mehr als z. B. »Rückfälle«) ganz natürlich sind und nur zeigen, dass das Gehirn noch optimal funktioniert, aber kein Versagen ausdrücken (somit werden die sonst typischen perfektionistischen Erwartungen an sich selbst konstruktiv relativiert).

b) Ich biete dann an, die spezifische Körperkoordination des »Steuerungs-Ichs« aufzurufen und auszudrücken, da man ja gerade dann eine intensive Reorientierung brauchen kann, die man auch willentlich schnell wieder aufrufen kann.

Nun wird dazu eingeladen, eine optimale Erlebnisposition aufzubauen, die verbunden ist mit dem Erleben von Sicherheit, geschütztem Erlebnisraum, stabilen Grenzen um sich herum, mit Überblick, Handlungs- und Steuerfähigkeit. In irgendeinem Lebenskontext, selbst wenn er lange zurückliegen sollte, hat jeder Mensch so etwas schon einmal erlebt (wobei dies inhaltlich nichts zu tun haben muss mit dem, wofür wir diese Position nun aufbauen). Mit gezielt strukturierten, auf spezifische Sinneserfahrungen ausgerichteten Fokussierungsfragen (siehe S. 189 ff.) kann dieses Erleben wieder systematisch modelliert und reaktiviert werden. Erlebniselemente, die dabei fokussiert werden, können z. B. sein: fester Stand, flexible, kraftgebende Körperkoordination und Atmung, Aufbau eines sinnlich wirksam erlebten Gestaltungsraums (sinnlicher Entfaltungsraum) mit einer schützenden Grenze, die gleichzeitig optimalen Kontakt nach außen ermöglicht. Sehr nützlich sind hier Bilder von semipermeablen Energiehüllen, die Übersicht, Schutz, Filterung und Kontaktgestaltung nach außen verbinden (bezogene Individuation). Dann wird fokussiert darauf, wie man durch gezielte Gestik der Hände, quasi mit symbolischen Bewegungen, sich diesen Schutzraum und die schützende Abgrenzung immer wieder schnell erlebbar machen kann. Dabei werden »Produktinformationen« angeboten zu Erkenntnissen der Embodimentforschung, die zeigen, dass im Zwischenhirn, im limbischen System, die Bereiche, die für Abgrenzungsfähigkeit sorgen, durch gezielte Bewegungen der Hände aktiviert werden können, wobei die Handinnenflächen nach außen gedreht werden sollten (das »Handflächenparadigma«, Storch et al. 2010).

Mit gezielten Fragen kann dieses Erleben noch weiter gestärkt werden, wie z. B.: »Und woran würden Sie dabei merken, dass Sie in wirksamem Kontakt sind mit allen Ihren Kompetenzen, die Ihnen auch bisher schon in schwierigen Situationen geholfen haben, erfolgreich zu steuern? Würde sich das in bestimmten Empfindungen äußern, wo? In bestimmten Gedanken, Erinnerungen, Handlungen oder wie sonst noch? Und welche subtile Bewegung, z. B. Ihrer Hände, würde das nun noch wirksam ›ankern‹, sodass Sie es jederzeit bei Bedarf wieder abrufen können, oder wo könnten Sie sich dafür so berühren, dass Sie das immer unauffällig und wirksam aufrufen können? Und wo in Ihrem Körper würden Sie merken können, dass sich ein intuitives Wissen über ›Das ist stimmig oder nicht stimmig für mich‹ meldet?« (somatische Marker im Sinne von Damasio 1997.) Dies wird zunächst besprochen, die Klienten werden dann aber gezielt eingeladen, dies auch zu imaginieren und dafür Situationen auszuwählen, an denen sie das schon einmal erlebt haben, eben verbunden mit Überblick und dem Erleben von Steuerungs- und Handlungsfähigkeit.

Dieses Erleben kann bereits durch systematisches Fokussieren rein mental-imaginativ aktiviert werden. Wesentlich wirksamer ist es allerdings, wenn man dafür körperlich aktive Ausdrucksformen nutzt. Da es für viele Klienten zunächst sehr ungewohnt ist, körperlich etwas auszudrücken, hat es sich als sehr erleichternd und motivierend für sie erwiesen, wenn ich ihnen das zunächst immer vormache und somit als ermutigendes Modell diene.

Da die Problemnetzwerke meist enorm stark und schnell wirken, ist es praktisch unvermeidlich, dass man mal wieder in ein solches »hineinrutscht«. Hat man aber einmal eine solche Steuerposition wirksam aufgebaut und geankert, kann man sie quasi überall »flächendeckend« als hilfreiche Reorientierungs-Selbstmanagement-Intervention nutzen und kann dadurch fast allen Situationen mit mehr Gelassenheit und Sicherheit begegnen.

Interessanterweise kommt kaum jemals ein Klient selbst auf die Idee einer solchen »optimalen Steuerungshaltung«. Sie ist aber zentral für jedes erfolgreiche Management schwieriger, bedrängender Situationen. Deshalb sollte sie aktiv von den Therapeuten und Beratern angeboten werden, auch wenn sie von den Klienten nicht nachgefragt wird.

»Seiten«-Modelle, Utilisation von Multiplizität als hilfreiche Dissoziationstechnik und Probleme als »Botschafter von Bedürfnissen«

Wie gezeigt (S. 172 ff.), können Menschen verstanden werden als quasi »multiple Persönlichkeiten« mit vielen Ichs (auch als Ego-States bezeichnet, Watkins u. Watkins 2008). Diese verschiedenen »Teil-Ichs« werden in verschiedenen Kontexten und mit verschiedenen Bezugsgruppen unwillkürlich (also auch ohne Beteiligung des bewussten Willens) abgerufen und eingesetzt. Geschieht dies in Übereinstimmung mit dem bewussten Wollen, zieldienlich und kontextflexibel, wird es als stimmige Lösungskompetenz erlebt (Gergen 1996). Geschieht es allerdings so, dass sich ungewünschte unwillkürliche Prozesse (die auf unbewusster Ebene autonom erzeugt werden) gegen den bewussten Willen (gegen das bewusste »Ich«) durchsetzen, wobei man sich dann quasi mit einer »leidenden Seite« verwechselt, wird dies als Problem, als Symptom mehr oder weniger leidvoll erlebt.

Entweder schon, bevor man zum Aufbau einer Steuerposition eingeladen hat, oder spätestens danach wird, wieder verbunden mit »Produktinformationen« dazu, die Sicht angeboten, dass wir alle über viele Ichs (viele »Seiten/Anteile«) verfügen (Multiplizität).

Wie mit den hypnosystemischen Netzwerkmodellen gezeigt werden kann, wirken die belastenden Prozesse nicht durch ihren Inhalt, sondern vor allem dadurch, dass jemand im leidvollen Moment zu sehr mit ihnen assoziiert ist. Mit dem Modell »viele Seiten« kann schnell eigenständig hilfreicher Abstand davon (Dissoziation) aufgebaut werden. Wenn jemand z. B. seine Symptome schildert, braucht man meist nur zu fragen, wie die Person dies von sich findet, wie sie innerlich mit sich redet (innere Dialoge), wie sie sich selbst bewertet und dabei mit sich selbst umgeht. Praktisch immer bewertet jemand nicht nur das Leid, sondern sich selbst dabei auch negativ, redet kritisch, oft extrem abwertend, mit sich und kämpft gegen sich selbst (bzw. gegen die unwillkürlichen Prozesse) an. Dann kann ich nachvollziehbar die Sicht anbieten, dass während des Leids zumindest offensichtlich eine leidende Seite, aber ebenso eine sehr kritische, abwertende, druckmachende Seite auftritt. Erst die Dynamik zwischen diesen Seiten schafft das Leid, nicht alleine das Auftauchen z. B. belastender Erinnerungen, Körperreaktionen etc.

Dann biete ich an, dass die Person die Wirkung ihrer bisherigen Sicht (ganz ins Ich assoziiert) und Sätze wie »Ich leide, und ich finde mich dabei schlecht« vergleicht mit der Wirkung, wenn sie sagen würde, »Eine Seite von mir leidet, eine andere findet das schlecht von dieser Seite« etc. Dies bedeutet auch, dass nicht der ganze Mensch leidet, sondern eine Seite von ihm, daneben gibt es viele hilfreiche Kompetenzseiten, die so erst wieder eher zugänglich werden können. Diese »Seiten«-Beschreibungen schaffen meist unmittelbare Entlastung, oft sehr intensiv. Damit kann auch erlebbar gemacht werden, dass Erleben durch die Person selbst veränderbar ist und man nicht nur ein ausgeliefertes Opfer ist. Sofort wird so auch ein wirksamer Fokus auf hilfreiche Kompetenzen möglich. Und es kann verstehbar gemacht werden, dass der eigene Umgang mit sich, insbesondere auch mit den bedürftigen, leidenden Seiten, ein zentraler Aspekt von

Problem- oder Lösungsentwicklung ist. Diesen Aspekt kann man immer selbst ändern, Selbstwirksamkeit (und Selbstverantwortung) wird sofort mehr spürbar.

Die Nutzung solcher Seitenmodelle bietet viele weitere Chancen. Mit unseren Netzwerkmodellen kann detailliert beschrieben werden, z. B. wie alt, wie groß etc. sich jemand fühlt, als welche Situation etwas erlebt wird, wenn ein Leidensprozess läuft und die Person sich quasi verwechselt mit der leidenden Seite. Dies macht verstehbar, dass es sich dabei meist um unwillkürliche Altersregressionen oder -progressionen handelt.

Wenn man dann jemanden dazu einlädt, extra, am besten sogar etwas willentlich übertrieben, einmal in die (quasipsychodramatisch dargestellte) Körperkoordination zu gehen, die dem leidenden Erleben entspricht, entsteht sehr schnell viel Empathie für die »leidende Seite«, und man kann verstehen, welche Bedürfnisse sie durch das Leid anmeldet. Es wird dann deutlich, dass sie die »Geschichten von früher« wie bei einem »Storytelling« als Botschaften dafür präsentiert, welche Bedürfnisse im Hier und Jetzt erfüllt werden sollten und woran jetzt gerade ein Mangel erlebt wird. So entsteht meist schnell Zugewandtheit für sie, die Beziehung zu ihnen wird milder, die Angst vor ihnen gemindert, und sie können verstanden und behandelt werden als wertvolle »Botschafter von Bedürfnissen«, die nicht nur damals gebraucht worden wären, sondern im Hier und Jetzt gebraucht werden. So können die abgewerteten, bisher nur pathologisierten und als bedrohliche Unfähigkeit missachtete Prozesse transformiert werden in nachvollziehbare, wichtige Kompetenzen (Reframing) und damit in bereichernder Form utilisiert werden. Treten wieder Symptome etc. auf, können auch sie dann schnell utitilisiert werden, z. B. indem sie bewertet werden als »Warnblinklampen« dafür, dass sich gerade jetzt wieder Bedürfnisse melden wie damals, die damals aber in der Not nicht erfüllbar waren, jetzt sich aber durch die »Botschaften von damals« die Chance bietet, für diese Bedürfnisse endlich das zu tun, was ersehnt wurde und wird.

Damit dies wirksam mit Kraft ermöglicht wird, laden wir wieder zur Reaktivierung der Steuerposition ein, dann werden die diversen Seiten (auch die kritischen, abwertenden »Antreiber«) im inneren Erlebnisraum mithilfe des Körperfeedbacks der somatischen Marker so platziert und dabei imaginiert, dass die optimale innere Synergie aller »Seiten« aufgebaut werden kann (Schmidt 1989, 2004a, 2011;

Stierlin 1995). Dafür ist es hilfreich, sie so konkret zu imaginieren und mit allen Details zu beschreiben, als ob man leibhaften anderen Wesen begegnen würde (z. B. betreffend Gestalt, Größe, Kleidung, Alter, Namen usw.) und auch richtig mit ihnen reden könnte.

Es ist oft auch für mich sehr berührend, zu erleben, wie in schöner Weise sich plötzlich dadurch jemand, der vorher gequält, voller Selbstabwertung erschien, sich wie verwandelt in eine Person, die Würde, Kraft und Selbstachtung ausstrahlt.

»Problem-Lösungs-Gymnastik« oder »Problem-Lösungs-Tai-Chi«

Da ja, wie schon gezeigt (S. 172 ff. bzw. 191 ff.), die alten Problemmuster weiter virulent sein können (hebbsche Regel), sollten spätestens jetzt durch Körperkoordinationsinterventionen weitere Chancen für nachhaltige Wirksamkeit ausgebaut werden.

a) Dafür lade ich nun dazu ein, das vorher ausführlicher in seiner Komplexität behandelte Problemmuster noch einmal in einer extra übertriebenen und zeitlupenartig verlangsamten Form stilisiert auszudrücken. Kann ich einen Klienten dafür gewinnen, dabei auch noch eine dazu passende lautmalerische Ausdrucksweise für das Problemerleben (»vom Stummfilm zum Tonfilm«) hinzuzufügen, wird die Wirkung noch intensiver und nachhaltiger (manche Klienten scheuen dies, das sollte natürlich respektiert werden).

b) Nun sollten typische Reize (Auslöse-Trigger), die den Klienten bisher zur Problemreaktion eingeladen haben, erinnert und innerlich vorgestellt werden (Problemanker oder Reize zur Einladung ins Problem).

c) Nun wird in einem »Mehr-Schritte-Programm« in ritualisierter Weise vorgegangen: Der Klient stellt sich die Problemreize innerlich intensiv vor.

d) Nun drückt er in der beschriebenen übertriebenen zeitlupenartigen Form die bisher damit wie automatisiert vernetzte Problemreaktion aus (optimal: mit entsprechenden Tönen).

e) Dies verbindet er aber nun immer wieder mit der intensiv aufgerufenen Koordination des »Steuerungs-Ichs«, z. B. auch mit Bemerkungen wie (wenn er sich noch in der Problemreaktion bewegt) »Das erinnert mich an meine optimale Reaktion«, die er dann sofort aktiviert.

Diese Prozedur sollte mehrfach wiederholt werden, auch mit begleitenden Erklärungen, sodass damit ein neues, hilfreiches »Brückenmuster« aufgebaut wird, welches automatisiert werden kann und dabei hilft, die Problemanker sogar zu utilisieren als Auslösehilfe für das Lösungsmuster (ich nenne das »den Problemanker als Lösungswecker nutzen«).

f) Diese Strategie bewirkt meist sehr schnell eine intensive Stärkung der Klienten, sie erleben wieder Mut, Zuversicht, Hoffnung. Oft höre ich nach mehrfachem Einüben dieser Strategie durch Klienten, dass sie es kaum noch erwarten können, den bisherigen »Problemankern« wiederzubegegnen, um dies anzuwenden. Dennoch ist es wesentlich hilfreicher, wenn man die Klienten gleich dazu einlädt, dies nun als »experimentelle Feldforschung« (nicht als Hausaufgabe, das weckt meist Erinnerungen an unangenehme Schulerfahrungen) auszuprobieren und jede Erfahrung als wertvolles Forschungsergebnis zu nutzen, also auch diejenige, bei der es noch nicht »geklappt« hat und die wieder weiter genutzt werden kann als wichtige Information darüber, was zusätzlich noch berücksichtigt werden sollte (Prophylaxe gegen den eigenen Perfektionismus des Klienten, Utilisation jeder ihrer Erfahrungen als Lernfeld).

Balancierende Hände

Häufig leiden Klienten an Zielkonflikten und Entscheidungsproblemen und gehen mit ihren dabei zwangsläufig auftretenden Ambivalenzen sehr destruktiv um. Gerade, wenn es um die Lösung von Prozessen geht, die sie als »Problem« erleben, definieren sie die gewünschte Lösung so, dass dann das »Problem« ganz weg sein müsse, also im Entweder-oder-Stil. Mit diesen Erwartungen und Zielkriterien überfordern sie sich aber und schaffen sich zusätzlich problemverstärkende Prozesse. Denn, wie schon gezeigt, sind auch die Problemnetzwerke nicht einfach löschbar (und damit sind sie weiter »sprungbereit«), dazu sind sie meist mit vielen Alltagsreizen verknüpft (hebbsche Regel), die auftraten, während die Betroffenen bisher das Problem erlebt haben.

Hier können willentlich angestoßene ideomotorische Interventionen, z. B. die Utilisation gestischer Ausdrucksformen, als »Botschafter intuitiven Stimmigkeitswissens« sehr gut eingesetzt werden. Dafür wird folgendes Vorgehen gewählt.

a) Zunächst wird danach gefragt, welche Erfahrungen jemand hat damit, innerlich ein Erleben von Stimmigkeit wahrgenommen zu haben und wie und wo genau dies registriert werden konnte. Dies wird quasi als »Eichanker« fokussiert.

b) Nun wird, wenn es z. B. um den Wunsch geht, dass ein Problem endlich für immer weg sein soll, herausgearbeitet, welche Variationen es hinsichtlich dieses Problems im Erleben schon jetzt gibt (sowohl Problemerleben als auch Muster des Gelingens, die man so gut wie immer ebenfalls findet). Dann wird dies definiert als Zeichen dafür, dass die Person sowohl über die Fähigkeiten verfügt, das Problem, als auch darüber, die gewünschten Lösungsprozesse zu »produzieren«. Dann wird dazu eingeladen, jeweils eine Hand auszuwählen (mithilfe des Stimmigkeitserlebens) als »Botschafterin der Problemkompetenz« und der »Lösungskompetenz«.

c) Nun wird angekündigt, dass beiden Händen als »Botschafterinnen des intuitiven Gesamtwissens« bald die Frage gestellt werden wird, was zurzeit die gesündeste, stimmigste Balance sei für die Person unter Berücksichtigung ihrer wichtigen Werte, Loyalitäten usw., dass aber noch einige Details definiert werden sollten, bevor man die Frage dann auch beantworten lässt. Nun wird vorgeschlagen, für jede Hand zwei Positionen im Raum auszuwählen, die zeigen sollen, wenn eine der Hände (wie bei einer Skalierung) ausdrücken wollte, dass sie für 0 % oder für 100 % bei der Beantwortung der Frage votieren würde. So erhält man vier Positionen, jeweils zwei von jeder Hand. Dann wird noch darauf hingewiesen, dass auf limbischer Ebene eine andere Logik herrscht als im Großhirn, dass sich die Zahlen also nicht auf 100 % addieren müssten, sondern Relationen ausdrücken (man kann ja auch gleichzeitig beim Autofahren Vollgas geben und eine Vollbremsung vornehmen, wenn dies auch nicht sehr konstruktiv wirken dürfte).

d) Nun werden die Hände gebeten (durchaus mit willentlicher Nachhilfe zu dem Zweck, diverse Variationen von Balancen auszuprobieren), als »Botschafterinnen des intuitiven Gesamtwissens« die Frage zu beantworten, welches zurzeit die gesündeste, stimmigste Balance ist für die Person, unter Berücksichtigung ihrer wichtigen Werte, und ihrer Loyalitäten zwischen der Option, jetzt noch X % vom Problemnetzwerk und jetzt schon X % vom Lösungsnetzwerk zu leben. Dabei wird eingeladen, die Antwort steuern zu lassen von den somatischen Markern des Stimmigkeitserlebens.

In fast allen Fällen, oft zum großen Erstaunen der Beteiligten selbst, antworten die Hände nicht mit 100 % Lösungserleben und 0 % Problemerleben, sondern mit Kombinationen zwischen beiden, nicht selten sogar solchen, bei denen intuitiv häufiger das Praktizieren des Problemmusters als das des Lösungsmusters gewählt wurde. Dann kann dies übersetzt werden als wertvolle Information darüber, wie viele Episoden des Problemerlebens zur Zeit sogar verstanden und gewürdigt werden können als Teil einer ganzheitlichen Lösungsentwicklung, auch wenn sie noch nicht kognitiv verstanden werden kann, aber intuitiv klar als solche gewählt wurde. Damit kann dann richtiggehend geplant werden, wie viele Problemepisoden man sich im Alltag als wertschätzbare Beiträge zur stimmigen Gesamtlösung erlauben sollte. So verändern sich meist wie von selbst die bisher drückenden perfektionistischen Erwartungen der Betroffenen sich selbst gegenüber, was wieder ihr Erleben von Würde und Selbstachtung stärkt, und dies wiederum erhöht die Wahrscheinlichkeit dafür, gesunde, hilfreiche Erlebnisnetzwerke häufiger und intensiver zu aktivieren.

»Probleme« und »Lösungen« als beziehungsgestaltende »Interventionen«, »Probleme« als Loyalitätsleistungen und »Ambivalenzcoaching«

Wie gezeigt, ist bei jemandem, der unter einem Problem oder Symptom leidet, das Problemerleben keineswegs immer da. Oft werden auch Varianten erlebt, in denen das Problem gar nicht auftritt, an seiner Stelle sogar dafür mehr gewünschtes Erleben. Obwohl es, oft sogar gerade weil es solche »Muster des Gelingens« gibt, bewertet die betroffene Person das Auftreten der Probleme aber fast immer als Ausdruck von Inkompetenz, Defizit, Schwäche, Versagen. Aus hypnosystemischer Sicht wird solch eine Entwicklung aber keineswegs als Defizit angesehen. Durch das Erkennen von Mustern des Gelingens bestätigt sich ja die hypnosystemische Grundannahme, dass auch die Lösungskompetenzen schon im »Erlebnisrepertoire« gespeichert sind. Dann allerdings sollte man sich auch fragen, wie es erklärt werden kann, dass jemand sein Problem lösen will – es sich dabei also zeigt, dass er über die dafür nötigen Kompetenzen schon grundsätzlich verfügt, das Problem mithin lösbar wäre, wenn er diese Kompetenzen nutzen würde, er aber sie bisher dennoch nicht ausreichend genutzt hat.

Mit hypnosystemischen Methoden kann man in den meisten Fällen zeigen und verstehbar machen, dass es keineswegs eine Inkompetenz oder »pathologische Störung« war, dass die Betroffenen ihre Kompetenzen für eine im Bewussten gewünschte Lösung noch nicht vorher ausreichend genutzt haben, obwohl sie die Lösung sehr wünschten. Jedes Problemerleben, ebenso jedes Lösungserleben hat Auswirkungen in Beziehungen, diese werden dadurch also gestaltet.

Dies geschieht auch ohne jede bewusste Absicht, die man auch keinesfalls unterstellen sollte, das Ganze ist also nicht linear-kausal zu verstehen, denn niemand kann einseitig eine Beziehung kontrollieren, wohl aber wirken alle Interaktionsbeiträge wechselseitig in Beziehungen als Einladungen für autonom von innen heraus selbst gestaltete Antworten der Beteiligten (Maturana u. Varela 1987).

Typische Bereiche, auf die Probleme und Lösungen Auswirkungen haben können, sind z. B. die Beziehungen zu sich selbst, zu Erwartungen an sich selbst, zu Erwartungen an andere und von anderen an sich selbst, die Paarbeziehung, die Beziehung zu den Kindern, zur eigenen Herkunftsfamilie oder zu der der Partner, aber auch die Beziehung zur »Hinkunftsfamilie«. Diesen Begriff habe ich erfunden für die potenzielle Familie und die Elternschaft, die man in der Zukunft bilden könnte, nachdem sich in mehreren Therapien gezeigt hatte, dass unbewusst nicht selten jemand Problemreaktionen aktiviert, wenn die Möglichkeit der Bildung einer zukünftigen Familie »droht«. Weiter könnten Wirkungen erwartet werden in Beziehungen zu Arbeitskollegen, Freunden, zu Aufgaben usw.

Was Menschen dann hindert, ihre Lösungskompetenzen nachhaltig wirksam zu nutzen, sind meist unbewusste Einschätzungen der ungewünschten Auswirkungen in solchen Beziehungen, die zustande kommen könnten, wenn sie ihre Lösungskompetenzen intensiv und nachhaltig nutzen würden.

Man muss also den systemischen Kontext, in dem Lösungskompetenzen aktiviert werden, unbedingt mit in den Fokus rücken und einen systematischen Vergleich der Auswirkungen durchführen, die sowohl das Problem- als auch das Lösungsmuster mit sich bringen würde (in der Einschätzung der Betroffenen). Dann zeigt sich regelmäßig, dass das Leben des Problemmusters (und damit die unbewusste Selbstblockade der Lösungskompetenzen) praktisch immer verstanden werden kann als Lösungsversuch in erlebten Zwickmühlen- und Notsituationen, meist in Loyalitätszwickmühlen, und damit auch als unwillkürlich gesteuerte Leistung für bisher noch unbewusste Ziele.

Dann aber kann gerade wieder das Reaktivieren der Lösungskompetenzen diese Zwickmühlen wieder aufleben lassen und zu neuen Problemen führen, die oft als noch schwerer erlebt werden denn die bisherigen. In jedem Fall können aber die Befürchtungen, es könne zu solchen Zwickmühlen kommen durch die Lösungsentwicklung, schon im Vorfeld dazu führen, dass sich jemand unbewusst seine Lösungskompetenzen gar nicht erlaubt, sondern Angst vor ihnen entwickelt und damit massive Ambivalenzen. Gerade deshalb erscheint es sehr wichtig, dass in Therapien und Beratungen nicht einseitig parteiisch für die offiziell angestrebten Lösungen vorgegangen wird, sondern den Betroffenen achtungsvoll und behutsam Chancen angeboten werden, ihre Ambi- oder Multivalenzen zu achten und mit ihnen die für sie stimmigsten Umgangsweisen damit herauszuarbeiten. Da es sich um bisher oft unbewusste unwillkürliche Reaktionen handelt, erscheinen gerade hier Interventionen unerlässlich, die so viele Sinneskanäle als möglich erfassen, damit die intuitiven Werthaltungen und die subjektive Weisheit für eine ganzheitlich integrierende Lösungsentwicklung genutzt werden.

Metaphern, ein Königsweg für vielseitig wirkende sinnliche Interventionen

Metaphern bieten eine enorme Vielfalt an Chancen dafür, unwillkürliche Prozesse wirksam zu beeinflussen und dabei auch noch willentlich-bewusst intensivierte Aufmerksamkeitsfokussierung zu erreichen. Wenn jemand ein Symptom/Problem erleidet, ist dabei ja ein besonders relevanter Aspekt, dass die ungewünschten Prozesse unwillkürlich ablaufen, von bewussten, willentlichen Maßnahme aber sehr schwer beeinflussbar sind (siehe Abschn. 3). Eine Sprachfigur wie z. B. »wie eine Metapher eventuell wirkt ...« drückt an sich schon wieder eine Verdinglichung aus. Denn die Metapher wirkt nicht selbst, sondern wir lassen sie wirken durch die Art, wie wir ihr Bedeutung verleihen (auf bewusst-willkürlicher, vor allem aber auf unwillkürlicher und auch unbewusster Ebene).

Einige Vorzüge von metaphorischen Interventionen z. B.:

- Das Wort »Metapher« ist abgeleitet aus dem Griechischen: *metaphérein* = »hinübertragen, übertragen«. Metaphern beschreiben also immer etwas im übertragenen Sinn (»gleichsam als ob ...«). Schon indem man sie bildet, aber auch wenn man sie betrachtet, wirken sie quasiautomatisch als Maßnahmen der Dissoziation (z. B. von Belastendem). Man geht dabei auf die Metaebene, kann sozusagen aus dem »Erlebnisfilm«, den man mit ihnen beschreibt, hinaustreten und so auch Zugang zu anderen Perspektiven gewinnen (Erhöhung von Wahlfreiheit). So kann man auch ganz unwillkürlich den für leidvolles Problemerleben typischen verengten »Röhrenblick« (Tunnelvision) auflösen, der mit massiver Assoziation zum Problemerleben einhergeht.

- Metaphern werden als vieldeutig erlebt und unterstützen damit intensive anhaltende Suchprozesse.

- Sie bieten einen hilfreichen Erklärungsrahmen (Sinnrahmen), welcher Orientierung gibt und Zuordnung zu vertrauten Kontexten ermöglicht.

- Sie markieren und »beladen« bisherige Muster und dienen so als Erkennungs- und Erinnerungshilfe.

- Sie bewirken durch diese »Ladung« oder »Garnierung« auch wirksame Möglichkeiten der Umfokussierung und der Unterbrechung bisher unwillkürlicher, aber unerwünschter Muster.

- Sie können wirken als Fokussierungszentrum, welches auch wirksame Erinnerung an hilfreiche Muster ermöglicht (wie z. B. ein Mantra).

- Gleichzeitig bewirken sie eine intensive Assoziation mit den von ihnen repräsentierten Erlebnisinhalten. Wie Traumprozesse (Traumbilder) können sie so mit Wirkung im Sinne von wortwörtlicher psychophysiologischer Aktivierung und Umsetzung der Bildinhalte dafür genutzt werden, gewünschte psychophysiologische Prozesse lebendig werden zu lassen. Sie können nachhaltig und sowohl kognitiv als auch emotional intensiv für eine wertschätzende positive Konnotation von Erlebnismustern dienen, welche bisher abgewertet waren und als sinnlos oder dysfunktional angesehen wurden. Denn sie bieten einen sinngebenden und erklärenden Rahmen – insbesondere, wenn man annimmt, dass die psychophysiologischen Reaktionen direkte, wortwörtliche Umsetzungen der unbewussten assoziierten Bilder darstellen. So können (indem man diese Reaktionen in Bezug setzt zu den Metaphern) bisher als dysfunktional angesehene und als Ausdruck von Unfähigkeit abgewertete Erlebnisprozesse vermittels der Metaphern als Fähigkeit verstanden werden, die adäquat das Erleben widerspiegelt, welches die »Seiten« erleben, die in der Welt leben, die die betreffende Metapher beschreibt. (Siehe auch die paläoanthropologischen Konzepte von Jonas 1981.)

- Auf diese sinngebende Weise können sie auch als Handlungseinladung dienen.

- Nutzt man sie mit Humor und wertschätzender Übertreibung (z. B. »Man wird wie zum HB-Männchen ...«), können sie Muster, die bisher sehr belastend und »düster« wirkten, in sehr erleichternder Form auf eine mehr spielerische Ebene heben und Kreativität fördern.
- Da sie vielschichtige Bildbeschreibungen liefern, können sie auch hervorragend dafür genutzt werden, Hypothesen darüber zu bilden, welche Elemente in der Metapher (und damit in übertragenem Sinne im Erleben selbst) durch Unterschiedsbildung geändert werden könnten und welche hilfreichen anderen Auswirkungen das hätte (und so werden Interventionen gebildet). Z. B. könnte überlegt werden, welche Wirkung es hätte, wenn man die Farbqualität im Bild der Metapher man ändern würde (man muss also nicht alle Elemente ändern, oft genügt nur eines aus dem Gesamtmuster – alles im Muster hängt ja miteinander zusammen und wirkt aufeinander ein).
- Aus ihnen können, wenn sie von Betroffenen als relevant angesehen werden, sofort wirksame symbolische Interventionen abgeleitet werden, die als effektive Transferhilfe im Alltag genutzt werden können. Beschreibt z. B. jemand mit massiven, häufig auftretenden Kopfschmerzen diesen Prozess so, als ob eine Schraubzwinge zugeschraubt würde, kann man eine kleine Spielzeugschraubzwinge vorschlagen, die man im Alltag häufig aufdreht, um so hilfreiche alternative Prozesse zu bahnen. Solche Interventionen haben sich vielfach als äußerst wirksam erwiesen.

Beispiele für Interventionen mit Kombination diverser nonverbaler Komponenten

Fallbeispiel Gummiband-Seil-Intervention:

Eine ca. 35-jährige Frau (Betriebswirtin in Führungsposition), in einer Partnerschaft mit ihrem Freund lebend, aber zur Zeit allein wohnend, berichtete in der ersten Sitzung von massiven Bulimie- und Alkoholproblemen (tägliche bulimische Attacken und sehr häufiger massiver Alkoholkonsum seit vielen Jahren, diesen aber immer nur abends nach der Arbeit). Als ihr Ziel für unsere Kooperation« gab sie an, ein gesundes Essverhalten und einen sehr moderaten Alkoholkonsum (nicht Abstinenz) zu entwickeln. Schon in dieser Sitzung konnten wir durch gezielte Vergleiche von unterschiedlichem Erleben in diversen Kontexten herausarbeiten, dass die Klientin in seltenen Fällen ohne diese Reaktionen auskam. Mithilfe des hypnosystemischen Modells der »inneren Familie« (Schmidt 1989, 2004a, 2011; Stierlin 1995; Ähnliches findet sich in Ego-State-Modellen: Watkins u. Watkins 2008, und ähnlichen Konzepten) konnten ihre Symptome als Ausdruck einer altersregressiven »Problemtrance« (Schmidt 2004b, 2005) verstehbar gemacht werden, in der eine ängstlich-verzweifelte, von einer gnadenlos-perfektionistischen »Seite« unter Druck gesetzte jüngere »Seite« von ihr als letzte Notlösung zu den symptomatischen Reaktionen griff. Weiter wurde deutlich, dass sie in den sehr seltenen Situationen, in denen ihr Organismus nicht mit den Symptomen reagierte, anders mit sich umging, nämlich auch einmal geduldiger, empathischer und tröstend, wenn ihr nicht alles perfekt gelang.

Unterstützt durch gezielte Fragen, entwickelte sie als symbolische Erinnerung an diesen unterstützenden Umgang mit sich das Bild eines vierjährigen Mädchens, welches sie auf ihren Schoß nahm und ihm Geborgenheit gab. Auf meinen Vorschlag hin holte sie sich bei ihren Eltern ihre Lieblingspuppe aus ihrer Kindheit, nahm sie jeden Abend, nachdem sie von der Arbeit gekommen war, wie in einem kleinen Ritual auf den Schoß und redete beruhigend und liebevoll mit ihr als Stellvertreterin ihrer kindlichen, bedürftigen »Seite«. Diese Intervention (Transferintervention in den Alltag) bewirkte schon, dass sie statt an sieben Tagen der Woche nur noch an drei bis vier Tagen bulimisch reagierte und zu viel Alkohol trank. Obwohl dies als ein enormer Erfolg in so kurzer Zeit angesehen werden könnte, klagte sie sich in den nächsten beiden Sitzungen sofort wieder an dafür, dass es nicht immer so ablaufe, sondern »nur an drei bis vier Tagen«.

Aus hypnosystemischer Sicht wird solch eine Entwicklung aber keineswegs als Defizit angesehen. Da ja die Lösungskompetenzen für ihre Ziele in verschiedenen Situationen schon gelebt wurden, wird angenommen, dass es sich nicht um ein Unvermögen handeln kann, wenn sie diese Kompetenzen nicht immer einsetzt, sondern um eine unwillkürlich gesteuerte Leistung für bisher noch unbewusste Ziele. Es wird beachtet, dass jedes Problemerleben, ebenso jedes Lösungserleben, auch wenn es nicht beabsichtigt sein sollte, Auswirkungen in Beziehungen hat und diese dadurch gestaltet werden. Da jedes Erleben immer mit einer dafür spezifischen Ideomotorik (Körperkoordination, Atmung, Gestik, Mimik) einhergeht, lud ich die Klientin dazu ein, quasipantomimisch, psychodramatisch jeweils eine Körperkoordination einzunehmen, die einmal ihr Problemerleben, einmal ihr

Lösungserleben ausdrückt. Für das Problemerleben ging sie in die Hocke und symbolisierte das Erleben eines vierjährigen ängstlichen Mädchens, für das Lösungserleben nahm sie eine sehr aufrechte Haltung mit Kraft und einer raumeinnehmenden Ausstrahlung ein. Wir spielten dann imaginativ die jeweiligen Auswirkungen dieser Positionen auf diverse Beziehungen durch. So wurde ersichtlich für sie, dass z. B. in der Beziehung zu ihrem Freund ihr Problemerleben mehr Distanz bewirkte, ihr Lösungserleben dazu führte, dass er mehr Erwartungen an sie entwickelte und sehr intensive Nähe zwischen ihnen entstand, die ihr einerseits gefiel, die sie nach kurzer Zeit aber, metaphorisch beschrieben, so erlebte, als ob sie mit einem großen Fangnetz von ihm gefangen würde. Als noch relevanter für sie erwiesen sich dann aber die Auswirkungen in den Beziehungen zu ihrer Herkunftsfamilie, zu der sie noch eine sehr intensive Bindung pflegt.

Ich lud sie ein, die Beziehungen zu ihrer Mutter und ihrem Vater metaphorisch zu beschreiben. Für die Beziehung zu ihrer Mutter entwickelte sie das Bild eines starken Gummibands, welches bei beiden um den Bauch geschlungen war und sie intensiv verband. Sie sagte, die Mutter sei ziemlich ängstlich und zeige depressive Neigungen. Die Beziehung zum Vater beschrieb sie als Seil, welches um ihre Hüften gebunden sei und an dem er mit seinen Händen ziehe. Er sei selbst erfolgreicher Manager und halte sie für sehr kompetent, habe deshalb aber auch hohe Erwartungen an sie und erkläre ihre Probleme damit, dass sie und ihre Mutter eine viel zu intensive Jammerbeziehung pflegen würden, von der er sie wegziehen wollte. Nun lud ich sie ein, die Auswirkungen, die es auf diese Beziehungen hat, wenn ihr Problemerleben stärker wird, zu beschreiben und dies dann mit denen des Lösungserlebens zu vergleichen. Nun berichtete sie, selbst sehr überrascht und berührt, dass sich das Gummiband zwischen ihr und ihrer Mutter stärker zusammenziehe, wenn sie mit stärkeren Symptomen reagiere. Gleichzeitig werde dadurch der Einfluss des Vaters, der am Seil ziehe, schwächer, ziehe er wieder stärker, würden die Symptome wieder stärker, die dann wiederum den Zug des Gummibands verstärkten. Die Klientin hatte sich bisher immer wieder als sehr gestört und krank definiert, ich bot ihr nun, abgeleitet aus diesem Bild, die Beschreibung an: »Sie trinken, essen und brechen sich ihrer Mutter entgegen, als intensive Loyalitätsleistung, allerdings mit hohem Preis für sich selbst ...« Das berührte sie sehr, wobei sie dieser Sicht unmittelbar zustimmte.

Noch deutlicher und intensiver wurde es, als wir dann durchspielten, welche Wirkung es haben würde, wenn sie sich dauerhaft ihre

Lösungskompetenz erlauben würde. Sie beschrieb, dass sie dann beide Bänder durchschneiden würde und sich endlich ganz ihren autonomen Weg erlauben würde. Ich bot ihr an, dass ich keinen Zweifel daran hätte, dass sie das könne, aber ich fragte sie auch, was dies dann wieder für Auswirkungen haben würde auf die Beziehungen zu den Eltern. Selbst konsterniert, berichtete sie, dann würde die Mutter zusammenbrechen, der Vater könne sie nicht auffangen, dann würde sie selbst sehr starke Schuldgefühle entwickeln, denn sie fühle sich sehr für die Mutter verantwortlich. Außerdem würden sofort die Erwartungen des Vaters an sie viel stärker werden, wenn sie sich stark zeigen würde. Ich bot ihr die Perspektive an, dass sie unbewusst als sehr treue Tochter einen intensiven Loyalitätskonflikt erlebe und ihr kluges Unbewusstes offenbar die Symptome bisher als unwillkürlichen Lösungsversuch für diese Zwickmühle nutze, denn mit ihnen halte sie sich immer wieder von noch mehr Autonomie zurück und bremse sich so aus, aber im Dienste dieser Ziele. Diese Sicht bewegte sie sehr, sie weinte, sagte dann aber, dass sie sich noch nie so gewürdigt erlebt und intuitiv schon immer gespürt habe, dass es bei ihr um eine solche Dynamik gehe, ohne dass sie das bewusst habe zuordnen können.

Sie berichtete, dass diese Perspektive, insbesondere verbunden mit dem starken körperlichen Erleben von Stimmigkeit dabei, schon enorm befreiend und auch beruhigend für sie wirkte. Dennoch sei damit ihre Zwickmühle noch nicht gelöst. Ich bot ihr deshalb an, nicht nur rein kognitiv, sondern auch mithilfe ihrer »balancierenden Hände« die zurzeit für sie stimmigste Balance zwischen Autonomie und Abgrenzung von ihren Eltern einerseits und Pflege ihrer Loyalitätsbedürfnisse andererseits ideomotorisch zu entwickeln. Ihre Hände balancierten für sie ein stimmiges Sowohl-als-auch aus (bezogene Individuation). Sie übersetzte mit meiner Unterstützung dieses nonverbale Feedback aus ihrem unbewussten Wissen kognitiv in praktische Handlungen, wie sie mit ihren Eltern die zurzeit für sie stimmige Regelung aushandeln könne, sie war dabei zuversichtlich, dass sie dies gut machen könne.

Als Nächstes bat ich sie, die für sie zurzeit besten nächsten kleinen Schritte zu definieren, die ihr auf dem Weg zu einer stimmigen Lösung helfen könnten. Sie entwickelte die Idee, nun mittags regelmäßig eine warme Mahlzeit einzunehmen (bisher hatte sie unter Tags dies unterlassen, aus Angst, nicht mehr aufhören zu können) und abends ein kleines Glas Wein zu trinken (sie wollte keine völlige Abstinenz, was ich auch respektierte).

Da wir uns beide aber einig waren, dass die Sogkraft der bisherigen »Problemrituale« auch weiterhin sehr stark sein dürfte, schlug ich ihr vor, Transferrituale für die Unterstützung dieser Schritte im Alltag zu praktizieren. Wir einigten uns darauf, dass sie im Hinblick auf die geplante warme Mahlzeit zur definierten Zeit mehrfach in die Knie gehe und sich dann wieder hoch aufrichtete (als Symbolisierung der Problem- und der Lösungsmuster) und sich dabei innerlich die Frage stelle: »Will ich heute lieber eine Ehrenrunde ins alte Muster machen oder mir schon jetzt meine erwachsene Größe erlauben?«, um dann jeweils das zu tun, was sich gerade stimmiger anfühle (Würdigung und Utilisation der Ambivalenz gegenüber der eigenen Lösungskompetenz).

Bezogen auf den Alkoholkonsum schlug ich ihr vor, dass sie sich jeden Abend das gewünschte kleine Glas Wein einschenke, dann in die Knie gehe und den Toast ausbringe: »Ich trinke heute wieder auf die Gummibandpflege und meine Loyalität.« Um die »Gummibandpflege« auch symbolisch noch mehr zu würdigen, entwickelten wir gemeinsam die Idee, noch ein rotes Bändchen um den Stiel des Glases zu dekorieren. Für den Fall, dass sie mehr trinken sollte, bat ich sie, dann mit einer stilisierten Winkgeste in Richtung der imaginierten Erwachsenen, die sie sein könne, innerlich auszurufen: »Liebe Große, du musst noch etwas warten, die Gummibandpflege hat heute Vorrang ...«

Wir vereinbarten, damit sie genug Zeit habe, um mit diesen Interventionen Erfahrung zu sammeln, einen Abstand von vier Wochen bis zur nächsten Sitzung. In dieser Zeit, so berichtete sie, habe sie sowohl mehrere konstruktive Gespräche mit ihren Eltern geführt als auch insgesamt nur zweimal bulimisch reagiert und nur einmal mehr als ein Glas Wein getrunken, was sie selbst dieses Mal nicht abwertete, sondern als intuitive Balanceleistung auf ihrem stimmigen Weg interpretierte. Nach weiteren drei Sitzungen, in denen diese Entwicklung weiter konsolidiert werden konnte, konnte die Kooperation stimmig beendet werden (Katamnese mit stabiler weiterer Entwicklung seit mehr als zehn Jahren).

Auditive Interventionshilfen

Erstaunlich intensiv können kleine auditive Veränderungen der bisherigen Netzwerke wirken, gerade dann, wenn das zurzeit noch leidvoll dominierende Erlebnisnetzwerk als so stark erlebt wird, dass jemand es nicht intensiv verändern kann.

»Problemsätze« singen lassen

Wenn jemand z. B. sehr leidet unter massiv abwertenden, mit perfektionistischen Ansprüchen an die Person verbundenen »Antreibern«, die bisher Auswirkungen bis hin zu starken Depressionen hatten, erweist es sich meist sehr schnell als sehr befreiend, wenn man:

a) das Leid sehr empathisch würdigt, auch das, dass man trotz intensivsten Bemühens diese »Antreiber« wohl nicht ganz »wegbekommt«;

b) den Platz im »inneren Erlebnisraum«, von dem aus die »Antreiber« bisher einwirken, so lange imaginativ verändert, bis die somatischen Marker Erleichterung/Stimmigkeit signalisieren (schon wird überzeugend erlebt, dass etwas veränderbar ist);

c) nun die »Antreiber« die abwertenden, gegen die Person gerichteten Sätze z. B. singen lässt (Stil nach Geschmack der Person ausgewählt); dabei wirkt es zusätzlich sehr hilfreich, wenn der Betreffende im Sinne des »palm paradigm« (siehe S. 191 ff.) seine Handinnenflächen nach außen ausrichtet und abgrenzende Bewegungen mit dem Anhören verbindet;

d) in den meisten Fällen schafft dieses Vorgehen sofort deutliche Erleichterung und Zugang zu weiteren lösungsförderlichen Kompetenzen.

»Problem-Sound« und »Lösungs-Sound«

Oft genügt es schon, wenn jemand, der gerade unter sehr belastenden Stimmungen leidet, dazu eingeladen wird, die jeweilige Stimmung in einem dazu passenden Klang, einer entsprechenden Rhythmik usw. auszudrücken, dies eine Weile so beizubehalten (Pacing), dann einen Klang zu entwickeln für das gewünschte Erleben und dann allmählich vom »Problem-Sound« zum »Lösungs-Sound« zu wechseln (quasi hin- und- her swingend). Selbst mit Menschen, die sich als so schwer depressiv erlebten, dass sie mit Worten kaum ansprechbar waren, erreichten wir sehr berührende Ergebnisse damit, sodass selbst dann jemand allmählich wieder sein Erleben so transformieren kann, dass schließlich auch verbale Arbeit wirksam möglich wird.

Abwertungs Recordings externalisieren

Leid kann nur intensiv erlebt werden, wenn jemand mit seinem gerade dominierenden Erleben auf unwillkürlicher Ebene sehr assoziiert ist. Sehr hilfreich wirkt es sich dann auch aus, wenn man jemanden z. B. (natürlich wieder nach transparenter »Produktinformation« über Netzwerkzusammenhänge und nach empathischer Würdigung seines Leids) dazu einlädt, seine niederdrückenden inneren Glaubenssätze und Selbstabwertungsbotschaften z. B. auf einen (heute MP3-) Recorder zu sprechen und immer, wenn sich die belastenden Erlebnisse wieder melden, diese Aufzeichnungen auf einem Abspielgerät willentlich gezielt einschaltet und sie von außen auf sich einwirken lässt. Praktisch immer weckt das beim Anhören schnell Widerstand und Abgrenzungsfähigkeit gegenüber diesen Botschaften. Und auch hier kann dies sehr unterstützt werden durch das »palm paradigm« (siehe S. 191 ff.).

Beispiel »Partner abatmen«

Eine Klientin berichtet, dass sie bei Treffen mit ihrem früheren Geschäftspartner, mit dem zusammen sie auch ein mittelgroßes Unternehmen aufgebaut hatte, nach kurzer Zeit eine massive körperliche Schwäche, Schwindel und Verwirrung erlebte. Mit diesem Geschäftspartner hatte sie auch kurzzeitig eine Liebesbeziehung gehabt, nachdem sie aber entdeckt hatte, dass er sie sowohl geschäftlich auf sehr üble Weise hintergangen als auch privat mit ihrer besten Freundin auf sehr hinterhältige Art betrogen hatte, beendete sie sowohl die geschäftliche als auch die private Beziehung mit ihm. Sie hatte aber noch für die Abwicklung geschäftlicher Verbindungen auf absehbare Zeit öfter Verhandlungen mit ihm zu führen, die sie zwar verabscheute, aber die unvermeidlich für sie waren. Bei jeder Begegnung erlebte sie von diesem Expartner intensive Abwertungen, bei denen er auch bei klar nachweisbaren Vergehen seiner selbst immer wieder ihr alle Verantwortung und Schuld alleine zuschob. Obwohl sie das Gegenteil belegen konnte und sich vorher auf diese Treffen immer sehr sorgfältig kognitiv vorbereitet hatte, wurde sie dabei völlig sprachlos und schaffte es auch nicht, ihre berechtigten Forderungen und Positionen zu kommunizieren. Dafür wertete sie sich dann wieder innerlich sehr ab, was ihre Schwächung noch verstärkte, zumal sie nicht verstehen konnte, warum sie so »einknickte«.

Ihr Auftrag für diesen Themenbereich war, ihm kraftvoll, selbstbewusst und klar ihre Position vertretend zu begegnen. Ich schlug ihr dafür vor, eine kraftvolle Steuerposition aufzubauen mit imaginativ stimmig entwickelter schützender »Abgrenzungshülle« und ihn dann imaginativ außerhalb ihres »geschützten Raums« so zu positionieren, dass sie die gewünschte Haltung gut einnehmen konnte. Zu ihrer und meiner Überraschung gelang es ihr nicht, sich ihn dafür wirksam vorzustellen. Auf meine Frage hin, wo er denn positioniert sei, wenn sie einknicke, fand sie ihn in ihrem »gefühlten Erlebnisraum« nirgends. Dies war für uns beide noch irritierender. Ich konnte mir das schon deshalb nicht erklären, da sie ihn ja deutlich als den schwächenden Faktor erlebte. Nach längerem Suchen kam ich auf die Idee, sie zu fragen, ob er denn womöglich im gefühlten Erleben in ihr zu finden sei. Verblüfft stellte sie nun fest, dass sie ihn während der Begegnungen als giftige, grüne Substanz in ihrem Magen erlebte, tatsächlich so, als ob sie damit vergiftet würde. Sofort griff ich dieses Erleben als Chance auf, ihre bisherigen Reaktionen als angemessene, verständliche Reaktion ihres Organismus umzuwerten (Reframing der bisher von ihr abgewerteten unwillkürlichen Schwächereaktion). Ich erläuterte ihr die typische hypnosystemische Erkenntnis, dass der Organismus in Träumen jeweils reagiert mit wortwörtlicher körperlicher und emotionaler Umsetzung des Geträumten, wenn man assoziiert träumt (so kann die »Produktion« unwillkürlichen Erlebens gut veranschaulicht werden) und dass Symptomentwicklungen nach dem gleichen Prinzip erklärt werden können. So gesehen, könne man also sagen, ihr Organismus reagiere angemessen auf den »Albtraum«, der bei ihr allerdings bei Tage in der Begegnung mit dem Expartner auftrete. Das berührte sie, sie begann, mehr Empathie für sich zu entwickeln, aber ratlos äußerte sie auch die Befürchtung, dass sie dem dann ja ausgeliefert sei und nichts machen könne. Ich teilte ihr mit, dass dies keineswegs so bleiben müsse, da sie durch (auch willentliche) Änderung ihres »Albtraumfilmes« sehr wohl ihre unwillkürliche Reaktion in die gewünschte Richtung ändern könne. Ich schlug ihr dafür vor, als Erstes den Expartner imaginativ aus ihrem Körper herauszuverlagern. Das schaffte sie aber zunächst nicht, bis ich ihr empfahl, ihn in ihrer Vorstellung auszuatmen. Nach zunächst zaghaften Versuchen bekam sie allmählich immer mehr Lust, Kraft und Entschlossenheit dafür, es war eine richtige Freude, zu beobachten, wie sie ihn immer (als die imaginierte giftige, grüne Substanz) heftiger ausatmete und auf meine Einladung hin bei jedem Einatmen heilende, kraft- und würdegebende Energie sammelte (die sie sich als goldfarbene Energie vorstellte). Daraufhin konnte sie endlich eine kraftvolle Steuerposition auch körperlich modellieren und den Expartner imaginativ außerhalb ihres geschützten Raums an einen zu ihrer Kraft passenden Platz stellen. Nachdem wir dies noch mehrfach mit Problemlösungsgymnastik geankert hatten, war sie zuversichtlich, ihm nun anders begegnen zu können. Sie berichtete in der nächsten Sitzung, dass sie selbst sehr überrascht gewesen sei, dass sie ihn spontan sehr kraftvoll und entschieden konfrontiert habe, als er wieder mit seinen Anschuldigungen gekommen sei und sie deutlich ihre Position und ihre belegbar berechtigten Forderungen vertreten habe. Der Expartner war dadurch offenbar dermaßen konsterniert, da er sie so noch nie erlebt hatte, dass er recht schnell einlenkte und die Verhandlungen sehr erfolgreich für sie verliefen. Wie ich das auch schon von vielen anderen Klienten gehört habe, äußerte sie ihre Vorfreude auf die nächsten Treffen, sie sagte, sie genieße es sehr, ihn immer wieder mit kraftvoller Ausatmung aus sich hinaus abzuatmen.

Beispiel »Kleine Bewegungen mit großen Wirkungen«

Erlebt man etwas selbst, wirkt dies überzeugender als alle Theorie. Diese Erfahrung hat mich seit mehr als 30 Jahren dazu veranlasst, jede Intervention, die ich anderen Menschen anbiete, zunächst an mir selbst auszuprobieren. Damit wird schnell deutlich, ob sie tatsächlich wirkt, passend wirkt oder nicht und ob sie noch modifiziert oder ganz verändert werden sollte. Hier eine der Erfahrungen, die mich zu dieser Haltung gebracht haben.

Als ich bei Milton Erickson lernen durfte, konnte ich, durch glückliche Zufälle bedingt, auch einige Wochen lang teilnehmen an einem Meeting der American Feldenkrais Guilde und lernte staunend die enorme Wirksamkeit der Feldenkrais-Methode kennen, vermittelt durch Mia Siegel und Schlomo Bracher. Roger Russell, einer der Feldenkrais-Lehrer dort (heute einer der führenden Ausbilder im deutschsprachigen Raum), und ich entwickelten eine intensive Freundschaft, in der folgenden Zeit besuchte er mich öfter in Deutschland. Damals arbeitete ich noch als Stationsarzt in einer psychiatrischen Klinik, die eher biologisch orientiert war, ich war dort der Einzige, der kompetenz- und ressourcenorientiert im hypnosystemischen Sinne arbeitete (mit meinen Mentoren Helm Stierlin und Milton Erickson als innere Rückenstärkung). Während seiner Besuche machten wir regelmäßig längere Spaziergänge. Während eines dieser Spaziergänge gab mir Roger plötzlich das Feedback, dass er jetzt zum ersten Mal bewusst eine kleine Besonderheit meiner Bewegungsabläufe registriert habe, die ihm vorher wohl nur unbewusst aufgefallen war. Er meinte, dass ich beim Gehen meinen Kopf nach rechts um einige Millimeter weniger hoch bewegen würde als nach links. Meine erste Reaktion war: »Na und, das ist doch wohl ziemlich egal ...« Dann aber, beeindruckt von meinen Erfahrungen mit Feldenkrais bei meiner Teilnahme am Meeting der Feldenkrais Guilde und wohl wissend, dass Roger jahrelang bei Moshe Feldenkrais selbst assistiert hatte, also für mich ein sehr ernst zu nehmender Experte war, bewegte ich gezielt (von seiner Rückmeldehilfe unterstützt) meinen Kopf beim Gehen nach rechts so hoch wie nach links. Nach ca. 15 Minuten bat ich Roger, dass wir sofort umkehren und nach Hause gehen, weil ich das dringende Bedürfnis entwickelt hatte, sofort einige Termine für klärende Gespräche an meinem Arbeitsplatz zu vereinbaren. Diese Gespräche führte ich dann auch sehr klar und entschlossen an den nächsten Tagen durch. Was war abgelaufen? Durch die von Roger angeregte minimale Änderung meines Bewegungsmusters hatte sich in wenigen Minuten ein deutlich anderer Bewusstseinszustand mit wesentlich mehr innerer Klarheit darüber, was ich stimmig und vor allem auch noch nicht stimmig und verhandlungsbedürftig an meinem Arbeitsplatz fand, assoziiert mit kraftvoller Entschlossenheit, diese nun bewusst gewordenen Punkte auch in die Verhandlungen einzubringen. Bis heute bin ich sicher, dass ich diese bewusste Klarheit ausschließlich (zumindest zu diesem Zeitpunkt) durch diese lächerlich klein anmutende Änderung meines Bewegungsmusters ausgelöst habe. Natürlich waren meine so klar gewordenen Positionen auch unbewusst schon sicher virulent in mir. Aber erst die Aktivierung des Erlebnisnetzwerks, welches assoziiert war mit der erweiterten Kopfbewegung und mit Mut, Entschlossenheit und Fokussierung auf innere Stimmigkeit vernetzt war, machten mir diese Bewusstseinserweiterung möglich.

Seit dieser Erfahrung biete ich in praktisch allen Therapien und Beratungen, in denen mir diese Interventionsrichtung passend erscheint (immer verbunden mit transparenten »Produktinformationen«), solche Interventionsformen an. Als besonders wirksam erweisen sich dabei oft einfache gestische Ausdrucksformen, z. B. in der Art, dass ich die Klienten einlade, zunächst eine gestische Ausdrucksform zu finden für ihr ungewünschtes Problemerleben und dann eine für das gewünschte Lösungserleben. Dann bitte ich die Klienten, sich kurz imaginativ in ihr Problemerleben hineinzuversetzen, mit Absicht etwas übertrieben die »Problemgestik« zu vollführen und dies dann schnell zu verbinden mit der »Lösungsgestik«. Sofort bemerken die Klienten, dass das bisherige Problemerleben wirksam verändert wird und das Lösungserleben mehr gebahnt wird. Dies ermutigt sehr, denn es vermittelt, dass die Klienten selbst etwas tun können, um ihr Erleben zu verändern, Opferbewusstsein wird so transformiert. Wichtig dabei ist allerdings, immer zu betonen, dass damit nicht das Problem »weggemacht« werden soll, sondern man sich so in die Bewusstseinslage bringen kann, aus der heraus man erst achtungsvoll etwas für die Bedürfnisse tun kann, die sich durch die »Symptomwarnmelder« ankündigen (Symptome: wertvoll als Botschafter von Bedürfnissen).

»Problemauslöser« als »Lösungswecker« nutzbar machen durch imaginatives »Garnieren«

Erleidet jemand ein Symptom oder Problem, erlebt er sich so gut wie immer als Opfer des auftretenden Phänomens. Damit wird die Annahme verbunden, das Ganze könne nur dadurch gelöst werden, dass unerwünschte Phänomene (z. B. Verhalten anderer, Situationen, eigene unwillkürliche Reaktionen) verändert oder ganz verschwunden wären. So verständlich die so entwickelte Sehnsucht auch ist, genau durch diese Zielvorstellungen, die ja selbst meist nicht direkt veränderbar sind (also als »Restriktionen« zu behandeln sind, siehe S. 186 ff.), macht man sich erst dauerhaft zum Opfer, welches sich als inkompetent erlebt. Will man in solchen Kontexten wieder Selbstwirksamkeit erleben, müssen die Ziele geändert werden dergestalt, dass man den Umgang mit dem Unerwünschten optimiert und dann noch fokussiert darauf, ob man die Wahrscheinlichkeit (nicht die Sicherheit) für Gewünschtes verbessern kann. Den Umgang kann man immer optimieren, die Wahrscheinlichkeit manchmal verbessern.

Als sehr wirksam hat sich dabei folgendes Vorgehen erwiesen:

a) Zunächst wird mit den Klienten geklärt, ob sie selbst das Unerwünschte direkt ändern können, falls nicht, wird transparent (wie in Abschn. 4.2 beschrieben) der optimale Umgang mit der Restriktion vereinbart.

b) Nun wird eine optimale Metabeobachter- und Steuerposition wirksam etabliert.

c) Daraufhin werden die von den Klienten angestrebten Kompetenzen im Umgang mit den Restriktionen (unter Berücksichtigung ihrer Werte usw.) herausgearbeitet. Sie werden übersetzt in Symbole, Bilder, Metaphern, die von den Klienten als stimmig entwickelt und ausgewählt werden.

d) Nun werden die Klienten eingeladen, unterstützt durch darauf fokussierende Fragen, sich intensiv hineinzuversetzen in diese gewünschten Erlebnisprozesse, für welche diese Metaphern, Symbole, Bilder stehen (Zeitprogression).

e) Nun stellen sich die Klienten gezielt die bisher belastenden, ihre Problemreaktionen auslösenden Reize imaginativ vor und vernetzen sie imaginativ mit den kompetenzaktivierenden Metaphern, Symbolen etc., quasi so, als ob sie die »Problemauslösereize« garnierten mit den Lösungssymbolen. Noch wesentlich verstärkt in der Wirksamkeit wird dieses Vorgehen, wenn es verbunden wird mit einer »Problem-Lösungs-Gymnastik« in der Form, dass man die »Problemauslösereize« imaginiert, sofort damit verbunden kurz willentlich die Körperkoordination »simuliert«, die mit dem Problemerleben bisher einherging, dann die »garnierten« Lösungssymbole intensiv fokussiert und dies verbindet mit der Körperkoordination des Lösungserlebens (siehe auch S. 191 ff.).

Ein Beispiel von vielen für »Garnieren«: Eine Bereichsleiterin in einem Konzern war in einen sehr schwierigen Konflikt mit einem Vorgesetzten verwickelt. Er hatte sie häufig auch im Beisein anderer sehr missachtend behandelt, und auch ihre Arbeiten, die von anderen als sehr gut angesehen worden waren, als seine ausgegeben und sie dabei abqualifiziert. Dabei ließ sie sich immer wieder sehr verunsichern, dies machte sie sehr wütend, und sie reagierte dann impulsiv-abwertend, was ihren Job gefährdete. Wir konnten rekonstruieren, dass sie bisher ihrem Vorgesetzten emotional eine sehr hohe Bedeutung zugeschrieben hatte, in ihrer unwillkürlichen inneren »Weltgestaltung« hatte sie ihn (metaphorisch beschrieben) in ihrem »sinnlichen Erlebnisraum« sehr nahe an sich herankommen lassen. Erst diese Haltung bewirkte, dass sie »ausrastete«. Nun stand ein für sie sehr wichtiges Meeting mit dem zuständigen Vorstand an, bei dem diese Konflikte geklärt werden sollten, und sie befürchtete zu Recht, dass sie wieder so ungünstig reagieren und damit ihre Position sehr gefährden könnte. Durch Fragen unterstützt, entwickelte sie das Bild eines Leuchtturms, der immer blinkt: »Mein Job und meine wertvolle Arbeit sind mir wichtiger als Sie.« Dann wurde das Erleben ihrer kraftvollen Steuerposition und ihres optimalen geschützten sinnlichen »Erlebnis- und Entfaltungsraums« aktiviert, intensiv verbunden mit den dafür hilfreichen Körperreaktionen (Atmung, Haltung, Bewegungsmuster etc.). Nun wurde sie eingeladen, mehrfach zu imaginieren, wie sie ihren Vorgesetzten außerhalb »ihres Raums« positionierte (unabhängig davon, wo er sich »tatsächlich« befindet, ging es ja um die Gestaltung des »inneren Raumerlebens«). Damit verbunden »dekorierte« sie ihn mit drei Leuchttürmen, je einen auf der rechten und linken Schulter und einen auf dem Kopf (drei erschienen ihr sicherer als nur einer). Nun wurde sie eingeladen, sich vorzustellen, wie er gerade die für sie bisher schwierigsten Beiträge vorbrachte (*worst case scenario*), sie dann ganz kurz körperlich subtil ihre bisherige Problemreaktion stilisierte, sofort darauf ihre hilfreiche Steuerhaltung mit dazu passender Atmung einnahm und ihn dann, dekoriert mit den blinkenden Leuchttürmen, vorstellte. Auch hier nutzten wir zusätzlich wieder das »palm paradigm« (siehe S. 191 ff.). Nach mehrmaligen Wiederholen dieser Sequenz wurde sie sehr ruhig, wirkte sehr kraftvoll und konnte mit klaren Gedanken planen, wie sie in differenzierten, ruhigen »Ich-Botschaften« ihre Sichtweisen einbringen konnte. Wie dies ebenfalls schon viele andere Klienten erlebt hatten, berichtete auch sie recht schnell, dass nach mehrmaligem Durchspielen ihr das richtig Spaß mache und sie sich sogar auf das vorher als sehr bedrohlich erlebte Meeting freue. Bei dem Meeting selbst konnte sie (nachdem sie bis dahin unsere Intervention noch mehrfach für sich geprobt hatte) sehr ruhig und sachlich agieren und reagieren und das Trainierte offenbar so souverän umsetzen, dass ihr Vorgesetzter, der offenbar gezielt versucht hatte, sie zu mobben, unruhig und selbst immer abwertend-provokativer wurde, woraufhin der Vorstand sich an ihn wendete und ihm sagte, dass es hier offenbar eher um eine persönliche Sache von ihm gehe. Daraufhin »ruderte« ihr Vorgesetzter deutlich zurück, das Meeting endete sehr konstruktiv. Die Klientin berichtete später, dass sie oft mit großem Genuss sogar Gelegenheiten suchen würde, um ihm zu begegnen, da es ihr sehr guttue, ihn »innerlich blinken zu lassen«. Dies war ja aber gezielt mit sehr achtungsvoller und konstruktiver Haltung von ihr vernetzt worden, sodass auch das zu einer wesentlich konstruktiveren und effektiveren Kooperation beitrug mit nachhaltiger Wirkung.

Literatur

Aalberse, M. u. S. Geßner-van Kersbergen (Hrsg.) (2012): Die Lösung liegt in deiner Hand. Von der Energetischen Psychologie zur bifokalen Achtsamkeit. Tübingen (DGVT).

Ackerman, J. M., C. C. Nocera a. J. A. Bargh (2010): Incidental haptic sensations influence social judgement and decisions. *Science* 328: 1712–1715.

Alexander, F. a. T. M. French (1947): Psychoanalytic therapy. New York (Ronald).

Andreas, S. (1993): NLP Eye Movement Integration with a Vietnam Veteran (PTSD). Video-Demonstration at the Ericksonian Brief Therapy Conference 1993. Boulder, CO (Real People).

Andreasen, N. C. (2001): Brave New Brain: Geist – Gehirn – Genom. Berlin/ Heidelberg (Springer).

Antonovsky, A. (1967): Social class, life expectancy, and overall mortality. *Milbank Memory Fund Quarteley* 45 (2): 31–73.

Antonovsky, A. (1979): The salutogenetic model of health. In: A. Antonovsky (ed.): Health, stress, and coping: New perspectives on mental and physical well-being. San Francisco (Jossey-Bass), pp. 182–197.

Asay, T. P. u. M. J. Lambert (2001): Empirische Argumente für die allen Therapien gemeinsamen Faktoren: quantitative Ergebnisse. In: M. A. Hubble (Hrsg.): So wirkt Psychotherapie: empirische Ergebnisse und praktische Folgerungen. Dortmund (Modernes Lernen).

Bandler, R. a. J. Grinder (1977): Patterns of the Hypnotic Techniques of Milton H. Erickson, M. D., Vol. II. Cupertino, CA (Meta).

Bandler, R. a. J. Grinder (1979): Frogs into Princes: Neuro Linguistic Programming. Moab, UT (Real People), pp. 24, 45 ff. [dt. (2014): Neue Wege der Kurzzeittherapie. Paderborn : Junfermann), 15., neu übers. Aufl.].

Bargh, J. A., A. Gollwitzer et al. (2001): The automated will: Nonconscious activation and pursuit of behavioral goals. *Journal of Personality and Social Psychology* 81: 1014–1027.

Bauer, J. (2015): Selbststeuerung. Die Wiederentdeckung des freien Willens. München (Blessing), 3. Aufl.

Beaulieu, D. (2003): Eye movement integration therapy (EMI): The comprehensive clinical guide. New York (Crown House).

Bergmann J. (2003): Der Eigensinnige. *brand eins Wirtschaftsmagazin* 12. Verfügbar unter: http://www.brandeins.de/archiv/2008/glueck/der-eigensinnige [10.2.2016].

Bion, W. (1991): Containment in marital work. *Journal of Social work Practice: Psychotherapeutic Approaches in Health, Welfare and the Community* 5 (2).

Bion, W. (1997): Lernen durch Erfahrung. Frankfurt/M. (Suhrkamp).

Böhme, G. (1995): Atmosphäre. Essays zur neuen Ästhetik. Frankfurt a. M. (Suhrkamp).

Bohne, M. (2008): Einführung in die Praxis der Energetischen Psychotherapie. Heidelberg (Carl-Auer), 2., überarb. Aufl 2010.

Bohne, M. (Hrsg.) (2010): Klopfen mit PEP. Prozess- und Embodimentfokussierte Psychologie in Therapie und Coaching. Heidelberg (Carl-Auer), 2., aktual. u. erw. Aufl. 2013.

Bohne, M. (2012): Bitte klopfen. Der Körper ist die Bühne der Gefühle. Über Erfahrungen mit PEP, der Prozess- und Embodimentfokussierten Psychologie. *Kommunikation & Seminar* 3: 20–23.

Bohne, M. (2013a): Innovation in der Überwindung von hartnäckigen Lösungs- und Behandlungsblockaden mit PEP. *Deutsche Zeitschrift für zahnärztliche Hypnose* 1: 14–17.

Bohne, M. (Hrsg.) (2013b): Klopfen mit PEP. Prozess- und Embodimentfokussierte Psychologie in Therapie und Coaching. Heidelberg (CarlAuer), 2., aktual. u. erw. Aufl.

Bourdieu, P. (1987): Die feinen Unterschiede. Kritik der gesellschaftlichen Urteilskraft. Frankfurt a. M. (Suhrkamp).

Bucci, W. (1985): Dual coding: A cognitive model for psychoanalytic research. *Journal of the American Psychoanalytic Association*: 571–607.

Bucci, W. (1997): Psychoanalysis and cognitive science: A multiple code theory. New York (Guilford).

Carter, C. S. (2005). The chemistry of child neglect: Do oxytocin and vasopressin mediate the effects of early experience? *Proceedings of the National Academy of Sciences of the United States of America* 102 (51): 18247–18248.

Cheek, D. (1994): Hypnosis: The application of ideomotor techniques. Boston (Allyn & Bacon).

Cheek, D. a. E. Rossi (1995): Mind-body therapy: Methods of ideodynamic healing in hypnosis. New York (Norton).

Craig, A. D. (2009): How do you feel – now? The anterior insula and human awareness. *Nature Reviews Neuroscience* 10: 59–70.

Craig, A. D. (2011): Significance of the insula for the evolution of human awareness of feelings from the body. *New Perspectives on Neurobehavioral Evolution* 1225: 72–82.

Crits-Christoph, P., K. Baranackie, J. S. Kurcias, A. T. Beck, K. Carroll, K. Perry et al. (1991): Meta-analysis of therapist effects in psychotherapy outcome studies. *Psychotherapy Research* 1: 81–91.

Damásio, A. R. (1994): Descartes' Irrtum. Fühlen, Denken und das menschliche Gehirn. München (List).

Damásio, A. R. (1997): Descartes' Irrtum. Fühlen, Denken und das menschliche Gehirn. München (DTV).

Damásio, A. R. (2001): Ich fühle, also bin ich. Die Entschlüsselung des Bewusstseins. München (List).

Damásio, A. R. a. G. B. Carvalho (2013). The nature of feelings: Evolutionary and neurobiological origins. *Nature Reviews Neuroscience* 14 (2): 143–152.

Daniels, J. (2008): Sekundäre Traumatisierung. Eine Interviewstudie zu berufsbe- dingten Belastungen von TherapeutInnen. Psychotherapeut 53 (2): 100–107.

De Bellis, M. D., A. S. Baum, B. Birmaher, M. S. Keshavan, C. H. Eccard, A. M. Boring, F. J. Jenkins a. N. D. Ryan (1999): Developmental traumatology part I: biological stress systems. *Biological Psychiatry* 45: 1259–1270.

de Shazer, S. (1989a): Der Dreh. Überraschende Wendungen und Lösungen der Kurzzeittherapie. Heidelberg (Carl-Auer), 13. Aufl. 2015.

de Shazer, S. (1989b): Wege der erfolgreichen Kurztherapie. Stuttgart (Klett-Cotta).

Derks, L. (2014): Das Spiel sozialer Beziehungen: NLP und die Struktur zwischenmenschlicher Erfahrung. Stuttgart (Klett-Cotta).

Diego, M. A., T. Field a. M. Hernandez-Reif (2014): Preterm infant weight gain is increased by massage therapy and exercise via different underlying mechanisms. *Early Human Development* 90 (3): 137–140.

Diego, M. A., T. Field, C. Sanders a. M. Hernandez-Reif (2004): Massage therapy of moderate and light pressure and vibrator effects on EEG and heart rate. *International Journal of Neuroscience* 114: 31–44.

Dilts, R., J. Grinder, R. Bandler, L. C. Bandler a. J. DeLozier (1980): Neuro-linguistic programming. The study of the structure of subjective experience. Cupertino, CA (Meta Publications).

Doidge, N. (2008): Neustart im Kopf. Wie sich unser Gehirn selbst repariert. Frankfurt (Campus).

Dunbar, R. I. M. (2010): The social role of touch in humans and primates: Behavioural function and neurobiological mechanisms. *Neuroscience and Biobehavioral Reviews* 34: 260–268.

Ellenberger, H. (1985): Die Entdeckung des Unbewußten. Zürich (Diogenes).

Ellingsen, D. M., J. Wessberg, O. Chelnokova, H. Olausson, B. Laeng a. S. Leknes (2014): In touch with your emotions: Oxytocin and touch change social impressions while others' facial expressions can alter touch. *Psychoneuroendocrinology* 39: 11–20.

Emmerson, G. (2003): Ego State Therapy. Carmarthen (Crown House). [dt. (2015): Ego-State-Therapie. München (Reinhardt).]

Erickson, M. u. E. Rossi (1979): Hypnose. Pfeiffer (München).

Erickson, M. u. E. Rossi (1981): Hypnotherapie. Pfeiffer (München).

Erickson, M. H. (2015): Pseudoorientierung in der Zeit als hypnotherapeutische Vorgehensweise. In: E. Rossi (Hrsg): Gesammelte Schriften von Milton H. Erickson. Studienausgabe, Bd. VI: Innovative Hypnotherapie II. Heidelberg (Carl-Auer), 145–177.

Ernst, E. (2013): Thirteen follies and fallacies about alternative medicine. *EMBO Reports* 14 (12): 1025–1026.

Ewin, D. M. (2011): 101 Dinge, die ich gerne gewusst hätte, als ich anfing, mit Hypnose zu arbeiten. Heidelberg (Carl-Auer), 2. Aufl. 2014.

Feldman, R. (2012). Oxytocin and social affiliation in humans. *Hormones and Behavior* 61: 380–391.

Ferstl, E. (2014): Marie und der Zauber der Verwandlung – Fallbeispiel einer Traumabehandlung mit Ego-State-Therapie. In: W. Brächter (Hrsg.): Der singende Pantomime. Ego-State-Therapie und Teilearbeit mit Kindern und Jugendlichen. Heidelberg (Carl-Auer).

Field, T. (2010): Touch for socioemotional and physical well-being: A review. *Developmental Review* 30: 367–383.

Field, T. (2014): Massage therapy research review. *Complementary Therapies in Clinical Practice* 20: 224–229.

Field, T., G. Ironson, F. Scafidi, T. Nawrocki, A. Goncalves a. I. Burman(1996): Massage therapy reduces anxiety and enhances EEG pattern of alertness and math computations. *International Journal of Neuroscience* 86: 197–205.

Fleischer, W. (2012): Wortbildung der deutschen Gegenwartssprache. (Neubearb.: I. Barzunter Mitarb. v. M. Schröder. Berlin (de Gruyter).

Frazetto, G. (2014): Der Gefühlscode: Die Entschlüsselung unserer Emotionen. München (Carl Hanser).

Freedman, N., T. Blass, A. Rifkin u. F. Quitkin (1973). Body movements and the verbal encoding of aggressive affect. *Journal of Personality and Social Psychology* 26: 72–85.

Freedman, N., J. M. Vanmeel, F. Barroso a. W. Bucci (1986): On the development of communicative competence. *Semiotica* 62: 77–105.

Fritzsche, K. (2014): Praxis der Ego-State-Therapie. Heidelberg (Carl-Auer), 2. Aufl.

Fritzsche, K. u. W. Hartman (2014): Einführung in die Ego-State-Therapie. Heidelberg (Carl-Auer), 2. Aufl.

Gallo, F. P. (2000): Energetische Psychologie. Kirchzarten bei Freiburg (VAK).

Gallo, F.P. (2002): Handbuch Energetischer Psychotherapie. Kirchzarten bei Freiburg (VAK).

Gallo, F. (2009): Energetische Selbstbehandlung. Durch Meridianklopfen traumatische Erfahrungen heilen. München (Kösel).

Gebauer, G. (2009): Wittgensteins anthropologisches Denken, München (C. H. Beck).

Gendlin, E. T. (1968): The experiental response In: E. Hammer (ed.): Use of interpretation in treatment. New York (Grune and Stratton).

Gergen, K. (1996): Das übersättigte Selbst. Identitätsprobleme im heutigen Leben. (Carl-Auer).

Gilligan, S. (1991): Therapeutische Trance. Das Prinzip Kooperation in der Ericksonschen Hypnotherapie. Heidelberg (Carl-Auer), 5. Aufl. 2008.

Gollwitzer, P. M. (1987): Suchen, Finden und Festigen der eigenen Identität: Unstillbare Zielintensionen. In: H. Heckhausen, P. M. Gollwitzer u. E. F. Weinert (Hrsg.): Jenseits des Rubikon. Der Wille in den Humanwissenschaften. Berlin (Springer).

Goodman, F. (2007): Wo die Geister auf den Winden reiten. Haarlem (Binkey Kok).

Gore, B. (1996): Ekstatische Körperhaltungen: Ein natürlicher Wegweiser zur erweiterten Wirklichkeit. Essen (Synthesis).

Grawe, K., R. Donati und F. Bernauer (1994): Psychotherapie im Wandel. Von der Konfession zur Profession. Göttingen (Hogrefe).

Grawe, K. (2004): Neuropsychotherapie. Göttingen/Bern/Toronto/Seattle/Oxford/Prag (Hogrefe).

Grinder, J. u. R. Bandler (2007): Therapie in Trance. Stuttgart (Klett-Cotta).

Grunwald, M., T. Weiss, S. Mueller a. L. Rall (2014): EEG changes caused by spontaneous facial self-touch may represent emotion regulating processes and working memory maintenance. *Brain Research* 1557: 111–126.

Hain, P. (2001): Das Geheimnis therapeutischer Wirkung. Heidelberg (Carl–Auer), als eBook 2012.

Haken, H. (1994): Erfolgsgeheimnisse der Natur. Synergetik: Die Lehre vom Zusammenwirken. Reinbek bei Hamburg (Rowohlt).

Halata, Z. (1993): Sensible Nervenendigungen. In: D. Drenckhahn u. W. Zenker (eds.): Makroskopische Anatomie, Embryologie und Histologie des Menschen. Bd. 2. München (Urban & Schwarzenberg).

Haley, J. (1978): Die Psychotherapie von Milton Erickson. München (Pfeiffer).

Hargens, J. (2000): Wirkfaktoren systemischer Familientherapie. In: M. Hochgerner u. E. Wildberger (Hrsg.): Was heilt in der Psychotherapie? Wien (Facultas), S. 339–365.

Harrer, M. (2008): Wirkkonzepte in der Hypnosepsychotherapie. *Imagination* 30 (1). Verfügbar unter: http://www.academia.edu/4249030/Wirkkonzepte_in_der_Hypnosepsychotherapie [16.2.2016].

Harrigan, J. A. (1985): Self-touching as an indicator of underlying affect and language processes. *Social Science & Medicine* 20: 1161–1168.

Harrigan, J. A., J. R. Kues a. J. G. Weber (1986): Impressions of hand movements – Self-Touching and gestures. *Perceptual and Motor Skills* 63: 503–516.

Harrigan, J. A., J. R. Kues, J. J. Steffen a. R. Rosenthal (1987): Self-touching and impressions of others. *Personality and Social Psychology Bulletin* 13: 497–512.

Harrigan, J. A., K. S. Lucic, D. Kay, A. Mclaney a. R. Rosenthal (1991): Effect of expresser role and type of self-touching on observers perceptions. *Journal of Applied Social Psychology* 21: 585–609.

Hart, O. van der a. B. Friedman (1989): A readers guide to Pierre Janet on dissociation: a neglected intellectual heritage. *Dissociation* 2: 3 ff.

Hauke, G. u. M. Dall'Occhio (2014): Die Arbeit mit Emotionen in der Strategisch-Behavioralen Therapie (SBT): emotionale Aktivierung durch Embodimenttechniken. Psychotherapie 19 (2). Verfügbar unter: http://institutosincronia.com.ar/EAT/paperSBT2014aleman.pdf [8.4.2016].

Hauke, G., Dall'Occhio, M. (2015): Emotionale Aktivierungstherapie (EAT) – Embodimenttechniken im Emotionalen Feld. Stuttgart (Schattauer).

Hebb, D. (1949): The organization of behavior. New York (Wiley).

Heckhausen, H. a. P. Gollwitzer (1987): Thought contents and cognitive functioning in motivational versus volitional states of mind. *Motivation and Emotion* 11 (2): 101–120.

Helbig, G. u. W. Schenkel (1980): Wörterbuch zur Valenz und Distribution deutscher Verben. Leipzig (VEB Bibliographisches Institut), 2. Aufl.

Heringer, H.-J. et al. (1977): Einführung in die praktische Semantik. Heidelberg (Quelle & Meyer/UTB).

Herz, R. (2007): Weil ich Dich riechen kann. Der fünfte Sinn und sein Geheimnis. München (Herbig).

Hesse, P. U. (2003): Teilearbeit: Konzepte von Multiplizität in ausgewählten Bereichen moderner Psychotherapie. Heidelberg (Carl-Auer) [eBook-Ausgabe 2009].

Hong, J. a. Y. Sun (2012): Warm it up with love: The effect of physical coldness on liking of romance movies. *Journal of Consumer Research*: 293–306.

Hudson-O'Hanlon, W. u. A. Hexum (2009): Milton H. Ericksons gesammelte Fälle. Stuttgart (Klett-Cotta), 5. Aufl. 2014.

Hüther, G. (2004): Die Macht der inneren Bilder. Göttingen (Vandenhoek & Ruprecht).

Inzlicht, M., B. D. Bartholow a. J. B. Hirsh (2015): Emotional foundations of cognitive control. *Trends in Cognitive Sciences* 19 (3): 126–132.

Janet, P. (1965): Major Symptoms of Hysteria. New York (Hafner).

Jonas, A. D. (1981): Kurzpsychotherapie in der Allgemeinpraxis. Würzburg (Huttenscher Verlag).

Jonas, A. D, u. A. Daniels (1993): Was Alltagsgespräche verraten. Verstehen Sie limbisch? Reinbek bei Hamburg (Rowohlt).

Jonas, A. D. u. D. F. Jonas (1977): Signale der Urzeit. Archaische Mechanismen in Medizin und Psychologie. Stuttgart (Hippokrates).

Kabat-Zinn, J. (1999): Stressbewältigung durch die Praxis der Achtsamkeit. Freiburg (Arbor).

Kabat-Zinn, J. (2004): Achtsamkeitsbasierte Interventionen im Kontext: Vergangenheit, Gegenwart und Zukunft. In: T. Heidenreich u. J. Michalak (Hrsg.): Achtsamkeit und Akzeptanz in der Psychotherapie. Tübingen (DGVT).

Kanitschar, H. (1997): Imagination in der Hypnosetherapie im Vergleich zur Katathym Imaginativen Psychotherapie. *Imagination* 21 (3). Verfügbar unter: http://www.oegatap.at/sites/default/files/imagination/Imagination_1999-3.pdf [16.2.2016].

Kanitschar, H. (2009): Hypnosepsychotherapie, ein integratives tiefenpsychologisch fundiertes Verfahren. *Hypnose – Zeitschrift für Hypnose und Hypnotherapie* 4: 153–175. (Verfügbar unter: http://www.oegatap.at/sites/default/files/hyp-reader.pdf [23.3.2016]

Kernberg, O. F., B. Dulz u. J. Eckert (2006): Psychotherapeuten über sich und ihren unmöglichen Beruf. Stuttgart/New York (Schattauer).

Kuhl, J. (2001): Motivation und Persönlichkeit. Interaktionen psychischer Systeme. Göttingen (Hogrefe).

Kuhl, J. (2006): Individuelle Unterschiede in der Selbststeuerung. In: J. Heckhausen u. H. Heckhausen (Hrsg.): Motivation und Handeln. Berlin (Springer), 3. Aufl.

Kurtz, R. u. H. Prestera (1991): Botschaften des Körpers. Bodyreading: ein illustrierter Leitfaden. München (Kösel), 6. Aufl.

LaBerge, S. (1991): Hellwach im Traum. München (Moderne Verlagsgesellschaft).

Ladenbauer, W. (2001): Hypnose und Bindungstheorie. *Imagination* 2: 49–64.

Lakoff, G. u. M. Johnson (2004): Leben in Metaphern. Konstruktion und Gebrauch von Sprachbildern. Heidelberg (Carl-Auer), 4. Aufl. 2014.

Lakoff, G. u. E. Wehling (2008): Auf leisen Sohlen ins Gehirn. Politische Sprache und ihre heimliche Macht. Heidelberg (Carl-Auer), 4., erw. Aufl. 2016.

Leeb, W., B. Trenkle u. M. Weckenmann (Hrsg.) (2011): Der Realitätenkellner: Hypnosystemische Konzepte in Beratung, Therapie und Supervision. Heidelberg (Carl-Auer).

Levine, P. (2011): Sprache ohne Worte: Wie unser Körper Trauma verarbeitet und uns in die innere Balance zurückführt. München (Kösel).

Lindau, V. (2015): Werde verrückt. Wie Du bekommst, was du wirklichwirklich willst. München (Kailash).

Locke, E. A. a. G. P. Latham (2013): New developments in goal setting and task performance. New York (Engelwood Cliffs).

Luborsky, L., P. Crits-Christoph, A. T. McLellan, G. Woody, W. Piper, B. Liberman et al. (1986): Do therapists vary much in their success? Findings from four outcome studies. *American Journal of Orthopsychiatry* 56: 501–512.

Ludewig, K. (1992): Systemische Therapie. Grundlagen klinischer Theorie und Praxis. Stuttgart (Klett-Cotta).

MacLean, P. (1990): The triune brain in evolution: Role in paleocerebral functions. New York (Plenum Press).

Maestripieri, D., G. Schino, F. Aureli a. A. Troisi (1992): A modest proposal – Displacement activities as an indicator of emotions in primates. *Animal Behaviour* 44: 967–979.

Markowitsch, H. J. (2009): Dem Gedächtnis auf der Spur: Vom Erinnern und Vergessen. Darmstadt (Wissenschaftliche Buchgesellschaft).

Maturana, H. (1985): Erkennen: Die Organisation und Verkörperung von Wirklichkeit. Heidelberg (Springer).

Maturana, H. u. F. Varela (1987): Der Baum der Erkenntnis. Bern/München/Wien (Scherz).

McFarlane, A. C (1989): The aetiology of post-traumatic morbidity: predisposing, precipitating and perpetuating factors. *British Journal of Psychiatry* 154: 221–228.

Mende, M. (2006): The special effects of hypnosis and hypnotherapy: A contribution to an ecological model of therapeutic change. *International Journal of Clinical and Experimental Hypnosis* 54 (2): 167–185.

Metzinger, T. (2014): Der Ego-Tunnel. Eine neue Philosophie des Selbst. Von der Hirnforschung zur Bewusstseinsethik. München (Piper).

Metzinger, T. (2016): Das bewusste Selbstmodell und der Körper. Vortrag, 65. Lindauer Psychotherapietage, 19.–24. April 2016.

Montagu, A. (1971): Touching: The human significance of the skin. New York (Columbia).

Moreno, J. L. (1946): Psychodrama. Beacon, NY (Beacon House).

Mücke, K. (2010): Probleme sind Lösungen – Systemische Beratung und Therapie – Ein pragmatischer Ansatz. Berlin (Ökosysteme).

Ninan, P. T., T. M. Insel, R. M. Cohen, J. M. Cook, P. Skolnick a. S. M. Paul (1982): Benzodiazepine receptor mediated experimental anxiety in primates. *Science* 218: 1332–1334.

ÖGATAP – Österreichische Gesellschaft für angewandte Tiefenpsychologie und allgemeine Psychotherapie (2005): Ausbildungscurriculum Hypnosepsychotherapie. Verfügbar unter: http://www.oegatap.at/ausbildung_hy_curriculum_2005 [8.4.2016].

Ogles, B. M, T. Anderson a. K. M. Lunnen (2001): Der Beitrag von Modellen und Techniken. Widersprüchliches zwischen professionellen Trends und klinischer Forschung. In: M. A. Hubble, B. L. Duncan, S. D. Miller (Hrsg.): So wirkt Psychotherapie. Empirische Ergebnisse und praktische Folgerungen. Dortmund (Modernes Lernen).

Ohler, M. (1988): Sprache und ihre Begründung. Wittgenstein contra Searle. Köln (Janus).

Ohler, M. (2011): Was zum Beispiel bedeutet »coachen«? Philosophische Grammatik fürs Coaching. profile 22: 67–75.

Ohler, M. u. R. Schöll (2012): Feine Unterschiede, starke Wirkung – Zur Idee Atmosphärische Intelligenz. *Zeitschrift für Systemische Pädagogik* 1: 10–21.

Peichl, J. (2010): Innere Kinder, Täter, Helfer & Co.: Ego-State-Therapie des traumatisierten Selbst. Stuttgart (Klett-Cotta).

Peled, L., S. Wagner, A. Perry a. S. G. Shamay-Tsoory (2013): Get in touch: The role of oxytocin in social touch. *Journal of Molecular Neuroscience* 51: S90.

Phillips, M. u. C. Frederick (2003): Handbuch der Hypnotherapie bei posttraumatischen und dissoziativen Störungen. Heidelberg (Carl-Auer), 3. Aufl. 2015.

Pollani, E. u. A. Aschauer (2015): Workshopunterlagen zu F.I.T. – Film in Therapie.

Porges, S. W. (2010): Die Polyvagal-Theorie. Paderborn (Junfermann).

Price, M. L. a. W. A. D. Griffiths (1985): Normal body hair – A review. *Clinical and Experimental Dermatology* 10: 87–97.

Reddemann, L. (2003): Imagination als heilsame Kraft. Stuttgart (Pfeiffer bei Klett-Cotta).

Reiband, N. (2006): Klient, Therapeut und das unbekannte Dritte. Placeboeffekte in der Psychotherapie und was wirklich wirkt. Heidelberg (Carl-Auer), 2., überarb. Aufl. 2010.

Revenstorf, D. (2006): Expertise zur Beurteilung der wissenschaftlichen Evidenz des Psychotherapieverfahrens Hypnotherapie. Hypnose – Zeitschrift für Hypnose und Hypnotherapie 1 (1+2). Verfügbar unter: http://www.meg-tuebingen.de/downloads/Expertise.pdf. [11.4.2016]

Rogers, C. (1969): Therapeut und Klient. Grundlagen der Gesprächspsychotherapie. Frankfurt a. M. (Fischer).

Rossi, E. (Hrsg.) (2015): Gesammelte Schriften von Milton H. Erickson. Studienausgabe in 6 Bänden. Heidelberg (Carl-Auer).

Roth, G. (1997): Das Gehirn und seine Wirklichkeit. Kognitive Neurobiologie und ihre philosophischen Konsequenzen. Frankfurt a. M. (Suhrkamp).

Roth, G. (2003): Fühlen, Denken, Handeln. Wie das Gehirn unser Verhalten steuert. Frankfurt a. M. (Suhrkamp).

Scherer, K. R. u. H. G. Wallbott (1979): Nonverbale Kommunikation: Forschungsberichte zum Interaktionsverhalten. Weinheim (Beltz).

Schiepek, G. (2012): Grundlagen systemischer Therapie und Beratung: Psychotherapie als Förderung von Selbstorganisationsprozessen. Göttingen (Hogrefe).

Schino, G., A. Troisi, G. Perretta a. V. Monaco (1991): Measuring anxiety in nonhuman primates: Effect of lorazepam on macaque scratching. *Pharmacology Biochemistry and Behavior* 38: 889–891.

Schleiffer, R. (2012): Das System der Abweichungen. Eine systemtheoretische Neubegründung der Psychopathologie. Heidelberg (Carl-Auer).

Schlippe, A. von u. J. Schweitzer (2009): Lehrbuch der systemischen Therapie II. Göttingen (Vandenhoek & Rupprecht.), 3. Aufl.

Schmidt, G., A. Dollinger, B. Müller-Kalthoff (2009): Gut beraten in der Krise: Konzepte und Werkzeuge für ganz alltägliche Ausnahmesituationen. Bonn (Manager-Seminare).

Schmid, G. B. (2009): Tod durch Vorstellungskraft: Das Geheimnis psychogener Todesfälle. Wien (Springer), 2. Aufl.

Schmid, G. B. (2010): Selbstheilung durch Vorstellungskraft. Wien (Springer).

Schmid, G. B. (2013): Bewusstseinsmedizin: Psychogene Heilung durch Vorstellungskraft. *Suggestionen: Forum der Deutschen Gesellschaft für Hypnose und Hypnotherapie (DGH)*: 6–40.

Schmid, G. B. (2015): Heilung und Tod durch Suggestion. In: D. Revenstorf u. B. Peter (Hrsg.): Hypnose in Psychotherapie, Psychosomatik und Medizin: Manual für die Praxis. Heidelberg (Springer), 3. Aufl., S. 153–166.

Schmidt, G. (1985): Systemische Familientherapie als zirkuläre Hypnotherapie. *Familiendynamik* 10: 242–264.

Schmidt, G. (1989): Wer bin ich und, wenn ja, wie viele? Hypnosystemische Utilisationskonzepte für Arbeit mit der inneren Familie. Müllheim/Baden (Auditorium-Netzwerk).

Schmidt, G. (1992): Der Körper im systemischen Raum. Müllheim/Baden (Auditorium-Netzwerk).

Schmidt, G. (2004a): Konferenzen mit der inneren Familie und deren hypnotische Wirkungen. Multiple Wesen in Begegnungen. Müllheim/Baden (Auditorium-Netzwerk).

Schmidt, G. (2004b): Liebesaffären zwischen Problem und Lösung. Hypnosystemischee Konzepte in schwierigen Kontexten. Heidelberg (Carl-Auer), 6. Aufl. 2015.

Schmidt, G. (2005): Einführung in die hypnosystemische Therapie und Beratung. Heidelberg (Carl-Auer), 7. Aufl. 2016.

Schmidt, G. (2007): Ich und Es als Freundesteam. Müllheim/Baden (Auditorium-Netzwerk).

Schmidt, G. (2010): Von Zielen, die Probleme machen, zu optimalem »polynesichen Segeln« – Erfolgreiche hypnosystemische Zielstrategien für Coaching und Beratung. In: M. Faschingbauer (Hrsg.): Effectuation. Wie erfolgreiche Unternehmer denken, entscheiden und handeln. Stuttgart (Schäffer-Poeschl), S. 184–195.

Schmidt, G. (2011): Berater als »Realitätenkellner« und Beratung als koevolutionäres Konstruktionsritual für zieldienliche Netzwerkaktivierungen – Einige hypnosystemische Implikationen. In: W. Leeb, B. Trenkle u. M. Weckenmann(Hrsg.): Der Realitätenkellner. Hypnosystemische Konzepte in Beratung, Coaching und Supervision. Heidelberg (Carl-Auer).

Schmidt, G., A. Dollinger u. B. Müller-Kalthoff (2009): Gut beraten in der Krise: Konzepte und Werkzeuge für ganz alltägliche Ausnahmesituationen. Bonn (Manager-Seminare).

Schöll, R. (2007a): Atmosphärische Intelligenz. Anmerkungen eines Managementcoaches. *Zeitschrift für Organisationsforschung (zfo)* 6: 326–332.

Schöll, R. (2007b): Emotionen managen. München (Hanser), 2. Aufl.

Schöll, R. (2009): Atmosphärische Intelligenz. Ihr Einfluss aufs Stimmungsbarometer. *Managerseminare* 36–42.

Schore, A. (2007): Psychoanalytic Research: Progress and Process Developmental Affective Neuroscience and Clinical Practice. *Psychologist – Psychoanalyst* 27 (3). Available under: http://allanschore.com/pdf/SchorePsychPsychoanalytic9-07.pdf.

Schulz von Thun, F. (1981): Miteinander reden. Bd. 2: Stile, Werte und Persönlichkeitsentwicklung. Differenzielle Psychologie der Kommunikation. Reinbek bei Hamburg (Rowohlt), Sonderausg. 2011.

Schulz von Thun, F. (1998): Miteinander reden. Bd. 3: Das »Innere Team« und situationsgerechte Kommunikation. Reinbek bei Hamburg (Rowohlt).

Schwartz, R. C. (2003): Systemische Therapie mit der inneren Familie. Stuttgart (Klett-Cotta).

Schwartz, R. C. (2008): IFS – Das System der Inneren Familie: Ein Weg zu mehr Selbstführung. Stuttgart (Klett-Cotta).

Schweitzer, J. u. A. von Schlippe (2003): Lehrbuch der systemischen Therapie. Göttingen (Vandenhoek & Rupprecht), 9. Aufl.

Shore, J. H, W. N. Vollmer, E. L. Tatum (1989): Community patterns of posttraumatic stress disorders. Journal of Nervous and Mental Disease 177: 681–685.

Siegel, D. J. (2012a): Der achtsame Therapeut – Ein Leitfaden für die Praxis. München (Kösel).

Siegel, D. J. (2012b): Mindsight – Die neue Wissenschaft der persönlichen Transformation. München (Goldmann).

Siegel, D. J. (2014): Das achtsame Gehirn. Freiburg (Arbor).

Simon, F. B. (2010): Einführung in die Systemtheorie des Konflikts. Heidelberg (Carl-Auer), 3. Aufl. 2015.

Simon, F. B. (2012): Die andere Seite der »Gesundheit«. Ansätze einer systemischen Krankheits- und Therapietheorie. Heidelberg (Carl-Auer), 3., überarb. u. korr. Aufl.

Sloterdijk, P. (2004): Sphären. Bd. 1–3. Frankfurt a. M. (Suhrkamp).

Sloterdijk, P. u. H.-J. Heinrichs (2006): Die Sonne und der Tod. Frankfurt a. M. (Suhrkamp).

Stern, D. N. (1985): The Interpersonal World of the Infant. New York (Basic Books) [dt. (1992): Die Lebenserfahrung des Säuglings. Stuttgart (Klett-Cotta)].

Stern, D. (2003): Theorie des Selbsterlebens. In: ders.: Die Lebenserfahrung des Säuglings. Stuttgart (Klett-Cotta).

Stierlin, H. (1995): Ich und die anderen: Psychotherapie in einer sich wandelnden Gesellschaft. Stuttgart (Klett-Cotta).

Storch, M. u. W. Tschacher (2014): Embodied Communication: Kommunikation beginnt im Körper, nicht im Kopf. Bern (Huber).

Storch, M., B. Cantieni, G. Hüther u. W. Tschacher (2006): Embodiment.

Die Wechselwirkung von Körper und Psyche verstehen und nutzen. Bern (Huber).

Storch, M., B. Cantieni, G. Hüther u. W. Tschache (2010): Embodiment. Die Wechselwirkung von Körper und Psyche verstehen und nutzen. Bern (Huber).

Sulz, S. u. G. Hauke (2009): Strategisch Behaviorale Therapie (SBT). Theorie und Praxis eines innovativen Psychotherapieansatzes. München (CIP).

Sulz, S. u. G. Hauke (2010): Was ist SBT? Und was war SKT? »3rd wave«-Therapie bzw. Kognitiv-Behaviorale Therapie (CBT) der dritten Generation. *Psychotherapie* 15 (1): 10–19. Verfügbar unter: http://bap-akademie.de/media/Download.pdf/Artikel-Was%20ist%20SBT.pdf [17.2.2016]

Teicher, M. H., S. L. Andersen, A. Polcari, C. M. Anderson, C. P. Navalta, D. M. Kim (2003): The neurobiological consequences of early stress and childhood maltreatment. Neuroscience & Biobehavioral Reviews 27, 33–44.

Teicher, M. H., N. L. Dumont, Y. Ito, C. Vaituzis, J. N. Giedd, S. L. Andersen (2004): Childhood neglect is associated with reduced corpus callosum area. *Biological Psychiatry* 56: 80–85.

Teicher, M. H., J. A. Samson, A. Polcari, C. E. McGreenery (2006): Sticks, stones, and hurtful words: relative effects of various forms of childhood maltreatment. American Journal of Psychiatry 163, 993–1000.

Topolinski, S. a. P. Sparenberg (2012): Turning the hands of time clockwise movements increase preference for novelty. *Social Psychological and Personality Science* 3: 308–314.

Trenkle, B. (2012): Das Aha!-Handbuch der Aphorismen und Sprüche für Therapie, Beratung und Hängematte. Heidelberg (Carl-Auer), 4. Aufl.

Trenkle, B. (2013): Das Ha-Handbuch der Psychotherapie. Witze – ganz im Ernst. Heidelberg (Carl-Auer), 9., korr. Aufl.

Troisi, A., S. Belsanti, A. R. Bucci, C. Mosco, F. Sinti a. M. Verucci (2000): Affect regulation in alexithymia – An ethological study of displacement behavior during psychiatric interviews. *Journal of Nervous and Mental Disease* 188: 13–18.

Uvnas-Moberg, K., L. Handlin a. M. Petersson (2015): Self-soothing behaviors with particular reference to oxytocin release induced by non-noxious sensory stimulation. *Frontiers in Psychology* 5, No. 1529.

Walker, S. C. a. F. P. McGlone (2013): The social brain: Neurobiological basis of affiliative behaviours and psychological well-being. *Neuropeptides* 47: 379–393.

Watkins, J. G. (1971): The affect bridge: A hypnoanalytic technique. *International Journal of Clinical and Experimental Hypnosis* 19: 21–27.

Watkins, J. G. u. H. H. Watkins (2008): Ego-States – Theorie und Therapie. Ein Handbuch. Heidelberg (Carl-Auer), 3., unveränd. Aufl. 2012.

Wittfoth, M., E. Küstermann, M. Fahle a. M. Herrmann (2008): The influence of response conflict on error processing: Evidence from event-related fMRI. *Brain Research* 1194: 118–129.

Wittfoth, M., D. M. Schardt, M. Fahle a. M. Herrmann (2009): How the brain resolves high conflict situations: Double conflict involvement of dorsolateral prefrontal cortex. *Neuroimage* 44 (3): 1201–1209.

Wittgenstein, L. (1982): Philosophische Untersuchungen. Frankfurt a. M. (Suhrkamp), 3. Aufl.

Yehuda, R., M. H. Teicher, R. Levengood, R. Trestman, L. J. Siever (1996): Circadian rhythm of cortisol regulation in PTSD. *Biological Psychiatry* 40: 78–88.

Zanotta, S. (2014): »Nein! Hört mich denn niemand?« Traumaheilung mit Ego-State-Therapie. In: W. Brächter (Hrsg) (2014): Der singende Pantomime: Ego-State-Therapie und Teilearbeit mit Kindern und Jugendlichen. Heidelberg (Carl-Auer).

Zeig, J. (Hrsg.) (2006): Meine Stimme begleitet Sie überallhin. Ein Lehrseminar mit Milton H. Erickson. Stuttgart (Klett-Cotta).

Zheng, J. J. et al. (2014): Oxytocin mediates early experience-dependent cross-modal plasticity in the sensory cortices. *Nature Neuroscience* 17 (3): 391–399.

Über die Autoren

Michael Bohne, Dr. med., Facharzt für Psychiatrie und Psychotherapie; Begründer der Prozess- und Embodimentfokussierten Psychologie (PEP). Zurzeit liegt sein Tätigkeitsschwerpunkt in der Durchführung von PEP-Fortbildungskursen für Ärzte, Coachs, Psycho- und Traumatherapeuten sowie in der Mitentwicklung von neurobiologischen und psychotherapeutischen Studien zu PEP, u. a. mittels funktioneller Magnetresonanztomographie.

Martin Grunwald, PD Dr. Dipl.-Psych.; Gründer und Leiter des Haptik-Forschungslabors an der Universität Leipzig; Arbeitsschwerpunkte: neurobiologische und klinische Grundlagen der aktiven Tastwahrnehmung (Haptik) sowie industrielle Anwendungsforschung zu Haptik-Design. Lehr- und Forschungstätigkeit an den Universitäten, Jena, Leipzig, Bonn und Boston (MIT). Zahlreiche wissenschaftliche und populärwissenschaftliche Beiträge zur Tastsinnesforschung.

Evelyn Beverly Jahn, Diplom-Psychologin und Sportwissenschaftlerin (Magister); Ausbildung zur Trainerin im Reha- und Fitnessbereich; Weiterbildungen in Verhaltenstherapie und Hypnotherapie; Fortbildungen u. a. in Prozess- und Embodimentfokussierter Psychologie (PEP), Strategisch-Behavioraler Therapie (SBT) und Emotionsaktivierender Therapie (EAT). Psychologische Psychotherapeutin in eigener Praxis und Lehrpraxis in Leipzig sowie Mitglied einer Forschungsgruppe zur Emotionsaktivierenden Therapie. Beverly Jahn ist Dozentin und Supervisorin an verschiedenen Ausbildungsinstituten (DGVT, IPT, AfP) in Mitteldeutschland. Sie leitet in diesem Rahmen Selbsterfahrungsgruppen im Rahmen der Ausbildung.

© Konrad Gös

Matthias Ohler, Philosoph, Linguist, Systemischer Berater, Musiker; seit 1996 Geschäftsführer der Auer & Ohler GmbH Heidelberger Kongressbuchhandlung und von MatO Records. Mitbegründer des Ludwig-Wittgenstein-Instituts; Leiter der Carl-Auer Akademie im Carl-Auer Verlag. Dozent und Ausbilder in eigenen Weiterbildungsreihen (Philosophisches Jahr, Atmosphärische Intelligenz®, Philosophische Praxis) sowie bei Hochschulen, Kliniken und Weiterbildungsinstituten und -gesellschaften.

© Seelensachen Fotografie

Eva Pollani, MSc., Psychotherapeutin für Kinder, Erwachsene und Paare; Lehrtherapeutin mit voller Lehrbefugnis Hypnosepsychotherapie ÖGATAP (Österreichische Gesellschaft für angewandte Tiefenpsychologie und allgemeine Psychotherapie), Trainerin und Supervisorin für Ego-State-Therapie, Eye Movement Integration (EMI) und Impact Therapy (Ed Jacobs). Sie ist Somatic Experiencing Practicioner und hat bei John und July Gottman (Seattle) ihr Training in Couples Therapy erhalten. Eva Pollani lebt und arbeitet in Grafenbach, Niederösterreich.

Gary Bruno Schmid, Ph. D.; Quantenphysiker, Eidg. anerkannter Psychotherapeut ASP (Schweiz), Analytischer Psychologe (C. G. Jung-Institut), medizinischer Hypnotherapeut mit Schwerpunkt Selbstheilung, Ausbilder und Supervisor für Medizinsche Hypnose mit Leitung einer Regionalgruppe in Zürich (SMSH). Psychiatrische Forschung und klinische Arbeit mit Schwerpunkt Psychose seit 1985 (PUK-ZH und ipw-Winterthur). Autor zahlreicher wissenschaftlicher Veröffentlichungen und Bücher zu den Themen Bewusstsein, Mind-Body-Problem, Physik (Atomphysik, Chaostheorie, Didaktik der Physik u. a.), Psychose und Psychotherapie. Seit 1977 zahlreiche Gedichte mit Aufführungen auf Kleinkunstbühnen in den USA, Deutschland und der Schweiz.

© Andreas Friese

Gunther Schmidt, Dr. med., Dipl. rer. pol.; Facharzt für psychosomatische Medizin und Psychotherapie, Mitbegründer des Heidelberger Instituts für systemische Forschung und Beratung, der Internationalen Gesellschaft für Systemische Therapie (IGST), des Helm-Stierlin-Instituts in Heidelberg und des Deutschen Bundesverbands Coaching (DBVC). Gunther Schmidt ist Ärztlicher Direktor der sysTelios Privatklinik für Psychotherapie und psychosomatische Gesundheitsentwicklung sowie Leiter des Milton-Erickson-Instituts Heidelberg. 2011 erhielt er den Life Achievement Award der Weiterbildungsbranche.

© Timo Volz

Bernhard Trenkle, Dipl.-Psych., Dipl.-Wi.-Ing.; Psychologischer Psychotherapeut und Lehrtherapeut mit eigener Praxis in Rottweil; President Elect der International Society of Hypnosis (ISH), Vorstandsmitglied der Milton Erickson Foundation, Phoenix, USA. 1984–2003 Vorstandsmitglied der Milton Erickson Gesellschaft für Klinische Hypnose (M. E. G.); Gründungsherausgeber des M.E.G.a.Phon (1984–1998). 1999 Lifetime Achievement Award der Milton Erickson Foundation, USA; 2012 bekam er den Milton-Erickson-Preis der M. E. G. und den Pierre Janet Award for Clinical Excellence der International Society for Hypnosis (ISH).

Matthias Wittfoth, Dr. rer. nat. Dipl.-Psych.; Studium der Psychologie, Philosophie und Neurophysiologie. Klinischer Psychologe und Neurowissenschaftler, u. a. auf den Gebieten Emotionsregulation, kognitive Kontrolle, auditorische Wahrnehmung; forscht hauptsächlich mit funktioneller Magnetresonanztomographie und hat in den letzten Jahren beim größten deutschen, neurobiologischen Forschungsnetzwerk für Täterprävention gegen Kindesmissbrauch (NeMUP) gearbeitet. Aktuell leitet er einige Studien zur Psychotherapieforschung, insbesondere zu den Wirkungsmechanismen von PEP. Er ist als Psychotherapeut in Verbindung mit funktioneller Medizin sowie als Coach auf dem Gebiet der Performancesteigerung auf der Bühne und im Sport tätig.

MILTON ERICKSON INSTITUT
ROTTWEIL

trenkle organisation
KONGRESSE UND TAGUNGEN

Bahnhofstraße 4 • D-78628 Rottweil
Telefon +49(0)741-41477 • Fax: +49(0)741-41773
E-Mail: kontakt@meg-rottweil.de
web: www.meg-rottweil.de

---

www.kindertagung.de
Die weltgrößte hypnosystemische Tagung
im Bereich Therapie mit Kindern und Jugendlichen
findet alle 3 – 5 Jahre mit jeweils über 100 Referenten statt.

www.mentalesstaerken.de
Mentaltechniken, Mentales Training und Coaching für Sportler,
Geschäftsleute, Künstler, Schüler & Studenten, alle drei Jahre.

www.teiletagung.de
Teile-Konzepte in
Psychotherapie & Beratung:
Ego-State-Therapie,
Transaktionsanalyse,
Gestalt-Therapie,
Schema-Therapie, Parts-Party
nach Virginia Satir, etc.

www.wigry.de
Seit über 30 Jahren eine jährlich stattfindende
deutsch-polnische Seminarwoche mit viel Schweizer und
Österreichischer Beteiligung im schönsten Nationalpark Polens.
Ein Erlebnis für Geist und Körper.

www.meg-rottweil.de
www.bernhard-trenkle.de
Seit 1986 hochkarätige Workshops, Curricula und Tagungen.

www.trenkle-organisation.de
Die Sohn-Vater-Company zur Organisation
hervorragender Kongresse und Events.

Ha-Ha

Ha-Ha

Kontexte mit hypno*systemischer Grundhaltung*

Die **sys***Telios* **Klinik** ist eine private Akutklinik für psychosomatische Medizin und Psychotherapie. Unser fachärztlich geleitetes Therapieangebot ist hypnosystemisch konzipiert. Wir verbinden lösungsorientierte systemische Therapiekonzepte und Modelle der kompetenzaktivierenden Hypnotherapie mit tiefenpsychologisch fundierten und verhaltenstherapeutisch ergänzenden Verfahren.

Das Team um Dr. med. Gunther Schmidt und Mechthild Reinhard bietet Gesprächs-, Körper-, Kunst- und Musikpsychotherapie im Einzelsetting und im geschützten Rahmen der therapeutischen Bezugsgruppe. Sie möchten mehr erfahren? Unser Aufnahmeteam informiert Sie gern: **www.sysTelios.de/aufnahme**

Private Krankenversicherungen und/oder Beihilfestellen übernehmen die Kosten für einen stationären Aufenthalt. Wir empfehlen die vorherige Einholung einer Kostenzusage. Über die verschiedenen Möglichkeiten der Beantragung beraten wir gern individuell. Eine stationäre Therapie ist auch für selbstzahlende Klientinnen und Klienten möglich.

sys*Telios* Gesundheitszentrum
Siedelsbrunn GmbH & Co. KG
Am Tannenberg 17 · 69483 Wald-Michelbach
Tel. +49.6207.9249-0 · aufnahme@sysTelios.de
www.sysTelios.de

Martina Gross | Vera Popper

Und die Maus hört ein Rauschen

Hypnosystemisches Erleben in Therpie,
Coaching und Beratung

203 Seiten, Kt, farbig, 2. Aufl. 2022
ISBN 978-3-8497-0350-9

„Martina Gross und Vera Popper ist es mit diesem Buch in beeindruckend kreativer Weise gelungen, die hypnosystemischen Modelle so plastisch und anrührend zu vermitteln, dass man dieses Buch nicht nur liest, sondern quasi lebt und erlebt. Dieses Buch hat große Resonanz verdient!"   Dr. Gunther Schmidt

„Für die hypnosystemische Landschaft gibt es nun eine feinsinnige Zusammenschau - einen Überblick in Bezug auf deren Quellen, die gelebte Praxis sowie einen Ausblick in universell verbundene Möglichkeitsräume. Die zwei Autorinnen, die diesem Ansatz mit spielerisch anmutender Leichtigkeit eine gehirngerechte Passform zwischen Buchdeckeln ermöglichen, würdigen so sowohl das Werk von Gunther Schmidt, dem konzeptionellen Sinnstifter der Hypnosystemik, und ergänzen es zugleich fundiert mit eigenständigen Gedanken."   Mechthild Reinhard

„Dieses Buch, von zwei kundigen ‚Begleiterinnen' geschrieben, umfasst den gesamten Reichtum der hypnosystemischen Therapie – theoretisches und praktisches Wissen klug miteinander verwoben. Man lese es sorgfältig und langsam und lege es danach nicht beiseite! Es wird als Lehr-Buch fortwährend ein kreativer Begleiter sein."   Hanne Seemann

 Carl-Auer Verlag • www.carl-auer.de

Gilles Michaux

Körper in Trance

Dynamische Relaxation, Aktive Tonusregulation
und Psychomotorisches Autogenes Training

103 Seiten, Kt, 2022
ISBN 978-3-8497-0417-9

Innere Ruhe wird allgemein mit Passivität verbunden. Dabei ist es oft erst das körperliche Ausagieren, das den Weg in tiefere Entspannung ebnet. Der Psychotherapeut und erfahrene Kursleiter Gilles Michaux stellt hier drei Entspannungsverfahren vor, die auf Bewegung aufbauen und eine Brücke zwischen Trance- und Körperarbeit schlagen: die Dynamische Relaxation nach Caycedo, die Aktive Tonusregulation nach Stokvis und die modifizierte Form des Autogenen Trainings nach Abrezol. Alle drei Methoden sind darauf ausgerichtet, vom Körper ausgehend den Geist in tranceartige Bewusstseinszustände zu bringen und so psychophysische Beruhigung herbeizuführen. Auf die heutige westliche Lebenswirklichkeit zugeschnitten, eignen sie sich sehr gut zur Integration von Entspannung in einen hektischen Alltag. Weil sie die Wahrnehmung des eigenen Körpers fördern, lassen sich die beschriebenen Methoden gut mit embodiment- und achtsamkeitsbasierten Behandlungsansätzen kombinieren.

„Das Buch ist eine Fundgrube für alle, die mit Achtsamkeit, Entspannung, Meditation und Bewegung arbeiten und vor allem kurze, wirksame Interventionen für ihre Arbeit nutzen wollen."
Dr. Claus Derra
Mitglied des wissenschaftlichen Beirats
der deutschsprachigen Hypnosegesellschaften (WBDH)

 **Carl-Auer Verlag • www.carl-auer.de**

Elvira Lang | Eleanor D. Laser

Sedieren ohne Medikamente

Schnelle Hypnosetechniken
für Klinik und Praxis

203 Seiten, Kt, 2022
ISBN 978-3-8497-0392-9

„Der neue Standard für die Kommunikation mit Patienten während, vor und nach medizinischen Eingriffen. Wissenschaftlich fundiert und direkt anwendbar. Sehr empfehlenswert!"
Jörgen Bruhn
MD, PhD, Professor für Anästhesiologie
Universitätsklinikum Nijmegen

„'Sedieren ohne Medikamente' ist ein Buch für jede medizinische Fachkraft, die dem Patienten das bestmögliche Wohlbefinden bieten und die Behandlungszeit verkürzen möchte. Dieses Buch wird sicher ein Klassiker."
Arreed Barabasz
Ph. D., Herausgeber von
»International Journal of Clinical and Experimental Hypnosis«

„Ich führe seit 40 Jahren interventionelle radiologische Behandlungen durch und habe in den letzten 10 Jahren mit Dr. Lang zusammengearbeitet. Ihre Hypnosemethoden, die dem Leser durch das Buch ›Sedieren ohne Medikamente‹ zugänglich gemacht werden, sind besonders bei schwierigen Patienten hilfreich. Es ist beeindruckend zu sehen, wie sich die allgemeine Spannung im Saal auflöst, sobald der medizinisch-technische Assistent oder die Krankenschwester mit der Hypnose beginnt."
Melvin Clouse
MD, BIDMC, emeritierter Chef der Radiologie,
Deaconess Professor an der medizinischen Fakultät Harvard

 Carl-Auer Verlag • www.carl-auer.de